两次世界大战
之间的德军

[英]詹姆士·S.科鲁姆　著　　张贤佳 周思成 张大卫 译

民主与建设出版社

·北京·

图书在版编目（CIP）数据

　　两次世界大战之间的德军 /（英）詹姆士·S.科鲁姆
著；张贤佳，周思成，张大卫译 . —— 北京：民主与建
设出版社，2021.3
　　书名原文：The Roots of Blitzkrieg：Hans Von
Seeckt and German Military Reform
　　ISBN 978-7-5139-3384-1

　　Ⅰ . ①两… Ⅱ . ①詹… ②张… ③周… ④张… Ⅲ .
①军队史 – 研究 – 德国 Ⅳ . ① E351.69

　　中国版本图书馆 CIP 数据核字 (2021) 第 029028 号

THE ROOTS OF BLITZKRIEG: HANS VON SEECKT AND GERMAN MILITARY REFORM
BY JAMES S. CORUM
Copyright:©1992 by the University Press of Kansas
This edition arranged with UNIVERSITY PRESS OF KANSAS
through Big Apple Agency, Inc., Labuan, Malaysia.
Simplified Chinese edition copyright:
2021 ChongQing Zven Culture communication Co., Ltd
All rights reserved.

著作权登记合同图字：01-2020-7332

两次世界大战之间的德军
LIANGCI SHIJIE DAZHAN ZHIJIAN DE DEJUN

著　　者	[英]詹姆士·S.科鲁姆	
译　　者	张贤佳　周思成　张大卫	
责任编辑	彭　现	
封面设计	杨静思	
出版发行	民主与建设出版社有限责任公司	
电　　话	（010）59417747　59419778	
社　　址	北京市海淀区西三环中路 10 号望海楼 E 座 7 层	
邮　　编	100142	
印　　刷	重庆共创印务有限公司	
版　　次	2021 年 3 月第 1 版	
印　　次	2021 年 3 月第 1 次印刷	
开　　本	787 毫米 ×1092 毫米　1/16	
印　　张	17	
字　　数	278 千字	
书　　号	ISBN 978-7-5139-3384-1	
定　　价	99.80 元	

注：如有印、装质量问题，请与出版社联系

目录

前言

　　1933 年 1 月，阿道夫·希特勒（Adolf Hitler）就任德国总理时，他所继承的是一支在世界范围内都堪称指挥得当、训练有素、现代化程度高的军队。本书主要关注这支军队创造其战术条令的过程，以及将这种条令与军队的武器、组织和军事计划相融合的情况。第一次世界大战结束后，德国军队领导人紧接着就开始自发地认真分析战争的教训，他们开始创造一种军事体制，这种体制同令人印象深刻的旧帝国军事体制相比，将是巨大的进步。

　　本书将提供若干视角，以便深入观察两次世界大战之间的军事改革问题。每个重要的军事强国都必须面对第一次世界大战期间所产生的新武器和新战术等问题。英国、美国和法国的许多军官都进行了各种操作性分析，并且致力于开发新技术；在尝试应对新的战争状况方面，德国军队并不特殊，他们与外国军队的区别仅在于所用方法不同。

　　德军总参谋部创设战术条令，并且围绕这种条令建设军队的过程非常全面，这一点迥异于作为战胜方的协约国军队，后者在战后进行分析和重组的过程中所使用方法更加杂乱。在德国，总参谋部刚刚创设出新的战术条令，整支军队从将军到士兵就会立马以之开展训练。这支新军队的技术意识超过了它的诸多同行和它的前身，并且引进了有效的体制来开发武器。此外，在 20 年代中后期，德国军队的训练和指挥系统创设了高效的程序，持续地测试、调整和改进新的战术思想、单元组织和装备。德国军队的重建是一个值得研究的过程。

　　对历史学家来说，魏玛共和国时期的德国军队是个非常有趣的话题。纳粹国防军，以及它在 1939—1941 年间取得的军事成果都以 1919—1933 年间的魏玛国防军为基础。第二次世界大战期间的德军将领，都是由魏玛国防军这个建立在帝国军队残骸之上的组织选拔和训练而成。第二次世界大战期间许多极有名气的德制武器，要么设计于魏玛国防军时期，要么脱胎于魏玛国防军的武器计划。最为重要的是，1939—1941 年间的闪击战策略本就肇始于 20 年代魏玛国防军的军事条令和训练。

鉴于魏玛国防军在魏玛共和国时期发挥的关键作用，有关它的许多方面已经得到仔细研究。第二次世界大战之后，学术界大多倾向于关注魏玛国防军在对内和对外政策方面发挥的影响，评估它在共和国崩溃和纳粹政权崛起过程中应负的责任。有几部优秀的著作从政治方面研究了魏玛时期的军队史，包括弗·路·卡斯滕（F.L. Carsten）的《魏玛国防军和政治，1918—1933》（1966 年）和戈登·克雷（Gordon Craig）的《普鲁士军队的政治，1640—1945》（1955 年）。魏玛国防军的许多其他方面也促使人们撰写了优秀的学术著作。卡尔·德米特（Karl Demeter）的《社会和国家之中的德国军官团，1650—1945》（1962 年）与汉斯·霍夫曼（Hans Hofmann）的《德国军官团，1866—1960》（1980 年）从社会学角度对魏玛国防军及其军官团进行了仔细研究。在魏玛共和国的历史上，有一个片段最引人注目，那就是军队私下的对外政策倡议演变成了共和国本身的外交政策，其特点是与红军及苏联政府进行紧密合作。但只有等到这个时期的苏联方面档案完全向历史学家公开，他们才能真正令人满意地撰写关于这一段历史的著作。依据可获得的有限文献，约翰·埃里克森（John Erickson）撰写的《苏联统帅部：军事政治史，1918—1941》（1984 年）是研究魏玛国防军与红军关系的最优秀、最全面的著作。作为少有的几部优秀著作之一，盖恩斯·波斯特（Gaines Post）撰写的《魏玛外交政策的军民结构》（1973 年）阐述了魏玛国防军在外交政策方面扮演的角色。

在过去二十多年里，各种专门研究魏玛国防军的优秀著作纷纷涌现。恩斯特·汉森（Ernst Hansen）撰写的《魏玛国防军与工业》（1978 年）根据翔实的文献，仔细研究了德国军队早期重整军备的计划，以及它与德国工业界的关系。关于德国的军事工业政策，另一部有益的著作是格奥尔格·托马斯（Georg Thomas）的《德国军队和装备经济的历史，1918—1943/45》（1966 年）。关于魏玛国防军的历史，就连某些相对冷僻的方面也涌现出了非常重要而细致的研究作品。沃尔特·斯皮尔伯格（Walter Spielberger）撰写了《魏玛国防军的机械化，1920—1935》（1979

年），这部优秀著作研究了魏玛国防军的机械化计划。有关魏玛国防军的通史同样不乏优秀著作。哈罗德·戈登（Harold Gordon）的《魏玛国防军和德意志共和国，1919—1926》虽然撰写于 1957 年，但丝毫没有过时。这部内容详尽的著作至今仍是研究魏玛国防军的良好起点。就最近而言，阿道夫·莱尼克（Adolf Reinicke）撰写的《德国陆军，1921—1934》（1986 年）是部优秀的通史著作。对于任何一个研究德国军队的"学生"来说，最重要的著作之一是汉斯·麦尔－维尔克（Hans Meier-Welcker）所写的《塞克特》（1967 年），这部长篇幅传记仔细研究了这位魏玛国防军统帅的生平；在多部描述冯·塞克特（Von Seeckt）的著作中，由麦尔－维尔克撰写的这部是最佳的传记。

但一支军队存在的理由是战争谋划、训练和作战，对于魏玛国防军而言，这些显然十分重要的方面却没有得到恰当研究。尽管许多著作已经触及魏玛国防军战术条令的起源和发展，然而只有少数真正深入其中。S. J. 刘易斯（S.J. Lewis）在《被遗忘的军团：德国军队步兵政策，1918—1941》（1985 年）一书中对魏玛国防军的军事思想进行了多方面的出色学术研究。耶胡达·瓦拉赫（Jehuda Wallach）也通过《歼灭战教义》（1986 年）一书做出了有益贡献，他研究了 20 年代德国军队中进行的战术和战略讨论。大卫·斯派尔斯（David Spires）撰写的《形象与现实：德国军官的培养，1921—1933》（1984 年）仔细研究了魏玛国防军军官和参谋的培训过程。但不管怎么说，这些书仍然没有全面描述魏玛国防军的战术条令。

对于魏玛国防军的战术，我（本书作者）在研究过程中发现了多种不同阐释。第二次世界大战结束后许多年，军史专家几乎都不再关注魏玛国防军时期的战术——海因茨·古德里安（Heinz Guderian）将军的思想除外。本书将在后文提到的许多历史学家这样认为，两次世界大战之间的德国军队所用战术基本上是引进的，这些战术被德国人使用后在 1939—1940 年间继续获得发展。有位叫作巴里·波森（Barry Posen）的政治学家在《军事条令的起源》（1984 年）中认为，德国总参谋部的保守倾向导致该机构在第一次世界大战后回到了传统的进攻战模式。罗伯特·奇蒂诺（Robert Citino）撰写的《闪击战战术的演变》（1989 年）对德国与波兰的军事对峙，以及德国针对波兰的战争计划做了有益研究，但他是从狭窄领域出发，得到的结论颇为粗略：他认为德国军队在 20 年代发展闪击战战术是为了应对波兰人构成的威胁。

在我看来，上述研究和学说既不足以阐述魏玛国防军的军事条令，也不足以说明魏玛国防军是如何获得这些战术方法的。德国总参谋部毕竟是个复杂的机构，有认真研究战争的悠久传统。有人认为，总参谋部在第一次世界大战期间展现出了发动进攻战的强大能力和创造力，他们在战后可能会受到传统惯性影响。但这种看法似乎并不可信。另一种让人存疑的解释是，如此善于开发新战术的组织可能会在战后抛弃自身经验，转而引进外国理论。总的来说，正是由于缺乏令人信服的解释而希望扭转这一局面，这就是我研究魏玛国防军的初衷。为此，本书必须对以下问题进行深入思考：魏玛国防军的战术条令到底是什么？这种条令对于后来发展闪击战战术有何影响？魏玛国防军是如何发展其战术条令的？鉴于德国总参谋部并非成员同质化的官僚机构，而是不同个体的组合，其中很多军官富有想象力和才华，那么在总参谋部和整个军队内部针对军事条令发生过哪些辩论和争议？

作为军事思想史，本书旨在研究魏玛国防军及其战略和战术概念。因此，本书将聚焦于魏玛国防军的军事思想，尤其是总参谋部的军事思想。我会避免深入讨论魏玛国防军的政治角色、它的社会学意义、它与工业界的关系，以及它对外交政策产生的影响，因为这些议题已经在弗·路·卡斯滕、戈登·克雷、恩斯特·汉森、汉斯·霍夫曼和盖恩斯·波斯特等人的著作中得到了详细探讨。如果读者有兴趣全面了解魏玛国防军，或是想了解汉斯·冯·塞克特（Hans von Seeckt）与魏玛共和国的政治关系，我将向他们推荐上述作者的著作。我所写的这本书主要研究魏玛国防军的军事条令，是上述研究魏玛国防军的历史学著作的补充。

本书重点关注汉斯·冯·塞克特 1919—1920 年任总参谋长和 1920—1926 年任总司令时期的魏玛国防军。正是在上述时期，他做出了关于战术条令、军事组织和训练最重要的决定。1926 年冯·塞克特离任时，魏玛国防军已经拥有明确的标准化作战条令和关于未来战争的理论，而这些（作战条令及理论）在之后魏玛共和国的剩余时间里只做了稍微修改和调整。实际上，德军在 1939—1940 年间各次战役中所用的战术，大多是发展于 20 年代早期。本书的研究分为三个主要部分。第一章至第三章考察魏玛国防军战术条令的创立，依据的是总参谋部 1919—1921 年间，在冯·塞克特领导下所做的非常详尽的分析。那个时候，德国军队试图创设出一种军事条令，以改正他们第一次世界大战期间犯下的错误。尽管总参谋部大多数人赞同运动战的进攻理论，但在军队内部还是有很多异议和争论，而且出现了许多替代理论。这种争论将在第三章进行阐述。

　　本书第二个主要部分讲述的是魏玛国防军战术的发展，这种战术是由冯·塞克特和总参谋部在第 487 号军队条令《合成兵种的指挥与作战》中制定，该条令是德国军队关于未来战争理论的主要体现。第四章至第七章将考察军队的训练组织和武器发展如何与第一次世界大战后新制定的战术条令相适应。对于德国早期装甲兵学说和空军理论的研究也会涵盖在内，因为这两方面的军事战术都被视为未来战争的重要要素。德国军队在这两个领域都进步巨大，且直接影响了这些武器在 20 世纪 30—40 年代的发展。

　　第三个主要部分考察 20 年代中期至后期渐趋成熟的魏玛国防军，他们当时已经制定战术条令，而且以之展开训练（主要位于第八章）。在这一时期，魏玛国防军通过大规模的演习和练习实践其战术体系，同时熟练地运用诸兵种合同战术进行运动战。

　　本书并非汉斯·冯·塞克特的个人传记，尽管他是两次世界大战之间德国军队的关键人物，并且从军队机械化计划到空军理论，他个人的战争思想都无疑塑造了德国的军事思想。对于 1939 年进军波兰和 1940 年入侵法国的那支德国军队而言，汉斯·冯·塞克特发挥的缔造作用无人能比。军史专家通常认为冯·塞克特的思想非常重要和有趣，但并不认为其特别具有创新性。我对此不敢苟同——我想要通过本书证明的是，汉斯·冯·塞克特在许多方面都是具有原创性的军事思想家，他视野清晰，全面了解未来战争，并且能够将自己的见解灌输给德国军队，这些都足以使他成为 20 世纪最重要的军事思想家之一。

　　即使伟大的统帅可以提供视野并为军队制定大战略，但其宏伟愿景若是无法通过有才能的参谋和军事专家的具体工作加以充实，他（统帅）的所有努力便仍会归零。伟大的统帅和军事理论家只在某种程度上是有用的。卓越的理论若由平庸的军官来实施同样发挥不了什么作用。魏玛国防军拥有一个才能卓著的高素质军官团。很多参谋和指挥官本身就是优秀的军事思想家，能够将冯·塞克特的战术和战略要点付诸实践。一些军官甚至能够修正和改进冯·塞克特提出的要点。

　　很多历史学家在研究伟大的军事理论家时，总是倾向于忽略那些使理论起作用的较低层级军官。我想在本书中纠正这种倾向，关注魏玛国防军中某些虽然不甚知名，但仍很重要的较低层级战术思想家。有一些军官，如恩斯特·福尔克海姆（Ernst Volckbeim）是德国首要的装甲战术专家，赫尔穆特·威尔贝格（Helmut Wilberg）则是魏玛国防军首席空军战术专家。他们虽然没有发布过重大战略原则，却为装甲战和空战创造了一套切实有效的战术，而这些战术在魏玛国防军和后来纳粹国防军的发展过程中起到了关键作用。但遗憾的是，不管德语还是英语方面的军史专家，都只是相对较少地提到福尔克海姆或威尔贝格。我们早就应该对这些军官进行更深入的研究了。尤其是赫尔穆特·威尔贝格，他完全值得后人为其出书立传。

关于术语

本书会交替使用"魏玛国防军"（Reichswehr）和"德国军队"（German Army）这两个术语。1919—1935 年间，德国陆军的官方称谓其实是"国家陆军"（Reichsheer），海军的称谓是"国家海军"（Reichsmarine），两者合起来的官方称谓则是"国家防御军"。我意识到这种语言上的差异，并依照惯常用法进行了解释。甚至 20 年代的德国陆军通常也被称为国家防御军，"黑色国家防御军"这个当时使用的术语就是证明，它具体指代秘密的预备役陆军。汉斯·冯·塞克特在 1933 年撰写了一本关于本国陆军的著作，其名为"国家防御军"。哈罗德·戈登撰写了一部优秀的通史著作，讲述 1919—1926 年间的德国陆军，他习惯使用的是魏玛国防军这个术语。尽管确切来讲是不正确的，但当今大多数德国军史专家仍喜欢用魏玛国防军一词来表述魏玛共和国时期的德国陆军。另一个容易引起混淆的术语是"临时国防军"。临时国防军从 1919 年 3 月起是德国军队的官方称谓，在当时包括志愿军团和前帝国军队；直到 1921 年 1 月 1 日，它被相应条约规定的组织所取代，且该组织将常规部队的规模限制为 10 万人。从此以后，这支军队就被称为魏玛国防军。

我同样会交替使用"总参谋部"（General Staff）和"部队局"（Truppenamt）这两个术语。当然从法律上讲，德国军队在 20 年代并没有总参谋部。总参军官的正式叫法是"指挥官助理"（Führergehilfen）。此外，我也会根据当时的用法来解释"总参军官"（Genaral Staff officer）这个术语。部队局（Truppenamt）就是总参谋部。甚至在公函中，德军军官同样经常使用"总参军官"（Genaral Staff officer）这个术语或刻意模糊其定义——我甚至认为除非是站在协约国军控委员会的监察官面前，否则在 20 年代不会有任何德国总参谋部的军官自称"指挥官助理"。至于其他标准化军事术语，例如"战略"（Strategy）和"条令"（doctrine），我通常遵从的是公认的美国方面军事定义。对美国人来说，战略指的是整支军队或集团军的行动，即大规模战争。从政治方面形容大规模战争通常会将其称为"大战略"。我们所称的战略，在德国人那里被称为行动；我们所说的大战略，则被他们称为战略。"条令"（doctrine）这个词在英语中是个常见的军事术语，在德语中却不常见。实际上，从这个词我们就可以看出美国人和德国人的战争思维存在很大差异——这个美国术语指的是战术的固定化，是指应用战争原则的"正确"方法；而德国人在第一次世界大战以前，从未以条令的方式定义战术和战略。德语中意思最接近的词汇可能是"概念"（concept）。军事战术是指一般性的指南，而不是字面的公式或战争原则。使用"条令"这个简单方便的词汇，是为了描述魏玛国防军的标准化军事战术。鉴于德语中没有确切的术语来描述标准化战术，我将使用"条令"一词，但此处不包含美国军队添加的"教条"这个额外含义。

关于文献来源

本书将利用当代资料，重点关注魏玛共和国时期的德国军事思想。极为幸运的是，我在进行这项研究时恰逢德国重新统一。西方历史学家获准重新进入之前并不开放的德意志民主共和国人民军档案馆。我可以查阅这些档案并使用自第二次世界大战以来西方学者无法获取的各种材料。除此之外，关于德国军队的材料通常还可以从几个重要收藏处获得，尤其是美国国家档案馆的德国记录材料收藏处，以及位于西德布雷斯高地区弗莱堡的德国联邦军事档案馆。特别重要的是加拿大皇家军事学院的克里勒收藏处，该学院位于安大略省的金斯顿。该收藏处是继美国国家档案馆之后，北美地区有关德国军队的最佳收藏处。克里勒收藏处拥有诸多 20 世纪 20—30 年代的图书、期刊和军事手册，凭借这些材料足以构建出20 年代德国战术条令的清晰画面。我还附列了一份范围极广的书目，它远远超出了本书叙述重点，包括同时期英国、法国和美国的战术条令，从而帮助读者很好地将魏玛国防军的战术和组织与各个一战协约国进行比较。

虽然我使用的大部分文献多年以来其他历史学家也很容易获得，但我可以说自己使用的方式具有原创性。第二次世界大战之后的二十多年，大多数学者是从政治史的角度来使用这些文献，也就是考察魏玛国防军在魏玛共和国内扮演的角色。直到最近，像第 487 号军队条令之类的战术条令仍然相对不受重视，而魏玛国防军与政府之间的通讯往来则立马会有人进行考察——德国和其他国家的历史学家都是如此。我的方法是分析这些条令，并分析第一次世界大战后德方的研究在创造军队战术方面所起的作用。这些重要的文献，还有恩斯特·福尔克海姆和赫尔穆特·威尔贝格等人的著作被忽视了，这种忽视导致的结果就是 20 年代早期德国军事思想的质量和内容也相对被人忽略。我希望通过本书重新发掘魏玛国防军军事思想的主要趋势，同时证明这些趋势对于德国军事理论和军事实践的后续发展极为重要。

可资学习的经验

有关魏玛国防军的研究可以为现代军事领袖们提供若干经验。首先是冯·塞克特和总参谋部在战后立即制定的有效的改革方法。冯·塞克特 1919 年提出的那些问题是研究军队战时经验教训的基础，无论现在还是当时，对于研究作战理论都极具价值。进行全面性的战后调查，雇用数百名军官参与调查计划，这是高效客观地研究战争经验教训的范例。这个调查深刻分析了德国军队的战时表现，包括所犯错误，发展出了许多清晰并被事实证明为合理的行动方案和战术方案。

第二大经验是冯·塞克特和魏玛国防军指挥部营造的知识氛围。魏玛国防军虽然坚持部队应该采用共同的行动条令和战术条令，但避免了知识僵化，因为这是任何军队的最大敌人；他们在军事事务上允许弹性，并对争论表现出了足够的宽容。像是库尔特·黑塞（Kurt Hesse）那样反对新作战理念的军官也被允许公开提出激进的替代方案，同时不会受到惩罚。鉴于总司令部的态度，20 年代的运动战理论逐渐转变成了 30 年代的闪击战概念。

第三大经验是训练至上。魏玛国防军重视军队成员，尤其是领导人员的训练，从上等兵直至高级总参军官均是如此。魏玛国防军的训练体制引入了很多创新举措，（该体制）既善于训练大部队，在单个士兵的训练上也同样表现卓越。除拥有合理的战术理论外，恰恰就是训练使得魏玛国防军超越了当时所有对手，确保了德国军队 1939—1940 年间的战场效率和战术成功——具有讽刺意味的是，此时德军的体制正是直接建立在第一次世界大战军事失败的基础之上。

最后，对于魏玛国防军的研究还可以得出第四大经验，那就是个人在历史发展上的重要性。汉斯·冯·塞克特是努力重建和改革德国军队的核心，而且功劳的大部分也应该归属于他。那个时期的其他德军领导人几乎都不具备必要的能力、威望、知识和视野来鼓舞一支被打败的军队，进而极大地重塑其体制和条令。考虑到当时的环境和各种反对声音，冯·塞克特所取得成就无疑是非凡的。

致谢

如果没有以下诸多人士提供建议、帮助、鼓励，并抽出自己的宝贵时间，我将无法完成此书的撰写。普渡大学的冈瑟·罗森贝格（Gunther Rothenberg）教授评论了我的草稿，并在过去两年里不吝给予鼓励。加拿大女王大学的罗伯特·霍普伍德（Robert Hopwood）教授和卢斯恩·卡奇马尔（Lucien Karchmar）教授提出了大量关于本书的优化建议。美国国家档案馆的哈里·莱利（Harry Riley）和罗宾·库克森（Robin Cookson），还有东德军队档案馆的弗尔克·恩斯特（Völker Ernst）都提供了研究支持。最后，但绝非最不重要的是，我要感谢我的夫人林恩（Lynn），她原本就是一名优秀学者。她是众多学者渴望的最佳校对者，作为计算机专家，她带领我完成了各种设计和文字处理。

本书的任何疏忽或遗漏都完全由作者承担责任。

汉斯·冯·塞克特肖像

第一章
第一次世界大战的经验教训

在 1918 年底的危机和失败中，德国文职领导人士气低落，完全陷入了混乱。德国的军事失败导致帝国政府垮台，宣布成立共和国实际上也事出偶然，新建立的政府即使在柏林街头都没有权威。从表面上看，军队似乎亦处于相同状态。后方部队参加了推翻君主的活动，野战部队被带回本国并遣散。但在幕后，德军高级指挥部和总参谋部并没有像文职领导人那样混乱和不安。甚至在柏林和慕尼黑的内战结束前，总参谋部就已经在吸取第一次世界大战的经验教训并着手重建军队。通过坦率地评估自身在战争中的优势和劣势，军队得以重塑其组织和战术条令。

只要正常运用经济、国际政治或军事历史原理就能明白，德意志帝国从来都没有机会赢得第一次世界大战。这是德国对抗全世界的案例——该国加上三个较弱盟国（奥匈帝国、土耳其和保加利亚），对抗法国、俄国、大英帝国、美国、意大利及若干其他国家。尽管困难重重，德国人基本还是赢得了战场上的胜利。直至 1918 年 6 月，德军仍处于攻势，击退了包含法军在内的协约国军队。德国人战斗得如此出色，他们屡屡获胜，以至于仅仅五个月后崩溃到来时，一些将军——最著名的是埃里希·冯·鲁登道夫（Erich von Ludendorff）——拒绝承认帝国军队已经在战场上被打败，他们指责本国崩溃的原因是叛国政客和后方平民"在背后捅刀子"。

大多数将军和经验丰富的军官并不赞同鲁登道夫的观点。他们知道帝国军队早已在战场上被打败，但即使这份认知也无法消除德国应该或者可能赢得战争的信念。失败的军队有更多动机来研究战争中的经验教训，因此，许多德国军官开始撰写回忆录、历史研究和文章，这些材料充满了对战时指挥、战术和战略等方面的批评和支持。参谋训练向来重视军事史的研究，硝烟尚未散尽时，军官们就已开始解读这场战争的经验教训。于是，到第一次世界大战结束时，总参谋部众人对军队在战略、战术和技术方面的经验教训已经达成共识。进一步的研究、辩论和反思还会强化相应结论。

第一次世界大战在战略方面的经验教训

对于战后德国的极右翼和德国战时实际的独裁者鲁登道夫将军来说，"在背后捅刀子"这一理论是个有用的神话。该理论认为，德国的失败是由于国内社会民主党人和左翼分子背叛。然而，只有少数总参军官和高级指挥官确实相信这一理论。高级军官们痛苦地得知，德国已经在战场上被打败，而失败的主要原因是军队总司令部在大战略方面犯下错误。德国将军们经常在战时和战后的通讯及各种书籍中狠狠批评战时本国军队统帅所做的军事决策。这些军队统帅包括：1914 年 9 月前担任总参谋长的赫尔穆特·冯·毛奇（Helmuth von Moltke）将军，1916 年 8 月前担任总参谋长的埃里希·冯·法尔肯海因（Erich von Falkenhayn）将军，还有 1918 年 11 月前的德国军事独裁者鲁登道夫。

总参谋部最有能力的那些军官认为，战争中最大的战略失误是由冯·毛奇在开战后最初几个月犯下的。由于冯·毛奇对施里芬计划执行不力，德国丧失机会，不能通过决定性的一击迅速结束战争。施里芬伯爵（Count von Schlieffen）在 1906 年之前担任总参谋长，他制订了一个针对法国的战争计划，该计划要求对法国军队实施大包围：用 36 个德国军经过比利时绕到法国侧翼。施里芬计划是军事史上最让人着迷的"本可能发生的事"之一，因为它差点就让德国只用短短两个月实际解决了战争。[1]

过去 75 年里，施里芬计划是否可行已经成为军史圈内的热门议题。但在德国，对冯·施里芬战略的讨论几乎是一边倒的。[2] 大多数总参军官都相信这个计划（能取得成功）。实际上，战后最明确拥护该计划的人是威廉·格勒纳（Wilhelm Groener）中将，他是一名备受推崇的总参军官，亦是冯·施里芬伯爵的狂热拥趸。

1918 年 10 月，他接替鲁登道夫担任德军第一军需总监 ^①，后来又担任魏玛共和国国防部长。格勒纳在战后撰写了两部著作，详细研究了 1914 年的战役，他坚决地把施里芬计划的失败归咎于冯·毛奇。格勒纳认为冯·毛奇的领导能力很弱，他（后者）违反了施里芬关于将德军力量集中在一个侧翼的教导，把大部分力量放在左翼洛林，进行毫无战略意义的战斗，却因此失去了对于德军右翼的有效控制。[3]

下一任总参谋长冯·法尔肯海因在战争下个阶段所实施的战略行动也在战时和战后引发了激烈批评。1915 年，随着西部战线陷入毫无结果的堑壕战，东部战线的德军高级军官们发现了决定性的击败俄国人的机会。1914—1915 年间冬季，指挥东北战线的保罗·冯·兴登堡（Paul von Hindenburg）和鲁登道夫计划发动大规模钳形攻势，这个攻势不仅可以占领波兰，还能包围俄军主力。[4] 如果给他们足够多的部队，东线德军指挥官们或许在 1915 年就能够迫使俄国退出战争。1915 年初，汉斯·冯·塞克特被调往东线后，也成了东线战略的支持者，他认为己方的军事机会在东线而不在西线。[5] 然而，冯·法尔肯海因在 1915 年只派遣了有限的增援力量前往东线，却将大股兵力投入西线，徒劳地想要打破协约国军队位于弗兰德斯的战线。相比之下，1915 年东线获得授权的有限进攻却成功横扫波兰，并造成了上百万俄国人伤亡。

冯·法尔肯海因犯下的最愚蠢战略错误是凡尔登战役。与德国军事传统大相径庭的是，冯·法尔肯海因既不打算进行决定性战斗或突破，同时也没准备占领战略性领土；他只想发动一场战役，造成法国人大量伤亡，从而使法国军队严重失血。冯·法尔肯海因在最后一点上成功了：据估计，法国军队在持续 10 个月的战斗中共遭受 377200 人的伤亡。[6] 但德国军队同样被严重削弱，蒙受了大约 337000 人的伤亡。由于凡尔登战役被认为是灾难性的，1916 年夏天，来自冯·法尔肯海因所属总参谋部的高级参谋代表团觐见了本国皇帝，他们要求解除冯·法尔肯海因的职务。[7]

1916 年 8 月，冯·兴登堡将军被调离东线，接替冯·法尔肯海因担任军队总参谋长。兴登堡的主要参谋鲁登道夫成了军需局长和战事方面的独裁者。鲁登道夫是卓越的战术专家，或许还是战争期间该领域最优秀的那个。在其领导下，西线战事稳定下来，德国一方于 1916 年打败罗马尼亚，并在 1917 年迫使俄国退出

---

① 译者注：也就是德军中的副总参谋长一职。

战争。然而，尽管都承认鲁登道夫具有军人的才华，但许多德国将军还是认为，他的情绪偏执和对于大战略的把握不足导致了德国军队在 1918 年的崩溃。

直到 1918 年夏天，鲁登道夫仍相信德国会决定性地赢得战争。因此，他反对政府为争取有利和平而付出的谈判努力。实际上，通过精心策划并实施 1918 年 3 月的德军攻势，这位将军差点就让德国赢得了战争。1918 年 3 月 21 日，德军通过突袭，依靠优势步兵和炮兵战术，在圣昆丁附近粉碎英国第 5 集团军，一天之内就突破英军防线并进入空旷地带。德军攻势的巨大成功几乎使英军指挥部陷入恐慌。3 月 23 日，德国人在协约国军队防线上打开了 40 英里①长的缺口。但是，由于进攻部队筋疲力尽，再加上难以将增援部队、补给、火炮和弹药运到新的战线上，德军攻势被迫减慢了速度。当德国人在 1918 年 3 月发起这场攻势时，他们拥有 191 个师的兵力；相比协约国军队的 169 个师，德军在数量上略微占优，而且部队中炮兵所占比例更高。⁸但德国军队拥有数量优势的同时也意味着，协约国军队在保住其他战线的情况下，仍然有数量可观的后备力量可供使用。为应对德军的攻势，协约国军队最高指挥官斐迪南·福煦（Ferdinand Foch）将军启用这些后备力量，并建造了牢不可破的新防线。

1918 年 3 月到 7 月，鲁登道夫在法国北部发动一系列大规模攻势，每次攻势都迫使协约国军队的防线后退，并占领相应领土。但协约国军队扛住了每一次攻势（或者说没有因为这些攻势彻底崩溃），很快西线的部队和物资优势就决定性地转移到了他们这边。1918 年盛夏，强大的协约国军队在数以千计的坦克、飞机和新加入的美军支持下，进攻"已被击退"的德军各师；而德军由于国内可供调遣的人力已经所剩无几，因此不再能指望获得增援。1918 年 3 月，德军最初发起的攻势失败后，他们接下来的攻势要想再取得成功就希望渺茫了。

许多德国将军都激烈批评鲁登道夫的战略。第 4 集团军（位于弗兰德斯）参谋长冯·洛斯贝格（Von Lossberg）将军对 1918 年 4 月鲁登道夫发动进攻的结果表示了质疑。⁹威廉·里特尔·冯·里布（Wilhelm Ritter von Leeb）上校指出："我们绝对缺乏战役目标！那才是问题所在。"¹⁰威廉·格勒纳在他的回忆录中呼

---

① 编者注：为准确表达数据，中文版保留了原书的英制单位。1 英里=1609.34 米，40 英里=64373.6 米。下文出现该单位时，读者可自行换算。

应了这个观点。[11] 对于鲁登道夫的战争战略最有意思的批评来自一封信件，具体是由总参谋部前任作战处长格奥尔格·魏采尔（Georg Wetzell）将军写给冯·塞克特将军。魏采尔在信中颇感遗憾地指出，如果冯·塞克特将军能在总参谋部任职而不是因为鲁登道夫的职业嫉妒而受到排挤，鲁登道夫就有可能被说服放弃其战略。魏采尔讲述了鲁登道夫拒绝他（前者）向意大利前线派遣大量德国部队的提议，那里的德国和奥地利部队刚在卡波雷托对意大利人发动了沉重打击。魏采尔认为德军在意大利的持续进攻有可能迫使意大利人退出战争，从而使协约国阵营将全部后备部队调往意大利，以守住那里的防线，这样一来协约国军队就很难在西线发动攻势了[12]——这个战略构想无疑要比鲁登道夫 1918 年时的进攻赌博更胜一筹。

　　德国国会的特别委员会对鲁登道夫所实施战略进行了最全面的评判。该委员会存在的意义是为 1918 年德国的崩溃探究原因，在 1928 年出版了八卷相关的记录、评论和声明。[13] 只需通过报告描述一下德国各军和各师在 1918 年 10 月及 11 月的状态，就能驳斥"在背后捅刀子"这一说法。可以非常清楚地看到的是，大多数部队在战争最后几个月里几乎没有战斗力。[14]1918 年，就连德国首要的军史专家汉斯·德尔布吕克（Hans Delbrück）也成了鲁登道夫战略的主要批评者。[15]

第一次世界大战在战术方面的经验教训

　　如果说德国军官团有充分理由不满意军队总司令部处理军事战略的方式，那么他们可以稍感安慰的是，在整场战争中，德军在战场上的战术通常比协约国军队更胜一筹。

　　参加第一次世界大战时，帝国军队的战术条令较其主要对手更加切合实际和平衡。除此之外，德国的指挥传统是允许下级指挥官拥有更大的弹性和更多自主性，事实证明这在战场上具有非凡的价值。卡尔·冯·克劳塞维茨（Karl von Clausewitz）曾强调，阻力与"战争迷雾"是敌对行动中固有的因素。老毛奇（Elder von Moltke）是 1866 年对奥战争与 1870 年对法战争的胜利者，他遵循克劳塞维茨的传统来训练总参军官，要求他们能够预料战争阻力，指挥时用通用指令，允许下级指挥官拥有相当大的战术自主性以完成使命。此外，老毛奇并不强调死板遵守计划，但要通过一支由数百名训练有素的总参军官组成的精锐团队来制定全军统一的战斗条令。

帝国军队在 1914 年参战时非常重视现代火力的作用。在 1908 年的《野战勤务条令》中，火力优势被认为是成功开展进攻的基本要素。[16] 就像法国人和俄国人那样，德国人同样以弹道相对平直的近程轻型野战炮作为获取火力优势的武器。每个法国集团军配备 120 门优质的 75 毫米轻型火炮，德国人则为每个集团军配备了 108 门 77 毫米轻型野战炮。但法国的师和集团军没有中型和重型火炮，而德国的每个师拥有 18 门 105 毫米轻型榴弹炮，每个集团军拥有 16 门 150 毫米重型榴弹炮。总的来说，法国军队只有 300 门重型火炮，而德国军队拥有 2000 门重型火炮和榴弹炮，以及 1500 门轻型榴弹炮。[17] 这种均衡的炮兵支援使得德国人能够有效执行多种多样的火力作战，包括远程打击任务和消灭敌军防御工事；而法国炮兵仅能实施短程攻击和火力支援。

从陆军元帅老毛奇的时代开始，德国人的战术偏好就是避免正面攻击，并且尽可能对敌使用包围。[18] 在利用掩体和地形方面，德军也比其他欧洲国家军队更加训练有素。[19] 法国人发展出了在任何情况下都要不断进攻的理论 [极限进攻（ offensive à l'outrance ）]，并且蔑视会损害部队士气的野战工事；德国人则在战前不断练习构筑和巩固野战工事。[20] 事实上，1914 年的德国军队战术确实存在某些缺陷，例如密集队形攻击纵队和八十人的步兵排，它们显得太大而无法实施有效指挥。可就算这样，德军在 1914 年需要抛弃的东西（即不足之处）仍比其他强国军队少得多。

一旦战争爆发，凝聚力强并且训练有素的德军总参谋部能让部队迅速适应新的战术环境。前线的总参军官就是高级指挥部和军队指挥官的眼睛和耳朵。总参谋部军官团成员的资格意味着即使是中尉也将承担重要任务，年轻的低级普通总参军官同样可以与指挥官和高级总参军官直接接触。较低级别的总参军官被委派对战术、武器和战场环境进行专门研究。被派往前线部队的总参军官与待在军队指挥部和总参谋部的总参军官不断进行对话，这确保了后者能够清楚地了解前线的情况和战术问题。通过参谋系统获得准确信息，加上所用战术的灵活，这确保了帝国军队总是能比协约国军队快一拍到两拍。

关于德国人的"战争方法"，有这么一个优秀范例，那就是第 11 集团军参谋长冯·塞克特为该集团军在 1915 年 5 月发动戈尔利采攻势而撰写的命令。该命令强调了下级指挥官在进攻中的灵活性：

进攻……必须迅速推进……因此，军队不能每天都为进攻的各军和师分配明确目标，以免妨碍他们取得更大进展的可能……进攻部队任何部分的成功推进都会使自己面临被包围的危险。因此，最不划算的是部队由于快速前进而遭受灾难。鉴于这种可能，必须给部队设置某些一整支部队（所辖各部）都能到达的"底线"，如果可能的话各部最好同时到达。除此之外，超出这些线的任何进展都会受到部队的充分欢迎和利用。[21]

这与 1916 年在索姆河，英国部队发布的极为详尽的命令形成了鲜明对比。英军的命令是设置前进的最前线，而不是最底线，并且坚持要求前进部队排成精准直线，此外还要遵循严格的时间表。

英国、法国和美国军队在第一次世界大战中获得的所有战术经验几乎都来自西线，那里的主要问题是，他们需要进攻和防御由坚固堑壕组成的连续防线。德国军队的经验与协约国军队极为不同，因为很大一部分帝国军队是在东线作战，那里战线极长，地形开阔，每英里只有少数几名士兵——这就意味着运动战是东线所用战术的典型特征。1914 年 8 月，人数占优势的德国第 8 集团军利用本国铁路系统出色的机动性和更强的炮兵火力，在坦能堡包围并摧毁俄国第 2 集团军。1915 年 5 月，以汉斯·冯·塞克特上校为参谋长的德国第 11 集团军，在马肯森（Mackensen）将军的指挥下，运用发射准备时间短但猛烈的炮火开启了戈尔利采攻势，用整个集团军压垮了俄国人。在 6 个星期内，德国人的进军速度是每天 6.5 英里，并以 4 万人伤亡为代价俘获了 24 万名俘虏和 224 门火炮。[22]

1916 年 11 月，德国人席卷罗马尼亚是展示德军战术创新的突出范例。德军通过北部的瓦肯山口突破特兰西瓦尼亚山脉后，强大的罗马尼亚军队仍然驻守在多瑙河的铁门峡谷地区，他们在那里扼守着德军前进所需的主要铁路线。指挥第 9 集团军在北部进攻罗马尼亚的法尔肯海因将军①组建了一支机动特遣队，该部包括第 148 步兵营（四个步兵连）、三个机枪排（十二挺机枪）、两门用于火力支援的

---

① 译者注：此人是之前凡尔登战役的谋划者，一战期间德军第二任总参谋长。因凡尔登之战失利和罗马尼亚人参战，法尔肯海因被兴登堡取代总参谋长一职，但去职后被派往第9集团军，指挥该部进攻罗马尼亚。

车载防空炮、一个无线电支队和一支来自第 10 龙骑兵 ① 的骑兵巡逻队；将军还从师属机动营中抽调了重型卡车（一种载重 2.5 吨的车辆）来支援这个特遣队进攻。这支由 500 人组成的部队全部由皮西特（Picht）上尉领导，上级给他的命令就是"打开铁门峡谷"。皮西特将他的机动部队隐蔽地带到距离铁门峡谷 50 英里处。通过夜间突袭，他冲破了铁门峡谷后方的罗马尼亚驻军，实际上封锁了师级规模的罗马尼亚防御部队。皮西特的部队建立防御阵地，打退罗马尼亚军队的反击直至己方援军到来，迫使罗马尼亚军队撤离了他们在整条运输路线上这处非常重要的阵地。[23] 这种由独立机动部队承担的小规模快速运动作战，就像第二次世界大战中许多大型机动作战那样，被德军执行得十分巧妙。突然性、机动性、良好的沟通、部队构成的均衡，以及对运输网和地形的清楚了解，都是在这种行动中取胜的关键。

德军在东线罗马尼亚，还有在意大利发动了多次成功的攻势。在地形开阔的波兰、俄罗斯和罗马尼亚，骑兵师在战术上仍是有用的。随着骑兵从西线消失，德国人制定了骑兵和步兵混合编队的战术。[24] 在 1916 年的罗马尼亚战役中，德军仅用两个月就占领了这个国家。请记住，第二次世界大战时的盟军领袖——例如伯纳德·蒙哥马利（Bernard Montgomery）、夏尔·戴高乐（Charles De Gaulle）和乔治·巴顿（George Patton）——第一次世界大战时是在索姆河、凡尔登和默兹·阿尔贡等地作战。与之相反，1940 年时的大多数德军将领，例如埃尔温·隆美尔（Erwin Rommel）、阿尔布莱希特·凯塞林（Albrecht Kesselring）、埃瓦尔德·冯·克莱斯特（Ewald von Kleist）、埃里希·冯·曼施坦因（Erich von Manstein）、卡尔·冯·伦德施泰特（Karl von Rundstedt）第一次世界大战时则是主要服役于东线战场。

随着世界大战不断进行下去，德国人迅速发展了有关炮兵支援和步兵进攻战术的新方法，从而恢复在西线的机动。新炮兵战术的主要发明者是格奥尔格·布鲁赫穆勒（Georg Bruchmüller）中校。布鲁赫穆勒给每门火炮单独设计了射表，这种射表将炮管的相关信息、气象数据和实弹数据结合起来，从而提高了炮弹的准确性。通过尽可能提高炮兵的精准性，德国人可以提供准确的炮兵支援，而火炮射程不会向敌人泄露即将发起进攻的"信号"。运用这个系统，德国人在 1917 年 9

---

① 编者注：原文并未指出该部队是何编制规模，根据历史背景，推测为第10龙骑兵团。

月以 13 个师进攻里加时收获了惊喜。步兵与支援炮兵之间的联络得到强调，并且低至排级的步兵单位指挥官也获知了炮兵支援计划的详情。进攻里加时运用了新的步兵突击战术，紧接着是突如其来的重炮炮火，使得俄国人在持续三天的战役里失去了里加，以及 25000 名军人和 262 门火炮。[25]

德国军队在这场世界大战中最大的战术成就是发明了步兵突击战术。步兵突击战术并不是由某个个人创造，而是在战争过程中逐渐演变，许多军官都贡献了自身才智。[26]鲁登道夫正式认可了这种新战术，到 1917 年底，营、团甚至师都已经被训练成精锐的进攻编队。在战争过程中，帝国军队摒弃了旧式僵化的线性攻击编队，发展出了突击队战术，这种战术强调渗透和快速推进，无视侧翼，第一波攻击部队要把敌人的抵抗枢纽绕过去。步兵班被有效重组，包括作为机动要素的七人制步枪组和作为射击要素的四人制轻机枪组都由士官（NCO）进行指挥。[27]将步兵突击战术与新炮兵战术结合起来的目的是恢复进攻的突然性和机动性，以便突破协约国军队的阵线，进入远方的空旷地带和协约国一方后方部队所在地。

在意大利前线，德奥联军于 1917 年 10 月至 11 月的卡波雷托攻势中运用了步兵突击战术。这次攻势不仅迫使意大利军队撤过皮亚韦河，而且造成意军 10000 人死亡、30000 人受伤、293000 人被俘、400000 人逃亡，但进攻方只有少量伤亡。[28]在 1917 年 11 月 30 日反击英军的康布雷战役中，德国人在西线首次大规模使用步兵突击战术；德军 20 个师发起的攻击几乎与英军 10 天前的大规模坦克攻击同样成功。对英军实施的攻击出人意料，德国部队在没有坦克的情况下，迅速取得胜利并缴获了 158 门火炮，俘房了 6000 名士兵；此外还迫使英军后撤，在某些地方撤退的程度甚至超过了最初的防线。[29]德方进行大攻势第一天（1918 年 3 月 21 日），德国第 18 集团军在冯·胡蒂尔（Von Hutier）将军的领导下，投入了整师的突击部队，突破英国第 5 集团军的整道防线。英军在 3 月 21 日有超过 21000 人被俘。[30]值得一提的是，德军的攻势之所以减慢并最终停下来，纯粹是因为德国人无法将补给和炮兵支援迅速运往新的前线，而非协约国军队的战术水平高超。

与进攻战术一样，德军在防御战术方面也比协约国军队更胜一筹。兴登堡和鲁登道夫 1916 年接管总参谋部后，决定对军队的防御战术，尤其是西线防御战术进行修订。军队不再将大部分兵力部署在前线；取而代之的是，他们会被撤到远离前方堑壕的后方，这样就不容易受到协约国军队炮火的伤害。前方阵地只实施略微防守，部队会在防线后面，最好是丘陵或山脉的背面山坡上修筑坚固的防御工事，许多是钢筋混凝土式工事，这样就可以避免被协约国军队观察到。防御要保持机动性，待在防线后方工事中的德军后备力量，一旦遭到协约国军队的攻击，必须在进攻方巩固阵地之前以最快速度发起反击。现场指挥官可以自由地对防御系统稍作改变，还可以授权发起反击并调集当地的预备部队。[31]

德军的新防御战术被应用在了对抗 1917 年法军春季攻势的作战中。从 4 月 16 日到 4 月 25 日，法国军队损失了 96000 人，却只获得了极少的土地，而德军的损失明显少于他们。[32] 法国人对于血腥的排斥直接导致 1917 年春季和夏季，法国军队中发生了多次哗变。英国军队也没有重视德军防御战术的优点并加以应用。1918 年 3 月，当德军发起攻击时，英军有三分之二的部队被部署在前线区域，很容易被德军炮火和进攻战术伤害；只有三分之一的部队位于后方，可以发起反击。德军的防御布置则正好相反，他们只把三分之一的部队部署在前线区域，另外三分之二部队位于后方。[33]

军队训练

长期以来，全世界都对德国军队的高效训练钦佩不已。从普鲁士大选帝侯的军队到现代联邦国防军，德国军队在训练士兵方面都表现出了特殊的才能。德国的军事传统极其重视对士兵进行全面训练，这是德国人进行战争的关键因素。甚至在法国大革命之前，普鲁士的训练条令和组织就已经受到高度重视，以至于法国人曾认真考虑加以采用。[34] 当德国和法国 1870 年爆发战争时，一支由训练有素的应征士兵和预备役人员组成的德国军队打败了原先备受推崇的法国专业部队。

从 19 世纪初的沙恩霍斯特和普鲁士军队开始，德国军队就已经在组织和训练方面进行了多次改革。到第一次世界大战爆发时，他们早已建立起一套有效的体制来训练总参军官、前线军官、士官和士兵。战前，许多军官在老式军校中接受教育，这些军校将严格的军事纪律和训练与平民科目相结合。但是，有越来越多备选军官在接受能够使他们进入大学的教育。甚至在 19 世纪，巴伐利亚的军队就已经要求备选军官必须拥有高中毕业文凭（大学入学凭证），而在普鲁士、萨克森和符腾堡的军队中，拥有高中毕业文凭备选军官的比例从 1890 年的 35% 上升到了 1912 年的 65.1%。[35] 被任命为军官前，学员们需要先在骑兵或步兵等特定兵种的军官学校上学一年。服役三年或四年后，通常已经是高级中尉的军官可以参加德国总参谋部的考试，以争取柏林军事学院的入学资格。

第一次世界大战最后几年里，每年大约有 800 名军官参加军事学院的入学考试。这些人当中有 20% 通过考试并被录取参加总参谋部的课程。[36] 该课程将持续三年时间。课程的重点是军事史、战术、后勤和各种作战问题，而不是政治或世界经济。这种教育要打造的是能够在战场上有效指挥师、集团军和全军的精英集团，而不是十分精通战争的政治战略的团体。[37] 军官一旦被接纳为总参军官团成员，他的职业生涯就会得到精心照顾，包括担任团级职务和服役于更高级别参谋部。作为总参军官团成员的军官比服役于前线的军官晋升更快，并且有更多机会升入高级指挥部。

德国士兵的平均水平就是应征入伍者的水平。由于军队在战前规定只有 60% 的男子拥有服役资格，因此标准可以说定得非常高。平均而言，战前德军入伍者都身体健康并且有读写能力，总的来说是一流的当士兵的材料。此外，负责训练这些士兵的可能是世界上最优秀的士官团。这些士官都是内行专家，经过了严格挑选以符合高标准，他们的社会声望要明显高于自己在英国、法国和美国的同行。德国士官在结束军事生涯后，会得到 1500 马克的退役安置费，并且可以优先受雇于文职、铁路和邮政系统。地方政府喜欢雇用退役的士官，因为他们称职、可靠和勤奋。[38] 对于来自农村或者工业城镇的许多男子来说，成为职业士官是他们实现社会跃升的重要途径，同时意味着光明的未来和成为较低级的中产阶级。

高素质的军官和士官，加上大量合适的应征者确保了德国士兵和小部队能够得到充分训练。至于指挥官、高级职务人员和大部队的训练，普鲁士军队亦会率先在和平时期进行大规模师级和军级演习。甚至早在 1870 年战争之前，普鲁士军队就已经建立演习体制，这种体制拥有独立的裁判员，可以进行单位对单位的自由比赛。[39] 军和师的年度演习为总参军官提供了指挥调动大部队的经验，也为指挥官和下级军官提供了检验其战场战术是否有效的机会。

德国在参加第一次世界大战时拥有全欧洲训练最好的军队，而且能够将这种训练优势持续整场战争。在此期间，军事学院已被关闭，但总参谋部的考试制度仍然延续下来，并且为备选参谋们设置了专门的短期课程。一旦某位军官被授予见习参谋的身份，他就会被派往前线部队，在经验丰富的参谋手下服役，以获取额外经验。德国军队还为战时获得任命的军官开设了军官课程。恩斯特·荣格尔（Ernst Jünger）

上尉是 1914 年的一名志愿者，曾在西线服役四年；1915 年，他被自己所属的团派回德国本土，参加基础军官课程。1916 年 4 月，他被所属师师长命令参加另一项军官课程。1917 年 1 月，他还被派遣参加了为期四周的连长课程。[40] 高强度的军队训练计划很强调对士官和军官的训练，这使得德国军队在最低层级也拥有优秀的指挥。高级指挥官相信自己麾下最低级指挥官执行任务的能力，在 1918 年更加需要机动的战争中，德军的班长、排长和连长们因此被授予了比他们英国或美国同行更多的战术独立性。

随着战争战术的变化，高级指挥部提出了实际上是重新训练整个部队的计划。德军在西线设立了九所炮兵学校，训练炮兵军官运用新的火炮战术。[41] 在 1917—1918 年间，所有炮兵部队都被轮流调到前线的后方，以便重新校射每门火炮，并根据新的战术对军官和士兵进行重新训练。[42]1916 年 9 月，在前线后方地域，德国军队为步兵连长和炮兵连长开设了有关新型防御作战的课程。没有确切的记载说明总共有多少人参加这些课程，但威廉皇储所在的集团军"派遣了 100 名军官和 100 名士官参加 1916 年底为期 5～6 周的课程"。[43] 为准备 1918 年的攻势，相关各师都被调离前线参加训练。荣格尔所在单位被调到前线后方地域待了好几个星期，目的是训练步兵突击战术，具体内容包括会引起事故和人员伤亡的实弹演习。[44] 关于 1918 年攻势的训练计划，鲁登道夫曾这样描述："我们在西部修订了针对高级指挥官和参谋的教学课程，以及针对低至班长的初级指挥官的课程，他们发挥的作用是取得成功的一大关键因素。全军都明显地动了起来。我从单位训练开始，最后是所有分支编队的演习或靶场演习。用实弹演习炮火射击，再训练步兵紧随其后。"[45]

如果有部队被调往后方休整或转为待命，他们也会作为小部队接受加强训练。总司令部为待命部队的连长和营长们制订了为期两周的弹性训练计划。1918 年，射击术再次得到强调，作为进攻、反击和演习的战术。[46] 小部队也要自己开展实弹练习，并且在前线的后方设置实用的手榴弹靶场。[47]

德国战时训练的彻底性尤其明显地体现在空战方面。德军的战斗机飞行员首先在本国接受训练，然后被转往法国瓦伦谢讷一所专门的飞行员学校，在那里由经验丰富的战斗机飞行员指点窍门，以便开展实际操作。从 1916 年起，德国双座侦察机飞行员与战斗机飞行员的教学计划包括初始飞行教学和获得标准飞行员执照的单人飞行。然后，飞行员必须进行二十五次着陆训练，其中包括五次夜间着陆。第二组测试包括各种高度和距离的飞行，需要在更困难的条件下再实施二十次着陆，并进行格斗和四次远程陆上飞行。接下来是第三组测试，包括一次书面考试、一次航程为 250 公里的飞行，以及一次高空飞行——其中至少有 30 分钟在 3500 米高度以上飞行。只有这样，飞行员才算合格。[48] 训练死亡人数占德国战时飞行员伤亡总数的四分之一，与英军形成了鲜明对比：英方超过 50% 的飞行员是在训练中而不是在战斗中伤亡。[49] 尽管从兵力数量上看，协约国军队始终以 2：1 的比例在空中超过德军，但德国人不仅坚守不败，而且在战争大部分时间里占据着空中优势。这与德国飞行员训练的质量有很大关系。1917 年，英国派往前线的飞行员只有十五个小时的飞行时间，部分人甚至更少。[50] 将这个数字与德国战斗机飞行员和侦察机飞行员的标准训练计划进行比较后，哪怕德国人每击落两名到三名协约国阵营飞行员，自己却只损失一名飞行员，也就不足为奇了。

夏尔·戴高乐将军十分钦佩德国军队，他认为德国人更好的训练是其获得战术成功的主要原因："全民皆兵的排他体制在大战期间导致了可怕的大屠杀，即使在这种屠杀当中，好部队的优势也是十分明显的。否则何以解释德国军队在面对如此众多的对手时是如何取得长期成功的呢？比任何别国军队都更加训练有素的德军共计战死 170 万人，但杀死了 320 万名敌军；他们有 75 万人被俘，却获得了 190 万名俘虏。"[51]

空战方面的经验教训

德国空军和本国地面部队一样，从战争中脱颖而出。他们使用的战术比协约国空军更加复杂，并且更加精准地评估了战术空中支援（对象为己方地面部队）和战略轰炸（对象为敌方相应目标）的价值。在 1914 年，对于主要大国来说，飞机本身并不是武器，而是进行侦察和炮兵监测的手段。轰炸敌人后方部队或是在地面进攻中使用飞机这样的想法尚未获得严肃认真的讨论。[52] 但随着航空技术的快速发展，轰炸机和战斗机在 1916 年已经成为各国空军的重要组成部分。就在同一年，在战场上获得空中优势已然成为成功发起进攻的战术要求。炮兵需要依赖观察机和侦察机定位敌方目标，如果不能自由地使用观察机，想要发起有效的炮兵支援就会变得极其困难。

从 1916 年夏季的索姆河攻势到 1918 年 3 月的德军攻势，其间德国军队在西线保持着防御姿态。为配合地面部队的战略，德国空军也决定采用防御性空战理论，阻止协约国空中力量进入德军防线后方的空域。这种防御性战略使德军拥有若干优势。首先，德方飞机一旦受损，就能够很容易地在己方防线后方降落。其次，德国人构建了全面的观测网和通讯网，用以警示协约国一方的进攻，以便本国空军集中战斗机力量应对威胁；进攻的（协约国）部队不仅要与敌方战机作战，还要面对敌人相当强大的地面防空火力。再次，德国防御者可以选择在有利条件下进行战斗，而协约国军队为了保持主动性只得不断进攻。

1916 年秋季，兴登堡和鲁登道夫为德国空军部队创设了中央指挥和参谋部，恩斯特·冯·赫普纳（Ernst von Höppner）将军任空军司令，赫尔曼·冯·德·利特 – 汤姆森（Hermann von der Lieth-Thomsen）上校任参谋长。尽管此时还算不上完全独立，但德国空军确实拥有自己的指挥系统，并且只向军队总司令部负责。冯·赫普纳将军和他的高级参谋威廉·西格特（Wilhelm Siegert）上校、冯·德·利特·汤姆森上校精通空军的组织、战术和后勤工作，他们为空军提供了卓越的领导，直至战争结束。

由于协约国军队在西线通常拥有 2：1 的空中优势，为应对这种情况，德国空军将飞机集中起来，组建了更大的单位。1916 年，德国将各空军支队重组为 10 ~ 12 支空军中队。1917 年 4 月，空军以四个战斗机中队进行联合飞行，以便形成包括 20 多架飞机的战术战斗编队。此举目的是将飞机集中在特定区域，以获得局部空中优势。大编队的试验获得了成功，1917 年 6 月，空军创建首个战斗机联队——第 1 战斗机联队，该联队由第 4、第 6、第 10 和第 11 战斗机中队组成，指挥官是曼弗雷德·冯·里希特霍芬男爵（Baron Manfred von Richthofen）。[53]

大的战斗机联队具有高度机动性。他们的全部支援设备和地勤人员可以通过卡车和铁路，迅速从前线某个受威胁的区域转移到别处，然后迅速设置帐篷和临时机场。德国空中联队拥有的机动性意味着空军可以重新部署和集中力量，应对每种新的威胁。因此，它（这种机动性）能够抵抗英国人，支援 1917 年 4 月的阿拉斯攻势：在这个月，德国人击落了 151 架英国飞机，而自身仅损失 66 架。[54]1918 年 3 月，为支援鲁登道夫的攻势，德国空军秘密集结 730 架飞机，在己方进攻部队的前线建立了空中的数量优势，与 579 架英国飞机展开角逐。[55]尽管协约国生产了

138685 架飞机，与同盟国的 53222 架产量相比通常具有数量上的优势，但直到战争结束，德国人始终能够维持一支有效的空中力量。[56]

在 1917 年和 1918 年，德国空军指挥部甚至明确规定，飞机的制造应当考虑快速部署。美国陆军航空队的威廉（"比利"）·米切尔（William Mitchell）将军在战争结束时对德国福克 D. Ⅶ 战斗机进行了考察，他评价道："福克战斗机使我们所有人印象深刻。这种战斗机可以在卸下机翼后由火车运载，到达目的地后再（将机翼）装回机身侧面。油箱保持不动，装满燃料，发动机随时能够启动。可以将战斗机用平板车卸下来，使用大约 15 分钟装好机翼，启动发动机后即可投入作战。该型战机的弹药带（在火车运载过程中）甚至满载弹药。协约国方面没有任何一款飞机可以如此操作。"[57]

战争期间，德国在开发特种飞机和对地攻击飞机的战术方面领先于协约国。1917 年，德国空军部署了世界上首款全金属铝合金飞机——容克斯 J-1 型。该机机组人员和发动机受到 5 毫米铬镍钢板的保护；由于专为实施地面攻击而制造，因此载有三挺机枪和相应弹药箱。[58]1917—1918 年间，德国人还生产了其他类型的加装装甲的飞机。这些飞机为进行地面攻击发挥了重要作用，尤其是哈尔伯施塔特 C1 Ⅱ 和汉诺威 C1 Ⅱ 两个型号，它们都被用于 1917 年的康布雷攻势和 1918 年的德军大攻势。[59] 到 1917 年底，有 10.5% 的德军飞机是地面攻击型号。[60] 尽管协约国军队也使用飞机进行地面进攻，但他们从来没有为此设计专门型号，而是使用标准的战斗机。

到 1918 年，德军总司令部已经强调"强击机"作为进攻突破性武器的作用，以代替本国军队缺乏的坦克，为第一波进攻部队提供机动火力，并对敌人造成心理震慑。1918 年 2 月，空军司令概述了战术空中支援体制，通过该体制，飞机不仅可以执行预先计划的地面攻击任务，还可以保留若干战机分队待命，随时准备应前方步兵指挥官的要求，立刻起飞执行支援任务。[61]1918 年 1 月时的一份训练手册概述了地面攻击飞机可以为步兵提供的具体支援，并且制定了步兵和空军部队共同参与的训练演习内容。[62] 德军实施于 1918 年的春季攻势说明，战术空中支援对帝国军队（的作战）来说至关重要。1918 年 3 月 21 日，有三个德国集团军（第 2、第 17、第 18 集团军）发起进攻，二十七个地面攻击中队为其提供了支援。四个重型轰炸机中队对敌军指挥部和机场进行了夜间攻击，三十五个战斗机中队执行掩护任务，以保护执行轰炸、攻击和侦察任务的己方飞机。[63]

第一次世界大战期间，德国人在战略轰炸方面也获得了相当多的经验。1915年，他们进行了首次战略轰炸，使用齐柏林飞艇轰炸伦敦和英国其他城市。在两年时间里，德国制造220艘齐柏林飞艇对付英国，投下175吨炸弹，炸死500名英国人。德国方面的损失包括9艘齐柏林飞艇被英国飞机和炮火击毁，但更大的损失是操作事故所致。[64] 这种早期的突袭虽能沉重打击英国人的士气，但给他们造成的物质损失却不严重。兴登堡和鲁登道夫因此改变了德国军队的战略，不再用脆弱的飞艇进行突袭，而是决定建造哥达G4型重型轰炸机，将其编成共100架的特遣队攻击英国城市。[65] 德国希望通过潜艇封锁和攻击英国城市，迫使该国退出战争。这是有史以来首次通过对敌国国土实施战略轰炸，有望起到赢得战争这一决定性作用的行动。

真正的战略轰炸始于1917年5月，德国使用双引擎哥达轰炸机攻击英国。1917年6月13日，由17架哥达轰炸机组成的特遣队公然在昼间从高空飞临伦敦，投下4.4吨炸弹，炸死162人，炸伤432人；德国方面没有损伤。[66] 这些突袭促使英国政府组建了规模庞大的战斗机和防空部队，以实施国土防御。这种防御很快就开始发挥作用，加上己方事故率居高不下（这始终是早期飞机的一个主要问题），德国人也出现了损失。战略轰炸部队最主要的技术问题是飞机携弹能力相对较弱。早期型号的哥达轰炸机只能携带200千克炸弹进行远距离飞行[67]；后来，德国的巨人重型轰炸机可以携带1800千克重的炸弹。[68] 截至1918年5月，德国的战略轰炸机总共对英国执行了27次突袭，造成了2807人伤亡和150万英镑财产损失。与此同时，德方获得以上战果的代价是62架轰炸机被击落或坠毁。[69]

1918年5月，德军总司令部取消了针对英国的轰炸行动——飞行员和飞机的损失太多，却无法证明轰炸对敌人产生的边际影响。一位德国军官对巨人轰炸机相应作战的分析结论是："尽管巨人轰炸机在英国总共投下27190千克炸弹，但我方得不偿失，为制造它们付出了巨大代价，为了飞机的维护和保养也需要大量设备。"[70] 在接下来的战争中，重型轰炸机转而执行夜间任务，轰炸敌人的火车站、仓库和其他军事目标，以支援地面部队。

就在德国人认为战略轰炸已经失败时，英国皇家空军却在1918年6月首次组建自己的战略力量——独立空军部队，指挥官是休·特伦查德（Hugh Trenchard）将军。

对德国的轰炸任务从 1915 年就已开始执行，而特伦查德甚至曾经打算组建规模为 60 个中队的相应部队；他坚信战略轰炸的价值，希望通过轰炸德国的城市和工业区，摧毁该国的意志并破坏其军工生产。[71] 协约国军队这类行动并未给德国军队留下深刻印象。于 1918 年 8 月 7 日写给德方空军司令的一份报告分析了 1918 年 7 月（协约国军队）对德国城市进行的 31 次轰炸突袭。其中有几次大规模袭击并未给德国方面造成任何伤亡。大多数伤亡发生在对城市的首次袭击中，而且绝大部分可以轻易避免：人们往往会站在外面观看袭击，而不是躲避（由此造成了不少伤亡）。协约国军队在 7 月的 31 次轰炸袭击中总共炸死 33 人。德国空军并未惊慌失措。[72]

从 1915 年开始，德国的西部城市便遭到间歇性轰炸，但该国空军在 1918 年就已组建有效的、用于国土防御的战斗机力量。德国西部被划分为五个防空区域，德国人在各个工业区周围设立了若干高射炮指挥部。[73] 到特伦查德开始进行战略轰炸时，他的飞行员们对面的德军部队已拥有 896 门高射炮、454 盏探照灯、204 挺高射机枪及 9 个战斗机中队，以覆盖德国国土。[74] 英国以至协约国方面军队伤亡惨重。从 1918 年 6 月到 11 月，英国独立空军部队向德国投下 543 吨炸弹，自身有 352 架飞机严重受损或被毁；有 29 名飞行员牺牲，64 名受伤，235 名失踪。[75]1918 年，德国在轰炸突袭中的全部损失是 797 人死亡，380 人受伤，以及价值 1500 万马克的物质损失。[76] 鉴于英国的空袭只是 1918 年协约国方面针对德国城市的总空袭的一部分，独立空军部队自身承受的伤亡与其造成的伤亡相当——在这种情况下，训练有素的英方飞行员和飞机换来的却只是德方平民的旁观（而非害怕和恐惧）。平均每投下 1.54 吨炸弹，协约国一方就损失一架飞机。[77] 协约国在空中力量方面的优势是生产能力，否则德国空军还会打得更好。甚至到了 1918 年，协约国军队已经拥有巨大的数量优势，德国空军从 1 月到 9 月仍然击毁 3732 架敌方飞机，而自身只损失 1099 架。[78]1918 年，德国人研制出了可能是战争中最好的战斗机：福克 D. Ⅶ。[79] 德国人研制出了更好的地面支援飞机，并且使用了许多常规技术。1918 年时，德国飞行员配有降落伞，而协约国方面根本没有制造这类装备。[80] 德国人还像英国人那样，创建了有效的空中防御机制。然而，就在德国空军得出正确结论并且叫停战略轰炸活动时，协约国军队加大了战略轰炸的力度。1918 年，德国空军已经成为一支现代意义上的战术空军，专门用于支援地面部队；直至战争结束，它都相当有效地履行着这一使命。

第一次世界大战在技术方面的经验教训

第一次世界大战是世界历史上技术变革最快的时期，这就是最近的军史学家，例如罗德·帕夏尔（Rod Paschall）比早前的历史学家明显更同情大战期间的军事领袖的原因。[81] 除原子弹的研制以外，第二次世界大战期间的技术变革步伐几乎无法与第一次世界大战相提并论。从 1939 年到 1945 年，美国、英国、德国和苏联的步兵连在武器、战术和组织方面并没有发生明显变化。1939 年时的很多飞机，例如 B-17 轰炸机、Me-109 战斗机和喷火式战斗机，直到 1945 年仍在服役。即使最先进的武器——比如雷达——也是根据战前已经部署的武器，研制和稍作修改而来。相反，1918 年时的德国、法国和英国步兵连在组织、战术和武器方面与 1914 年已经大不相同。1918 年，士兵们戴着钢盔和防毒面具，使用他们在 1914 年无法想象的各种武器进行战斗：冲锋枪、喷火器、毒气、轻迫击炮、反坦克步枪和枪榴弹。在 1914 年，还没有哪支军队把轻型机枪视为步兵的主要武器；同一年里，飞机只是用来进行炮兵定位，纯属一种缓慢而又脆弱的机器。到 1918 年，军队早就可以从快速机动并且全副武装的己方飞机那里获得支援；英国和法国的士兵出现在坦克冲击波之后，取得了最大的进展；到这一年，除步枪、马克沁机枪和某些火炮外，军队已经拥有了各种新式武器和全新的战斗理念。

在战争时期的指挥官们看来，1914 年秋季之后的主要问题是恢复战场机动性。这个目的可以通过两大方式达成：要么加强火力，而且战前所有军队都懂得获得火力优势的必要性；要么加强军队的机动性。为获得火力优势，大多数参战国军队都极力增加机枪数量，同时减少其重量，从而使步兵更加行动自如。从 1914 年到 1918 年，轻型机枪、迫击炮和枪榴弹的使用使步兵的火力增强了至少五倍。通过增加火炮的数量、射程和尺码，所有参战军队都大幅强化了炮兵的火力。

德国人在战争期间做出的最大技术突破之一就是在战场上使用有毒气体，这种武器极大增强了进攻方的打击能力。很明显，德国人会有效地利用化学技术，因为他们的化学工业在欧洲规模最为庞大且最先进。对毒气弹的研制始于 1914 年秋季。到 1915 年 1 月，催泪弹就已经被运往东线，用来对付位于波利莫夫的俄国军队；然而由于极度的严寒，催泪瓦斯被冻结，首次毒气攻击就此失败。[82] 随着战争进行下去，德国人变得极其精通毒气战。1915 年，德国人在伊普雷斯使用毒气实施攻击后，各协约国也开始研究毒气战。但各国在气体毒性方面（的研究）从未赶上德国人，在有关使用毒气的复杂战术方面也有所不如。

战争期间，德国毒气生产总量是 68100 吨，与英国、法国和美国生产量之和的 68905 吨大致相等。[83]1917 年，德国人成功开发了化学战术。德军炮兵首先要对装有喷嚏剂或强效感官刺激物（例如二苯胺氯胂或二苯氰化胂）的炮弹进行齐射（弹体上标有被称为"蓝十字"的标志）。这些物质哪怕散发出微弱气味即可使人打喷嚏和咳嗽，从而导致防御者难以戴上面具。接着，防御者会被大量光气弹袭击（该弹以弹体上所标的"绿十字"著称）。光气是急性的肺刺激剂，即便是百万分之二十的微小浓度也可致残或致死。第三种毒气弹是二氯二乙硫醚弹（芥子气或"黄十字"），它很少致死，但会引起身体灼烧或糜烂，并使受害者失明。芥子气的特点是极度耐久，大量芥子气可以使毒害性维持数周，因此被这种毒气弹击中的区域会变得难以通行。[84]

在 1917 年 11 月的康布雷战役和 1918 年的春季攻势中，德国人混合使用了蓝十字弹和绿十字弹，从而使即将发起进攻的敌方部队瘫痪。黄十字弹则被大量发射到德方突击部队的侧翼，以便在他们和协约国反击者之间建立化学屏障。截至战争末期，德国人使用毒气至少造成协约国部队 78198 人死亡，908645 人受伤。各协约国军队消耗了和德国人等量的毒气，但使用技巧较差，共造成 12000 名德国人和奥地利人死亡，另有 288000 人受伤。[85]毒气战在很大程度上受到军事作家们的忽略，因为这是一种极其丑陋的战争形式，它既不像步兵那样拥有传统，也不像骑兵和战斗机飞行员带有浪漫主义色彩。然而，毒气极大地增强了德国军队的火力，德方总司令部开始在所有攻势行动中依赖它，有时甚至在防御作战中同样依赖。在 1917 年和 1918 年，毒气几乎变成了一种能够赢得战争的武器。

协约国最大的技术创新是坦克，它超越其他任何武器，使得交战双方力量的天平决定性地倒向协约国——坦克将火力和机动两大要素结合了起来。德国军队没有把坦克视作主要武器，直到局势不可挽回，这是德方总司令部最大的技术失误。"坦克"是个简单的概念，只是将现有技术组合成一种武器。到 1914 年，履带式拖拉机已经在全世界范围内，用以商业达十多年。战争开始时，所有主要大国都使用霍尔特公司的履带式拖拉机来运输火炮通过崎岖不平的地形。1914—1915 年间，冬季战争陷入堑壕战的胶着状态，英国和法国开始以履带式拖拉机作为基础，希望研发出打破僵局的武器。[86]法国的初始坦克型号是由施耐德公司于 1915—1916 年间制造的，它无非是在霍尔特拖拉机的底盘上，加上了装有火炮和两挺机枪的钢箱。英国的设计则有所不同，英制坦克呈菱形，从而拥有了更强大的沟槽穿越能力。[87]

早期型号的坦克极不可靠。历史上的首次坦克攻击发生于 1916 年 9 月 15 日，即索姆河战场上，49 辆英国马克 I 型坦克中只有少数抵达目的地，大多数在到达前线前就已抛锚。少数没有抛锚，但陷入沟渠或被炮火击中的坦克提供了有用的支援。[88] 首次令人失望的投入使用并没有吓倒英国人或法国人。在 1917 年的春季攻势中，英国人使用了 60 辆马克 I 型，而法国人在 4 月的埃纳河战场上投入了 180 辆坦克。[89] 由于出现技术故障或坦克手和步兵在作战时缺乏经验，这些坦克再次没能证明自己是有效的武器。然而在此时，英国人和法国人都已研制出了改进的型号，并开始大规模生产坦克。

到 1916 年 9 月英国人使用坦克后，德军总司令部才开始考虑研发这种武器；而且哪怕到了这个时候，德方依然行动迟缓。鲁登道夫认为首次坦克攻击对己方"造成了不便"，但没有引起警惕。[90] 总司令部成立了研制坦克的委员会，可是进展不大；这种情况持续到了 1917 年 3 月，来自摩托化部队的魏格纳（Wegener）上尉被任命为总司令部和坦克委员会之间的联络官。在此之前，坦克设计者和军队之间缺乏协调。[91] 鲁登道夫对于德国的坦克计划表现出了明显的兴趣不足。他在 1917 年声称，自己不会为制造坦克提供工人或材料。[92] 战争结束后，鲁登道夫回忆说："我们用缴获的坦克组建了小分队。我在 1918 年 2 月某个突击营的演习中首次见到坦克。它并没有让我印象深刻。我们自己的坦克小分队在战斗中损失惨重，却没有发挥任何作用。"[93]

任何拥有先进机动车工业和重型机器工业的国家都能生产坦克。德国开始设计和制造按照当时标准来说令人满意的坦克原型。该国工程师约瑟夫·福尔默（Joseph Vollmer）从霍尔特公司的奥地利子公司那里获得了拖拉机底盘，对其进行调整和改良。他在底盘上安置了三个弹簧转向架，而不是像过去霍尔特公司那样只安装一个；他还设计了装甲车身，在上面装载一门 57 毫米火炮和六挺机枪。最后设计出的是重达 30 吨的 A7V 坦克，它可以搭载 18 名乘员，装甲厚度达 30 毫米。就像战争中的其他坦克那样，这一型号也经常发生机械故障。A7V 所采用的设计导致其越野能力比不上英制重型坦克，但它拥有的 200 马力和弹簧悬挂装置使自身行驶速度达到每小时 8 英里，该数值两倍于缺乏悬挂装置的英国马克 I 型甚至马克 V 型。[94]

德国的设计师，尤其是福尔默还在战争期间设计且制造了其他坦克的原型车。其中，A7V/U 型坦克将拥有更佳越野表现的英国菱形车身与 A7V 坦克的各处部件组合在一起，安装了两门 57 毫米火炮和四挺机枪；该型坦克在 1918 年 6 月进行测试，并被军队接收。福尔默还在 1918 年设计和制造了两款轻型坦克。第一款是 LKI 型，它是围绕卡车底盘和发动机设计而成；它的形状很像英制惠比特犬坦克，装有旋转炮塔，具体功能也与惠比特犬坦克类似；这种 7 吨重的车辆被设计得很便宜，并且易于制造。第二款（轻型）坦克也是由卡车底盘制成，是一型重 10.2 吨的改良型轻型坦克，装有 57 毫米火炮。[95]

德军总司令部并不打算优先生产坦克，因此只有 20 辆 A7V 交付部队。这些坦克于 1917 年 12 月抵达军队，并成立了 3 个 A7V 坦克连。1917 年，德军订购了 100 辆 A7V；1918 年 9 月订购了 20 辆 A7V/U；1918 年 6 月订购了 580 辆 LKI。[96] 但只有 A7V 坦克投入战场。帝国军队所使用的其余 80 辆坦克是缴获的英制型号，该坦克军团总共编有 8 个连。[97]

如果说鲁登道夫没有对坦克形成深刻印象，那么德军前线士兵们肯定也是如此。1917 年 11 月 20 日，由 476 辆坦克组成的英国军队突袭康布雷地区的 6 个敌军师，仅用几个小时就突破了德军长达 12 公里的防线。英国人达成了目标——他们使敌军遭受重创，俘获 4200 人，缴获 100 门火炮。[98]1918 年 8 月 8 日，由 456 辆坦克在亚眠发起的突袭撕开德国军队的防御，使英军在第一天就向前突进 6 英里，俘获 16000 人，而自身的损失相当轻微。[99] 尽管 1918 年时，英国坦克在抛锚前只能持续战斗一天到三天，但它们总能突破敌军设防区域，并进入开阔地带。法国人在 1918 年也大量使用坦克。7 月 18 日，他们使用 346 辆坦克在苏瓦松发起了最成功的突袭，向前推进 4 英里并俘获 25000 名德军。[100] 到战争结束时，英国人已经制造了 2636 辆坦克[101]，法国人也制造了 3900 辆。[102] 另外还有多达数千辆（坦克）的订单预计用于 1919 年的战斗。

战后，许多德国军官将坦克这一技术兵器视为协约国军队获胜的主要原因之一。第 51 师的战时指挥官 D.W. 冯·巴尔克（D.W. von Balck）中将[①] 认为，坦克"最

---

① 译者注：这位巴尔克中将是一战前后非常著名的战术家，他的儿子就是二战中大名鼎鼎的赫尔曼·巴尔克装甲兵上将。

初是被低估的武器"，后来发展成为"极其强大的攻击武器"。[103] 冯·巴尔克还断言，德国军队的防御不能承受大规模的坦克攻击。[104] 马克斯·施瓦特（Max Schwarte）中将在 1923 年写了关于坦克的文章，他认为"我们的所有对手都很早就认识到机动车辆的重要性，并且根据这项技术得出了合理结论"。[105] 战后，赫尔曼·冯·库尔（Hermann von Kuhl）将军试图在德国国会委员会为鲁登道夫的政策辩解，但他也不得不承认，到 1918 年，坦克已经成为一种决定性武器。[106]

冯·库尔在德国国会辩称，总司令部曾要求提供坦克，是工业界的失误造成了未能生产坦克。[107] 但这一说法毫无道理。协约国方面提出关于坦克的想法要比德国早两年。然而德国的工程师很早就声明，他们可以很快研制出与协约国型号相同的各种坦克，可是坦克生产的工业优先级被排在了最后。就在坦克的生产找不到工人和钢材的同时，总司令部却授权生产两门巨大的铁路运载式"巴黎炮"，这种火炮能在 70 英里之外轰击巴黎。不过，德方付出了无数努力和代价才建成的这些火炮，在 1918 年总共才向巴黎射出 367 枚重 229 ~ 307 磅的炮弹，这只相当于一次空袭中所用弹药的重量。[108] 让克虏伯生产巨型火炮的同时却减少坦克产量，这是第一次世界大战期间军事工业管理不善的最突出例子之一。约·弗·查·富勒（J.F.C. Fuller）将军指出，为了 1918 年的攻势，德国人应该砍掉大炮的生产，转而制造履带式拖拉机："到 1918 年 3 月底，德军攻势因缺乏补给而'逐渐停止'……如果德国人在 3 月 21 日和 5 月 27 日拥有 5000 辆至 6000 辆高效率的越野拖拉机，并且每辆可以运输 5 吨补给，即便是英勇的美国军人涌进法国，他们也将无力阻止英法两国军队被分割开来。"[109]

相较于福煦和黑格（Haig），鲁登道夫可能是更好的战术家；但前两名统帅拥有想象力，来领会机械化战争的基本原理，而最后者没有。协约国一方的首批坦克理论家，英国的富勒和斯温顿（Swinton）上校，以及法国的埃斯蒂安纳（Estienne）上校都从各自国家的总司令部获得了充分支持，并从英国和法国内阁获得了资源，用以发展其构想。

对德国军队有关技术的态度的最猛烈批评来自军队内部。步枪测试委员会主席库尔特·托尔贝克（Kurt Thorbeck）上校于 1920 年为总参谋部撰写了长达 33 页、措辞激烈的研究报告，阐述了战争中的技术和战术教训。他着重强调的结论是"德国总参谋部并没有准确意识到世界大战的物质需求，从而没有在和平时期正确地为战争做好准备。这是德方在战争中所犯的根本错误"。[110] 托尔贝克指出，总参谋部在战前并没有正确研究过由机枪和带弹匣步枪造成的影响。德军总参谋部里充斥着各种战术专家，但武器技术专家在这里根本没有用武之地。[111] 因此，一旦战争开始，总参谋部内并没有在技术方面训练有素的步兵军官来代表步兵这一兵种。如果确实有，军队就很可能会研制出更好的轻型机枪。[112] 托尔贝克指出，由于总参谋部对技术的忽视，战争期间订购的大部分装备都是对金钱和精力的浪费。接着，上校举例说，为步兵生产重型防弹衣所花费的 8250 万马克本应用于制造坦克。[113] 托尔贝克认为当然不存在什么"在背后捅刀子"——是军队对于技术的忽视，才导致了本国在这场战争中的失败。

结论

在 1914 年至 1918 年的第一次世界大战期间，德国动员 1100 万人参战，遭受了 600 万人的伤亡。协约国方面仅仅为对付德国就动员了 2800 万人，遭受了 1200 万人伤亡，这还不算那些与其他同盟国作战所遭受的损失。特雷弗·内·杜派（Trevor N. Dupuy）上校运用这些数据和其他战斗数据创设了军事效率评分体系。德军针对英军的平均效率优势是 1.49 比 1，针对法军是 1.53 比 1；另外，德军针对俄军的比率是 5.4 比 1。[114]

第一次世界大战的经验使德国军队更加坚信其在进攻和防御方面灵活机动的战术优势。仅仅依靠战术，德国人就找到了打破堑壕僵局的办法。他们同样对自己在训练体制，以及航空战略和战术方面的优势充满信心。至于战争的负面教训，包括总司令部在战略上的失败和协约国对于德国的技术优势，将在 20 世纪 20 年代深刻地影响德国军队在训练、组织和战术方面的思想。关于第一个问题，除了对战争进行回顾性研究以外，对于糟糕的战时战略，德方并未找到任何现成的解决方案。至于第二个问题，只要意识到技术对战争造成的影响，就可以将其解决；值得一提的是，战后对参谋和军官训练实施改革，主要便是为了解决这个问题。

第二章
冯·塞克特和他对于战争的反思

　　1918 年 12 月，帝国军队刚刚撤回德国，就在几乎一夜之间被解散。德国发生了内战，因为共产党人试图在柏林、巴伐利亚及其他地区夺取权力。虽然许多军官仍然留在岗位上，少数帝国军队仍保留少量干部，但客观地说，停战后头两个月里德国实际上没有军事力量。战争结束后超过一整年时间内，该国只能依靠短期的志愿者。德国不得不在（形势）不确定、暴力屡禁不止、军事失败和部分国土被占领的情况下，建立新的军队和指挥系统。

　　但这些工作完成得很好。在协约国计划中这支只能是边防军或警察部队的军队，很快就会被视为最优秀的小规模军队，能够为德国的快速重新武装奠定基础。这支军队的缔造者、理论家和主要训练者是汉斯·冯·塞克特，他是总参谋部或部队局的首席指挥官，也是魏玛国防军的二把手。冯·塞克特将有机会去做以前很少有军人曾做过的事情：从零开始建立一支军队，根据自己的理论塑造其组织和条令。1919—1926 年，冯·塞克特担任总参谋长和军队首长；但在两次世界大战之间，他显然是德国军队的主导人物。

汉斯·冯·塞克特将军

　　汉斯·冯·塞克特 1866 年出生于波美拉尼亚的一个贵族家庭。他的父亲是普鲁士军官，最终获得了将军军衔。与大多数注定参军的兄弟们不同，汉斯并没有就读于军校，而是在斯特拉斯堡的平民高中（预备学校）学习，并于 1885 年获得高中毕业文凭。同年，他加入普鲁士陆军的亚历山大皇帝近卫团，担任见习军官。他在 1887 年被委任为军官，并在 1893 年被录取参加军事学院为期三年的参谋培训课程。1897 年，他作为少数军官之一，被选入总参谋部军官团。从 1896 年到 1914 年，他的职衔稳步上升，其间担任过营长和多项职务。可能是因为接受过平民教育，冯·塞克特的胸怀比一般普鲁士军官更加宽广。他能够流利地讲好几种语言并且旅游范围甚广：早在战争爆发前，他就游览过埃及、印度，以及几乎所有欧洲国家。他尤其喜欢阅读英文著作，包括约翰·高尔斯华绥（John Galsworthy）和乔治·伯纳德·肖（George Bernard Shaw）的作品。[1]

冯·塞克特在总参谋部军官团享有很高的声誉。第一次世界大战爆发时，他担任第 3 军参谋长这个重要职务；该部作为右翼在比利时和法国取得了重大进展，战争初期便使冯·塞克特享有作为领导者和战术家的声誉。一位曾在 1914 年 8—9 月间与冯·塞克特共事的参谋形容他在战斗当中"总是保持着冷静"和"一直成竹在胸"。[2]1914 年 10 月底，冯·塞克特组织了一次有限的军一级进攻，以占领法国军队在埃纳河的阵地。他将所能召集的全部火炮支援集中起来，打算以重炮炮火开道，发起猛烈的突袭。这个计划生效了，阵地很快就被占领，并且有 2000 名法国人被俘。[3]1915 年 1 月，为回应法国人在苏瓦松附近的推进，冯·塞克特精心策划了德军的反攻，将法军赶回他们原来的阵地；此外，德国人获得了（作为战利品的）5200 名战俘和 35 门大炮。1915 年 1 月的战役使冯·塞克特名扬全军。[4]

1915 年 3 月，冯·塞克特被任命为第 11 集团军参谋长；该集团军被编入东线，受冯·马肯森将军指挥。在冯·塞克特的策划下，第 11 集团军于加利西亚的戈尔利采，对俄国人发起了进攻，这是战争期间德国人取得的最大胜利。沿着 6 个俄国师所防守、长达 40 公里的战线，德国人秘密集结了 14 个师和 1500 门大炮。1915 年 5 月 2 日，经过短暂而又猛烈的轰炸，第 11 集团军突破了俄国人的防线。德军没有转弯并包围俄军两侧，而是不断前进，对俄军后方进行了深远渗透。在 12 天时间内，德国人推进 80 英里，并且突破了俄国人布置在桑河的新防线。截至 1916 年 6 月 22 日，俄方已经丢掉了整个加利西亚，另外失去了 40 万人，其中大多数被敌方俘虏。[5]第 11 集团军在夏季的战役中继续向前推进；与此同时，位于东普鲁士的兴登堡麾下部队则向南发起进攻。到 8 月中旬，波兰已被德国人占领，此外又有 35 万俄国人被俘。[6]戈尔利采战役之后，冯·塞克特晋升为少将军衔。

冯·塞克特和兴登堡打招呼。图片摘自弗里德里希·冯·拉贝瑙所著的《塞克特：他的生涯，1918—1936 年》（莱比锡，Hase-Koehler 出版社，1941 年）

　　1915 年秋季，保加利亚加入同盟国阵营参战。东线战场转移到了塞尔维亚，德国第 11 集团军被派到那里，以支援奥地利第 3 集团军及保加利亚的两支军队。冯·马肯森被任命为这个集团军群的总指挥，冯·塞克特则是他的参谋长。1915 年 10 月 6 日，奥地利—德国—保加利亚联军根据冯·塞克特的计划发起进攻。这次行动很高效，同盟国联军于 11 月底占领塞尔维亚。支援塞尔维亚人的协约国远征军登陆塞洛尼卡太晚，已经错过战机。随着原先的撤退路线被切断，塞尔维亚人不得不丢弃大部分装备，并退往阿尔巴尼亚。[7]

　　1916 年，冯·塞克特再次受命对付俄国人。该年夏季，俄国人在布鲁西洛夫攻势中撕开了奥地利军队的防线；此外，罗马尼亚加入协约国阵营参战。冯·马肯森受命指挥罗马尼亚前线的奥德集团军群，冯·塞克特又成为这位集团军群指挥官的参谋长。6 月，整条奥地利军队的防线都在往后撤，冯·塞克特有效指挥了奥地利第 7 集团军，并极力迟滞了俄国人的行动。7 月，冯·塞克特成为一个新成立集团军群的参谋长，这个集团军群名义上的总指挥是奥地利大公约瑟夫。冯·塞克特打了三个月的防御战，缓慢后撤，并堵住了防线上的缺口。到 10 月，他用以迟滞俄国人的战术奏效，同时使俄国人和罗马尼亚人筋疲力尽。德国人和奥地利人准备以马肯森的集团军群和约瑟夫大公集团军群共同向俄罗斯—罗马尼亚防线发起进攻。奥德联军的攻势进展非常顺利，经过时长两个月的战役，到 12 月 6 日，布加勒斯特陷落，而罗马尼亚人实际上也退出了战争。[8]

1917 年，冯·塞克特继续供职于东线战场南部的约瑟夫大公集团军群。从 1915 年到 1917 年，冯·塞克特在战争中表现出了杰出的战略能力和政治能力。他与奥地利人和保加利亚人的合作进展非常良好。1915 年，他展现出敏锐的政治眼光，告诉德军总司令部，一旦保加利亚人打败他们的传统宿敌塞尔维亚人并占领塞尔维亚的领土，他们（保加利亚人）的战争目的便已经达成。到那时，能让保加利亚军队留下的唯一实际理由就是——用他们在塞洛尼卡前线，挡住规模庞大的协约国部队。[9]

1916 年 8 月，冯·塞克特写信给自己的好友约阿希姆·冯·温特菲尔德（Joachim von Winterfeldt）；他（前者）在信中预测，俄国在战后会发生一场政治剧变。他指出，俄国最主要的问题之一是（军队）中层指挥能力太弱。[10]奥地利的温迪施格雷茨公爵（Duke Windischgrätz）提到冯·塞克特时曾这样说："他是真正理解我们之间复杂的关系，同时不仅知道奥地利的弱点，也知道其成因的极少数人之一。"[11]约瑟夫大公（Archduke Josef）1917 年时谈论说："鲁登道夫将塞克特视为对手……在我看来，塞克特甚至拥有较鲁登道夫更杰出的军事才能。"[12]冯·塞克特作为战术家也声誉卓著。总司令部发布的新战术指示主要受西线经验的影响，冯·塞克特会对这些指示加以分析，并对鲁登道夫的战术指示进行调整，以适应自己麾下部队所处前线的不同情况。[13]

1917 年 12 月，总司令部命令冯·塞克特前往土耳其，担任奥斯曼帝国野战军的总参谋长。他之后也担任这个职务直到战争结束。据冯·塞克特的军械官（后来晋升将军）恩斯特·柯斯特林（Ernst Köstring）说，这位总参谋长陷入了"无可救药"的状态。[14]冯·塞克特认为将自己派往死水一般的前线执行任务是由于鲁登道夫对自己的嫉妒。[15]但是，冯·塞克特依然表现极佳，他拥有政治和战略才华，与土耳其的将军们，尤其是与恩维尔帕夏（Enver Pasha）大臣建立了紧密的工作关系。[16]许多将军坚信冯·塞克特这样能力卓著的人应该供职于更关键的前线，但前往土耳其可能有利于他（后者）的声誉。从 1914 年到 1917 年，冯·塞克特百战百胜，在战争结束时，鲁登道夫及其失败的战略也和他没有什么关系。

停战后，冯·塞克特显然已经成为总参谋长的候选人。然而，战后很快就发生动荡，他于 1919 年 1 月受命前往柯尼斯堡，指挥北部边防军。这个特殊的指挥岗位是为了应对战后紧急情况而设置的，冯·塞克特的职责是将德国军队从俄国撤回，在波罗的海国家执行反对布尔什维克的军事行动，此外还要防守与波兰和俄国交界的东部边境。1919 年 1 月至 4 月，冯·塞克特成功将军队从俄国撤回，并且稳定了东部省份的秩序。[17]

　　1919 年 4 月至 6 月，冯·塞克特作为总参谋部代表参加凡尔赛和会。他试图软化协约国解除德国武装的要求，但没有成功。[18]1919 年 6 月，德国接受《凡尔赛和约》后，冯·塞克特被任命为和平时期军队组织委员会主席，根据该和约相关规定重新组织德国军队。

　　冯·塞克特还担任着临时的总参谋长。1919 年 11 月，根据协约国的指令，他正式解散了总参谋部，取而代之的是以其本人为首脑的部队局。[19]作为首脑，他根据第一次世界大战的经验和自己的想法，发起了一个计划，准备对德国军事条令的全部内容进行反思和重写。1920 年 3 月，卡普政变失败后，冯·塞克特在政治、战术和军队组织领域最大的对手沃尔特·莱因哈特（Walter Reinhardt）将军被解职，而塞克特本人被任命为军队总司令。在这个岗位上，他只服从于国防部长和总统。因此，直到 1926 年自己被解职，冯·塞克特都能够按照自己的设想，重新塑造和训练军队。

　　尽管冯·塞克特的许多军事理论是在各种演说、军队报告和战后著述（尤其是《一个军人之思想》和《魏玛国防军》）当中阐述，但早在 1919 年，他的主要思想就已经清晰成型。在 2 月 18 日给军队总司令部的一份报告中，冯·塞克特倡导通过自愿招募而非征兵制来组建小而精的专业部队，从而有力打破了德国的军事传统（值得重点指出的是，协约国方面在凡尔赛以专业部队的规模胁迫德国人，而在此前三个月，冯·塞克特就已坚定地提出自己的主张，即组建精锐的专业部队并坚信运动战是更好的军事手段）。[20]后来，冯·塞克特关于战争和军事组织的概念成为两次世界大战之间，魏玛国防军军事条令的主要内容。

　　他提出组建一支包括 24 个师、至少 20 万人的军队："我深知我希望看到现在的征兵制军队被专业化军队所取代，如果条件允许，甚至可以被雇佣军取代。"[21]志愿者首先入伍服役两年；工资和住房等物质条件将足够优越，以保证每年的招募比例较高。只有在不能招募到足够数量志愿者的时候才会考虑征兵制。[22]志愿部队将配备最好的武器、设备和训练器材。[23]对冯·塞克特来说，一支纪律严明且专业的部队，其优点是在维护政府国内权威方面十分可靠——1919 年 2 月时主要考虑的就是这一点，那时德国正经历共产主义革命的冲击，包括巴伐利亚被苏维埃政府占领，以及柏林街头的内战。

专业军队的后盾是国家民兵，所有身体健全的 18 岁男子都要按照计划进行为期三个月的强制性军事训练，另外还要进行为期两年的短期民兵训练。国家会为民兵军官开设专门的课程。尽管组建民兵的设想主要是为战时动员储备人力，但除非战况紧急，否则民兵部队不会被当成战时部队使用。[24]

冯·塞克特成长于冯·毛奇和冯·施里芬的军事传统，这种传统强调通过摧毁敌人来获得战争的胜利，同时强调进攻和机动是达成这个目标的主要手段。冯·塞克特接受了毛奇和施里芬的基本格言："军人只知道一个战争目的：消灭敌军。"[25] 但针对大规模军队的重要性，冯·塞克特的观点不同于冯·毛奇和冯·施里芬。冯·毛奇的重要行动都是为了获得战场上对敌军的数量优势，这是通过快速动员，加上同时使用后备部队及正规野战部队来实现的。他的这一招数在 1866 年的柯尼格拉茨和1870 年的法国边境效果出人意料地好。冯·施里芬和总参谋部后来也制订计划，以确保德军在法国人入侵时拥有数量优势，尤其是在德方预计发生主要战斗的右翼。

在（一战中的）东线，训练有素、领导得力、装备精良的德军总是能打败更多敌军，这一经验使冯·塞克特确信数量已经不再是获胜的关键：

这种普遍的动员和规模庞大的军队带来了怎样的军事胜利呢？尽管竭尽全力，但战争并没有以战场上重创敌军而结束；在大多数情况下，战争变成了争夺阵地的无数次精疲力竭的战斗，直到遭遇优势巨大的（敌方）部队，然后滋养（己方）每个战斗人员抵抗的源泉，以及人力、物资和士气就都消散了……普遍动员和全民皆兵的原则可能已经不再奏效，数字风暴也可能不再管用。军队的规模太大就不便移动，它无法机动，因而无法取得胜利，它只会被足够的重量所压碎。[26]

对冯·塞克特来说，在未来取得胜利的关键是机动性。和大型部队相比，小型的专业部队可以获得更好的领导和装备，并且更加高效地运用机动性和灵活性。冯·塞克特曾说过："我认为未来战争的全部奥秘就在于使用机动部队，这类部队规模较小但素质较高，加上使用飞机来明显提高效率，同时动员全部国防力量，不管用来进攻还是进行国土防御。"[27] 此外，他还认为："军队规模越小就越容易为其装备现代武器；相反，为数百万军队提供持续的补给根本不可能。"[28]

他建议不要像 1914 年以前的军队那样依靠烦琐的动员安排，而是将机动的专业部队驻扎在边境上随时待命，做出极小的动员动静就能开始移动。不同于其他国家的军队，冯·塞克特的军队能够毫不迟疑地发起进攻。正规军进攻时，民兵将被召集起来保卫边境并进行训练，同时充当正规军的替补力量，以维持其攻势。[29]

对于冯·塞克特的运动战概念来说，强大的空军部队必不可少。战争结束后，他希望军队可以保留强大的空军，并在凡尔赛和会上竭力争取保住该部队。[30] 他把空军视为支援地面进攻的战术武器，而非战略武器。冯·塞克特断言，空军已在大战中取得了和陆军及海军平起平坐的地位。在未来的战争中：

战争将始于交战双方的空袭，因为空军能以最快速度，立即对敌军采取行动。攻击的直接对象不是主要城镇和补给中心，而是敌方空军；只有在打败敌方空军后，攻击才会指向其他目标……我们必须强调的是，所有高度集中的部队都容易成为（被攻击的）重要目标。干扰人力和物资动员是空袭的主要目的之一……空军发起袭击后，所有陆军部队要尽快压上去，尤其是正规部队。[31]

在战术领域，冯·塞克特对运动战的强调加上自身在东线的战争经验使他支持保留强大的骑兵部队。西线的堑壕战已经使骑兵在冲突中消失，而在东方，"战争和地形条件更加有利于骑兵发挥有益的作用"。[32] 骑兵冲锋早已成为过去式，但冯·塞克特认为骑兵可以作为全副武装的轻型师，开展独立作战：

由于这种作战的范围很广，骑兵需要步兵的支援；因为不这么做的话，它（骑兵）的火力就会很快减弱……必须保持步兵的支援，并且通过机动车辆运输使其移动……分配给骑兵师的任务多种多样，因此需要为其提供可机动且有效的火炮……在这种大范围的作战行动中，如果远离基地，通信服务，尤其是无线通信服务就会显得十分重要。与空军的合作也特别重要，必须将适量的飞机编队交由骑兵师支配。[33]

对于独立作战的部队，冯·塞克特建议通过空运为其提供补给。[34]

全军的最终机械化——从长期来看是可能的，但冯·塞克特建议优先为骑兵配备机动车辆，作为他们的支援力量。[35] 在冯·塞克特看来，机动车辆不仅能运输人员、弹药和补给，它们还是一类新型的装备。装甲车辆也可以像步兵、骑兵和炮兵那样，构成陆军新的兵种。[36]

冯·塞克特很少谈论防御战术；对他来说，防御是暂时的，而且是为了继续发起进攻（才这样做）。进攻的具体实施样式应该是指挥官认为合理的任何形式。冯·塞克特强烈批评战前的军队还带有施里芬派对于包围战术的偏好。冯·塞克特认为，战前的军队把包围当成了教条："在我看来，常用口号和一般军事条令的威力，在战后演习中得到了鲜明体现，部队不惜代价地渴望进行包围，扩大战线直到它不再成为战线，好像从来没有战争教育我们要消除这些想法。这种疯狂实施包围的倾向在战争中带来的后果是不可避免的。"[37] 他指出："即使已没有任何包围的可能，而且我们也知道这种情况，将军同样不能简单地宣布才思枯竭；如果他目标坚定，即使在正面进攻中也将部队集中在最有效的点上，那么他就表现出了施里芬伯爵的精神，尽管我们不得不承认，如此获得的胜利被施里芬讽刺为'普通胜利'。"[38] 冯·塞克特在战争中极富创新精神，并且在戈尔利采首创"突破"战术。他反对施里芬派，主张战术灵活。

冯·塞克特认为，相较大型部队，小型专业部队最大的优势是在指挥方面更胜一筹。专业部队需要培养各个层次的指挥官，尤其是在总参谋部；还要加强士官和军官们的技术教育。1916 年，冯·塞克特曾指出广大的俄国军人表现得比他预期更好，但俄国军队最大的问题是指挥能力薄弱。[39] 同一年里，英国已经组建了一支令人印象深刻的大型军队。对英国军队进行分析后，冯·塞克特指出，自从马尔伯勒（Marlborough）甚至威灵顿（Wellington）以来，英国人中尚未涌现出可以指挥大型军队的军事指挥官。这就使得英国军队即使人员和物资丰富，其危险程度也大大降低。[40] 冯·塞克特认识到技术培训对于现代军官来说十分关键，因此，他在 1919 年 2 月的报告中建议重组军队的同时派遣军官参加民用技术课程。[41] 只有在技术方面训练有素的军官才能有效操作现代武器：

科学技术越发达，就越能有效地将各种发明和设备投入军队使用，对操作这些技术辅助工具的军人的要求也就越高。为了有效控制现代炮火，需要具备何种技术知识，需要哪些只能由训练有素的专家来操作的设备，需要多么高的心理自律能力，任何人只要对此略知一二，他就不得不承认，那些只经过短暂而且肤浅培训的人不会理所当然具有这些基本素质，他们在少数熟练的技术专家面前，从最坏的角度来说，只不过是"炮灰"。[42]

　　冯·塞克特为战后的军官和士官设置了极高的教育标准，并且特别强调技术教育。

　　最重要的是，冯·塞克特竭力维持总参谋部的人员和军队训练。这是冯·塞克特战后与其他德国军官开展的最重要的斗争。军队首脑莱因哈特于 1919 年下令，国防军的军官优先从表现出色的前线军官，即战时军官中挑选。志愿军团的高级指挥官之一马尔克尔（Maercker）将军也响应了这个观点。[43] 年轻的前线军官尽管非常英勇，但不具备总参军官的教育和军事背景。冯·塞克特希望优先留任总参谋部军官团的成员，因为他们在军队组织和高级指挥策划方面经验丰富。他指出，如果没有这些总参军官，本国就完全无法组织志愿军团或重建军队。冯·塞克特坚持认为这些总参军官是真正的"前线军官"。尽管总参谋部在那时并不受欢迎，但冯·塞克特指出，正是这个机构自十一月革命以来维护了国家。[44] 幸运的是，鲁登道夫的继任者格勒纳将军支持冯·塞克特，他强烈赞同最后者的观点，不仅支持维持总参谋部及其声望，也同意尽可能将总参军官留任在临时国防军（这是德国军队在 1919 年 3 月至 1921 年 1 月的正式名称，根据《凡尔赛和约》相关规定，这支军队在此期间的规模为 10 万人）。[45] 冯·塞克特和格勒纳都拥有卓越的军事思想，他们虽然不是密友，但在大多数军事事务上都意见相同。

　　对于军队和国家来说，冯·塞克特决定留任比例极高的总参军官（这一做法）是正确的。他的看法不如莱因哈特那么民主，然而冯·塞克特意识到，必须把总参军官的组织和技术能力放在第一位，这一点正确无误。许多战时军官可能是英勇的突击队长，但战后志愿军团的很多成员在他们的带领下行为散漫，让冯·塞克特相当不悦。志愿军团中的某些人只不过是"暴徒"，而部分进行边防的志愿军团甚至被冯·塞克特在 1919 年形容成"匪帮"。[46]

重塑总参谋部

1919 年至 1921 年是德国军队的混乱期之一。根据《凡尔赛和约》，1919 年 6 月可能还有 35 万人的政府军，必须在 1921 年 1 月前缩编至 10 万人。[47] 在这 10 万人的军队中，只有 4000 名军官被允许保留。每个师和其他组织的最高人员数额都有专门规定。例如，每个步兵师所辖军官不得超过 410 人，士兵不得超过 10830 人；每个骑兵师辖下军官不得超过 275 人，士兵不得超过 5250 人。[48] 德国被允许组建 7 个步兵师和 3 个骑兵师，还有相应的学校、军械库、高级指挥部和国防部。但不允许德国拥有重型火炮、坦克和飞机，其他武器的数量也受到严格限制。[49] 此外，总参谋部必须被废除。1919 年 6 月，德国实际上是在协约国的枪口下接受了《凡尔赛和约》：如不接受，协约国军队将入侵德国。格勒纳和冯·塞克特意识到本国军队无法有效阻止入侵，故而支持遵守和约。兴登堡、莱因哈特和大多数将军主张进行毫无希望的战斗以维护德国的荣誉，并向政府表明了这个立场。尽管更加现实、选择遵守条约的意见占了上风，但德军军官阶层内部还是对《凡尔赛和约》及接受这一和约的政府感到极其愤怒。

1919 年至 1921 年，德国通过若干法律，建起了军队重组的框架。第一部法律于 1919 年 3 月 6 日通过，该法律解散了帝国军队，并且呼吁军队应该"建立在民主的基础上"。这部法律提出军官应从服役于前线的人员当中挑选，同时军官职衔应向士官开放，正是这些内容引发了格勒纳及冯·塞克特与莱因哈特的争论。[50]1919 年 10 月，德国人采取进一步措施，以创建军队的高级指挥组织，并成立国防部办公室。国防部监督陆军和海军的预算，代表武装部队向议会承担政治责任。军队由总参谋长领导，军队的各主要指挥官、行政部门和采用新模式的总参谋部对他负责。[51]

1919 年 11 月，冯·塞克特正式解散总参谋部，作为其核心的作战处则保留在部队局内部，大约由 60 名军官组成。旧总参谋部的其他处室则只是转移到了别的政府部门——总参谋部的军史处转移到内政部，在那里变成了国家档案处；测绘处也转移到内政部，成为国家测绘办公室；交通运输处的一部分变成了国家交通部的一个处室。[52] 随着 1919 年至 1921 年新指挥体制逐渐形成，旧总参谋部的经济处和政治处也恢复为受总参谋长直接控制的独立处室。总参谋部的核心被保留为部队局的四个处：T–1 是军务处（实际上是作战处和策划处），T–2 是组织处，T–3 是统计处（实际上是情报处），T–4 是训练处。

尽管冯·塞克特解散总参谋部，但他声称"形式虽然变了，精神却仍然保持不变"。[53] 在给部队局的军官们讲话时，冯·塞克特赞扬了旧总参谋部的历史功绩，要求所有军官在改变参谋组织的过程中提供协助、信任和服从。[54] 在形式、效率、训练等方面，部队局大都成功继承了总参谋部的衣钵。尽管作为军队的独立下属机构，总参谋部军官团和军事学院一起被正式取消，但部队局将继续执行修订过的训练计划，并依然将总参军官视作军队的独立下属。新总参谋部军官团成员的正式称谓是"指挥官助理"（Führergehilfen），不过就算在官方通讯中，这些魏玛国防军的军官们也会继续被称为"总参军官"，而部队局会被称为"总参谋部"。[55] 在魏玛国防军内部，部队局就像旧的总参谋部那样，继续享有相同的声望。

除了负责人事、预算、采购等工作的军队人事局和办公厅外，新的军队总司令部（Heeresleitung）还包括两个与部队局规模相当的大单位。第一个是武器署，它负责所有军械与装备的测试和开发。武器署由 60 ~ 65 名军官组成，人员数量和部队局差不多。[56] 与武器署和部队局规模相当的还有总共九个兵种总监处，每个总监处由 4 ~ 7 名总参军官组成。各总监处的设置如下：第一总监处是兵种学校总监处；第二（总监处，下同）是步兵总监处；第三是骑兵总监处；第四是炮兵总监处；第五是工兵与要塞总监处；第六是运输部队总监处，该处划分为两部分，分别负责马匹运输和机动车运输；第七是通信兵总监处；此外还有军医总监处（第八）和兽医总监处（第九）。各总监处人员对其所服务的兵种并没有指挥权，主要负责指导各兵种的训练和条令。他们需要督查各训练机构，撰写训练手册，就武器和装备的研发问题向武器署提出建议。

部队局、武器署和各兵种总监处之间的关系相当复杂。各部必须合作，创设军事条令。军务处是作战和策划处，负责评估战略形势，并为军队制订战争计划和作战命令。在制订动员计划方面，军务处与组织处紧密合作，后者负责编写组织和装备一览表。编制处还负责协调空军的重新武装计划，它为此保留了一支专门的空中人员队伍。训练处负责监管全军的训练事宜。尽管在训练和编写手册方面，各总监处承担了大部分日常工作，但所有的训练计划、手册和材料都必须经过训练处的批准。训练处必须确保各总监处提出的军事训练和军事条令符合军务处和组织处所创立的统一作战条令和组织。部队局训练处还要负责指导训练总参军官，以及制订和监督全军范围内的军官和士官考查计划。[57]

1925 年，旧总参谋部的经济处在总司令部得到恢复，此时名称是经济动员处（Wehramt）。20 年代初，部队局包含一个运输处，即 T–7（部队局从来没有 T–5 和 T–6）。如此一来，到 1921 年，总司令部的基本形式就已经由冯·塞克特构建完成，接下来直到希特勒掌权的 13 年里也只发生了细微变化。在 20 年代，军队总司令部内部最重要的几个军事部门——部队局、武器署和各兵种总监处——加上专门人员和军队司令的个人僚属中，共有大约 200 名军官。几乎所有人都曾是总参谋部军官团的成员。尽管规模很小，但总司令部在战争策划、制订军事条令及训练方面确实是高效且实用的组织。在冯·塞克特及其继任者手上，它是一个有效的工具。

对战术的反思

正式解散总参谋部并接管部队局一周后，冯·塞克特倡议全面地分析和纠正第一次世界大战的经验及失误，以便为魏玛国防军创建新的军事条令。冯·塞克特指示部队局、武器署、各兵种总监处、国防军各主要部门及某些特定军官，要求他们成立 57 个由军官组成的委员会和分委员会，以便将大家对战术、规章、装备和条令的各种研究集中起来。[58] 冯·塞克特写道："绝对有必要以广阔的视野来看待战争经验，这种经验必须及时收集，因为战场上形成的印象（就目前的军队而言）仍然鲜活，而且大多数经验丰富的军官仍处在领导岗位上。"[59] 被提名至各委员会的军官应该"就战争中新获得的经验撰写简明扼要的研究并考虑以下几点：1. 战争中出现了哪些战前没有考虑过的新情况；2. 若是在战前，我们处理上述情况的意见具体实施效果如何；3. 战争进行过程中，在使用新武器方面出现了哪些新的理论；4. 战争中出现的哪些新问题尚未找到解决方案"。[60]

冯·塞克特的指示后面是一份清单，其内容涉及战争中有待考察的 57 个不同方面，包括军队司法和部队士气问题，以至喷火器、渡河及军事气象服务（等问题）。军事领导问题——从领导集团军群到领导大型炮兵编队——占据了考察计划的最大篇幅（包含 7 个委员会）。各个总监处也被要求收集和分析各自领域最新的战术经验。各委员会甚至受命研究坦克战和山地战这样高度专业化的领域。此外，有 109 名军官和前军官接受任命，服务于各委员会。冯·塞克特寻找了那些在专业领域中声誉卓著的人，以便他们贡献自己的专业知识：布鲁赫穆勒少将被提名至炮兵委员会；在卡波雷托指挥过德国军队的冯・贝洛夫（von Below）少将被提名至山地战委员会；在德属东非出色战斗了四年的冯・莱托 - 福尔贝克（von Lettow-Vorbeck）少将则前往殖民战争委员会任职。在战争中指挥过首个重型坦克连的魏格纳上校被提名至坦克委员会。[61]被提名至各委员会的大多数军官都曾隶属于总参谋部军官团，但某些专家，例如魏格纳则不曾供职于总参谋部。几乎每个总监处及国防部下属的各个部门，共计约300名军官，都被要求开展上述研究；再加上冯・塞克特专门邀请的军官，总计有超过400名军官在努力收集德国的战争经验。[62]

　　根据相关命令，部队局的训练处负责汇集和评估各委员会的工作。此外，该处受命就委员会的改革提出建议，以便开放更多的研究项目和任命更多军官。训练处还负责编辑报告，以备在军队手册和法规中使用。[63]1920年，训练处发起了另外29个研究项目，这些项目并未涵盖在冯・塞克特1919年12月1日的指示当中。该处大多是任命本处的军官从事这些研究，但也会请求退役军官和训练处以外某些军官贡献自身才智。有些研究非常具体和带有战术性，因而更适合直接应用于新战术手册的内容，例如"在山地战中应如何组织战术部队"或"应该由师还是更高级的指挥部来掌管供给列车"。其他研究则涉及更普遍的课题，如"经济与两线作战"。[64]

　　与此同时，部队局的空军军官也开展了类似的项目评估空战经验，他们援引冯・塞克特的指示，将其作为提出问题和研究解决方案的指南。[65]这些人成立了专门委员会，有上百名空军人员，包括空军高级指挥官和大部分前空军中队队长为研究做出了贡献。[66]

　　包括最初的各委员会，加上为训练处进行研究的军官，以及空军所做的努力，在20年代中期，有超过500名极富经验的德国军官加入这个计划，目的是将自己的战争经验融入现代战术和军事组织的体系中。各战胜国也重新撰写了战术，但不管是英国、法国还是美国，都没有像德国那样，对战争进行如此全面的研究，也没有聚集如此众多且最优秀的军官贡献其力量。通过对比英军战后的战术研究，我们就可以看出德国总参谋部的专业性和德国军官战后研究战术时的严肃性。德国人指派经验丰富的军官来分析战术，在1919—1920年间被指派进行战术条令研究，哪怕最低级的军官也是曾作为总参谋部军官团正式成员的经验丰富的上校[67]，而英国战争局1920年指派重写步兵战术手册的人员则是只有24岁、经验很少的里德尔・哈特（Liddell Hart）爵士。[68]如果不喜欢里德尔・哈特的某个特定章节，战争局只会简单地将这部分内容删去，并重新插入 1911 年版步兵手册的相应章节，尽管自那以后，英国的步兵组织已经发生了彻底的变化。[69]1920 年时，英国军队曾考虑为帝国创建一个训练督导机构，这个想法可能会极大地改善英军对战术条令的冷漠态度。但有关想法很快就被放弃，英国人也随之失去了一个能够系统研究战术的好机会。[70]

魏玛国防军在 1919—1920 年间的大多数研究信息目前都已遗失，绝大部分现存的研究皆来自空军。现存的有关地面部队的战术研究显示，委员会的工作与 1921 年开始颁布的各种新条令和新手册有着明确的联系。训练处 1920 年关于迟滞（敌人行动的）战斗的一份研究显然构成了新的第 487 号军队条令相关部分的基础：《合成兵种的指挥与作战》（或简称《指挥与作战》），第一部分。这份研究中的诸多概念乃至某些确切用词都被这本战术条令采纳。[71]如此众多的军官都曾参与撰写研究材料，以便制订各种新条令，因而有可能准确查明 1920—1923 年间他们各自撰写了什么内容。但无论如何，颁布的那几份新条令都展示出了高水准的战术思想，这些条令驳斥了委员会庸碌无为的说法。

魏玛国防军的主要战术条令是第 487 号军队条令（《合成兵种的指挥与作战》）。第一部分，即第 1—11 章由部队局训练处颁布，1921 年 9 月 1 日由冯·塞克特签发。第二部分，即第 12—18 章则颁布于 1923 年 6 月。[72]在第一部分的序言中，冯·塞克特指出："本条令针对的是现代军事大国的力量、武器和装备，而不是和平条约所规定的十万德国军队。"[73]尽管德国取消了飞机、重型火炮和坦克，但军队仍然应该训练与现代敌人交战的现代战争。现代化的武器"可以被出色的机动性、更好的训练、对地形的更好利用，以及持续的夜间作战部分替代"。[74]

《指挥与作战》阐述了冯·塞克特的各种军事概念，而这些概念融合了毛奇—施里芬的传统与冯·塞克特自身的战时经验。条令指出："仅靠攻击就可以做出决定……尤其有效的是对一个或两个侧翼进行包围，并进攻敌人后方。采用这种方式就可以摧毁敌人。所有进攻命令都必须坚决果断。指挥官的求胜意志必须传达到最低级的军人那里。大规模的主要兵力必须用在关键点上。"[75]条令的精神是面向进攻战，尽管有很大部分内容在阐述防御战术。但在第一段阐述高级指挥时，条令对于防御思想的厌恶就已经很明显："只有在面对强敌并且有可能在别处或随后（对敌）发起进攻的情况下，防御才是合理的。"[76]

《指挥与作战》建议，如果侧翼进攻在战术上不可行，指挥官就应该考虑对敌军防线进行突破，而这正是塞克特的风格。根据冯·塞克特的战时经验，《指挥与作战》还建议，突击必须深入敌军阵地，只有这样才能取得真正的胜利。[77] 在两卷多达 609 页的条令中，进攻性运动战的所有阶段都得到详细阐述。虽然《指挥与作战》主要是为团和团以上级别的高级指挥官撰写的，但条令也提倡为下层指挥官提供相当大的战术自主权。在运动战的追击阶段，条令指出："一旦前方的敌人遭到削弱，下级指挥官就应该不等待命令，不管部队成员疲劳，立刻追击已败之敌。他们（下级指挥官）必须大胆而自主地行动。"[78]

《指挥与作战》很重视克劳塞维茨的"战争迷雾"。在运动战中，许多战斗都是部队在行军途中遭遇敌军而发生的，这也是意料之中的事："不安与混乱的局势是运动战的常态。如果空中侦察遭遇失败，对敌军的了解便往往来自地面部队的接触……现场领导者负有特别的责任。他不应该根据耗时的侦察来做决策。他必须经常在混乱的局势下发布命令，并且假定敌人的战斗准备不如己方。"[79] 在运动战中，指挥官，甚至师长都必须靠近前线，以便观察局势和迅速发布命令。高级指挥官必须亲自观察局势。[80]

从名称上看，第 487 号军队条令就已经指出合成兵种的重要性。与军事决策相关的主要兵种仍然是步兵，但根据战时经验，步兵军官应该与炮兵紧密合作。1921 年的条令已经预见到每个步兵团都会配备自己的步兵支援用火炮，执行特定任务时甚至会配备至连一级。[81] 这就意味着现代的德国步兵军官不仅要熟悉如何布置使用步枪兵、机枪、迫击炮和火焰喷射器，还必须在某种程度上成为炮兵。坦克和飞机在《指挥与作战》中得到了充分强调。在这本手册的第二部分，坦克和飞机各占一章篇幅。[82] 此外，坦克和飞机的战术运用也在第一部分得到了强调。然而，20 年代的条令主要是将这两种武器看作分配给步兵师的支援，而不是独立力量。

由于军队的骑兵师被赋予独立展开战略行动的使命，它被加强为全副武装的机动部队："大的骑兵编队对敌人交通线实施的大规模行动往往为骑兵提供了特别有价值的活动空间。在这种情况下，骑兵编队必须得到机动支援部队的加强，包括摩托部队，以及机械化步兵和炮兵。"[83]

《指挥与作战》耗费了大量时间来详细讨论高层领导的方方面面。第二部分大多是处理补给和运输的问题。第 1 章提供了最重要的经验，其中包括对于高层领导的指示：" 领导的特殊指挥艺术就在于，在关键之处集中所有可用的部队。我们在数量上的劣势，往往需要通过机动方面的优势来弥补。"[84]

《指挥与作战》第一部分发布后，魏玛国防军的其他机构也很快发布了各自的战术条令。1906 年的官方步兵条令早已被战时手册取代，战争结束后，魏玛国防军使用的是总司令部 1917—1918 年间发布的各类战时战术手册。[85]新的步兵条令，即《步兵训练条令》（ 德文缩写为 AVI ）发布于 1922 年 10 月，它整合了 1917 年和 1918 年的所有战术发展成果。每个步兵班由 10 ~ 12 人组成，包括轻机枪兵和步枪兵两部分，这也被普遍接受为定制。突击队使用的火力和运动战术同样得到了认可。与 1917—1918 年间战术不同的是，《步兵训练条令》（ AVI ）也和《指挥与作战》那样将运动战作为常态。进攻敌人的堑壕仍然是《步兵训练条令》（ AVI ）的重要内容，但更加强调开放区域的作战。相应的步兵手册也拒绝将战术考虑局限在《凡尔赛和约》所规定的装备上：步兵炮虽然被该和约禁止，但仍被视为一种常规的部队装备。

发布于 1923 年的马匹运输部队的新训练手册，即第 467 号军队条令包含很多两次世界大战间关于兵种合成概念的有用例子。每个士兵都要参加步兵训练，并且能够作为步兵进行战斗，不管对德国军队还是其他国家军队来说，这都不再是新概念。但由于自身在人数上受到的限制，魏玛国防军比其他军队更加重视发展交叉训练的思想。和炮兵部队一样，运输部队也广泛使用马匹，因此被认为适合参加炮兵的交叉训练。运输部队的条令要求，每个运输连要派 20 名货车司机参加炮手训练。训练课程将持续六个星期。[86]通常负责管理补给队的运输部队同样被命令参加某些关于工兵的训练，尤其是桥梁队的管理和野战桥梁的组装。[87]就像步兵和骑兵那样，运输部队的低级军官和士官们也被期待成为" 独立思考的人"。[88]

1921—1923 年间，魏玛国防军各机构都发布了新的战术条令，此后还出现了各种各样的小册子，它们对《指挥与作战》和 1923 年步兵手册中的关键内容做了摘录和总结。这些简化版的条令是写给士官们阅读的，目的是确保各级军人都能明白领导原则和运动战战术。[89]在《指挥与作战》中要求高级军官具备的基本领导特征，也同样需要下士和中士掌握：领导者要以身作则、行为得体、性格坚定、乐于负责、勇敢果断，把下属关心的事放在首位，拥有相应的军事知识。士官们不仅要熟悉军队中其他兵种的基本情况，还要真正能够进行合成兵种作战。[90]

冯·塞克特在东普鲁士观摩演习，1922 年。图片摘自弗里德里希·冯·拉贝瑙：《塞克特：他的生涯，1918—1936》（莱比锡，Hase-Koehler 出版社，1941 年）

战术组织

《凡尔赛和约》在人员、部队规模和武器等方面对魏玛国防军的步兵师和骑兵师进行了详细限制。每个步兵师被允许辖有3个步兵团，每个团不超过70名军官和2300名士兵。同时还包括3个迫击炮连、1个骑兵班、1个工兵营、1个通信营、1个医疗队和若干补给小队。每个师可配备的炮兵仅包括一个三营制的团、24门野战炮、12门中型榴弹炮，实际上就是一个师在1914年的炮兵实力。每个步兵师的总人数不得超过410名军官和10830名士兵。[91]魏玛国防军每个骑兵师的总人数不得超过275名军官和5250名士兵。每个师包括一个小型指挥部，3个包含4个中队（每队165人）的骑兵团、1个工兵营、1个通信部门和1个配有12门轻型火炮的炮营。[92]

《凡尔赛和约》规定，德国军队是轻型武装的边防军和国内治安部队。然而魏玛国防军对此有不同理解。通过吸取自身的战争经验，编写《指挥与作战》的委员会也详细描述了魏玛国防军理想中的步兵师和骑兵师。《指挥与作战》第二部分编制且发表了现代步兵师和骑兵师的组织结构表。[93]从师组织的情况看，我们可以大量获知魏玛国防军和冯·塞克特在1923年时的战争概念（见附录表格）。

《凡尔赛和约》允许德国拥有的"三角"师实际上是德国人在1915年发明的。此前，旧式的"方块"步兵师由两个步兵旅组成，每个旅指挥两个团。1914年，构成德国军队主要战术单位的是由两个师组成的军。到1915年，师已经成为战场上最重要的单位，同时德方总司令部发现，方块师的组织在战术上很不方便。从1915年开始，德军简化了师的结构，取消了旅级指挥部这个额外层级，将师重组为包含三个团的单位，每个团都直接向师指挥部报告。德国人最早采用了"三角"师，这种师比过去的师更加灵活。[94]因此，魏玛国防军对步兵师的架构非常满意，这种架构包含了战时编制体系的大部分内容。在魏玛国防军中，最小的单位是班，由中士领导；四个班组成一个排，由中尉或军士长领导；四个排组成一个连，由上尉指挥；三个步兵连和一个机枪连组成一个营；三个营组成一个团。[95]

尽管步兵师的架构非常合理，但它（这种架构）在辅助兵种、机动兵种和侦察部队方面过于薄弱，而这些方面（相应兵种或部队）对于运动战而言十分重要。团的辅助武器仅包括团属迫击炮连的两门重型迫击炮和六门轻型迫击炮。[96]另外，步兵师仅有的侦察部队是从某个骑兵师分离出来的一个骑兵中队。于1923年提议组建的步兵师纠正了这些错误——每个步兵团配备六门用于直接火力支援的步兵炮；师级编制的炮兵火力增加一倍多，并增设第二个野战炮团。魏玛国防军的九个师属炮兵连只有一个实现机械化，而提议组建的这种组织包括了六个完全机械化的炮兵连。此外，在提议组建的组织中，师属炮兵还会拥有一个由四个连组成的防空营。[97]

在提议组建的步兵师中，侦察部队从一个骑兵中队增加为一个完整的侦察营，这个营包括两个骑兵中队、一个自行车连、一个由四辆装甲汽车组成的特遣队和一个机动通讯队。1923 年师的这个机动通讯队大大超过了《凡尔赛和约》规定的组织。魏玛国防军所属的通信营要在两个连的基础上再加一个连，而且每个团及侦察营都要配备机动通讯队。对运动战来说，通信（这件事情）困难得多但也重要得多，1923 年师使通信力量成倍增加，这就表明总参谋部已经在思考这个问题。至于侦察和炮兵监测，每个提议组建的步兵师都将获得完整的侦察机中队，由师指挥部掌管。这种提议组建的步兵师可能拥有 15000 名至 16000 名士兵。所有服务部门也要相应扩充，并出现了增加医疗队、补给队、摩托营和工兵的建议。炮兵指挥官会得到一个负责观测与侦测的连，而师指挥部会得到一个骑警排和一个摩托排，这些部队在情报传送中也非常有用。[98]

在 1923 年条令（见附录表格）所提议的组织中，魏玛国防军所辖骑兵师的面貌变得几乎难以识别。骑兵的力量，即由 24 个中队组成的 6 个团，在数量上完全没有增加，但添加了如此多的辅助兵种，以至于提议的编制将在规模上两倍于《凡尔赛和约》相应规定。《指挥与作战》建议，将六个团组织为三角结构，即分成三个旅，每个旅辖两个团。虽然每个团仍然拥有四个骑兵中队，但它还会下辖一个机枪连，取代那种仅有两门炮的小队，并且配备通信部门。骑兵师还将添加相当于一个步兵团的部队，包括一个步兵营、一个自行车营和一个机枪营。和步兵师一样，骑兵师的炮兵力量也需要加倍，由一个营变为两个营，第二个营将拥有十二门完全机械化的火炮。此外还要添加一个由四个连组成的高射炮营。《凡尔赛和约》所不允许的其他辅助兵种部队还包括一个工兵营、一个通信营、一个由十二架飞机组成的侦察中队、一个由十二辆装甲汽车组成的装甲汽车营。该和约甚至不允许骑兵师拥有自己的医疗、补给和机械化运输部队，然而《指挥与作战》对这些编制全部进行了设置。[99]

1923 年提议组建的步兵师是适用于运动战的强大组织。凭借包括步兵炮在内的 90 门火炮，师指挥官拥有足够的火力来执行各种任务，从步兵炮的近程直接火力支援，到重型榴弹炮的远程封锁和反炮火射击。通信和火力支援方面的困难迟滞了德军 1918 年的攻势，作为应对手段，德国人此时特别强调通信部队及大部分炮兵的机械化。《指挥与作战》所描述的步兵师组织十分合理，当德国 1939 年发动战争时，它就被采纳为基本的步兵师组织，只进行了少量改动，主要是给每个步兵团添加一个反坦克连，并取消了师属空军中队。

《指挥与作战》提议组建的骑兵师概念与冯·塞克特的观点类似，也就是将骑兵师看作全副武装的运动战部队。大部分的 1923 年组织都来自德军东线的经验，在那里，步兵部队通常附属于骑兵；1923 年组织只不过是将实践正规化。1916 年在罗马尼亚前线，还有 1919 年在波罗的海国家，德军都成功地同时使用了装甲汽车和骑兵，于是这也成为一大标准。由于骑兵的炮火增加一倍多，而且全师充分增添了补给、工程和其他专门部队，1923 年提议组建的骑兵师火力和辅助力量齐备，

1924 年，波茨坦附近野战演习中的重型迫击炮及其炮手

能够深入敌人战线后方，独立地开展行动。

　　值得一提的是，魏玛国防军能够将《凡尔赛和约》的某些军事条款变得有利于自己。德国人意识到，该和约所规定的三角师是更有效的组织，这一点我们已在前文提到。然而协约国并没有明白得这么快，比如美军就保留了方块师，直到1940年。《凡尔赛和约》严格限制魏玛国防军的军官人数为4000人，并且保持较少的部队参谋人员。举例来说，每个步兵师指挥部最多被允许拥有33名军官，包括步兵和炮兵指挥人员。[100]魏玛国防军遵守了和约的这项规定：20年代，普通步兵师指挥部有32名军官。[101]但这种军官的缺乏几乎就没有影响到魏玛国防军；相反，他们发展出了精干而高效的指挥部体系，摆脱了其他国家军队中困扰着军官们，诸多不必要的官僚主义。魏玛国防军这种习惯一直延续到了纳粹国防军时期。第二次世界大战期间，每个德军师通常配有30人左右的军官和官员，而且他们工作很高效。[102]相比之下，美军的步兵师指挥部拥有79名军官。但没有任何证据表明美国的师指挥部比德国同级指挥部门更高效。[103]不少历史学家，例如马丁·范·克瑞福德（Martin van Creveld）和特雷弗·内·杜派（Trevor N. Dupuy）都令人信服地指出，参谋人员较少的德军显然在这两者当中效率更高。[104]

　　《凡尔赛和约》最大的漏洞是根本没有限制魏玛国防军士官的数量。德国人将协约国的这个疏忽利用到了极致。1922年，魏玛国防军有17940名高级士官和30740名低级士官（即下士和一等兵），军队全部服役人数当中超过一半是士官。1926年，高级士官人数增加到了18948人。1922年之后，下士人数也出现增长，到1926年共有19000名在编下士和一等兵，而德国军队的二等兵人数只剩下了36500人。[105]魏玛国防军大量使用士官担任在其他国家只能由军官担任的职务。举例来说，德军士官通常担任排级指挥官。1933—1934年重新武装开始后，魏玛国防军的许多中士变成了军官。[106]士官的标准被设置得极高，在魏玛国防军晋升这类衔级要比过去在帝国军队难得多。从最低级别开始，他们的每次晋升都要通过考试。[107]凭借这群优秀的士官，冯·塞克特得以自豪地指出，魏玛国防军是一支领导型的军队，在恰当的时候，能够据此有效框架形成更大规模的军事力量。早在《凡尔赛和约》签订前，德国军队的士官系统就非常强大；协约国的规定只是进一步启发了德国人继续沿相应路线走下去。马丁·范·克瑞福德指出："如果说在1914年聪明并且会思考的士官只是例外，那么在25年后，这已经成为常态。"[108]

德国军队在 20 年代制定的条令强调了运动战的各项必要原则：进攻、合成兵种、机动、军官的独立行动、各层级聪明且有效的指挥。魏玛国防军规模较小，必须交叉训练专门部队来执行其他任务，并且比他国军队更愿意使用专门部队来执行各种任务。这种组织和战术上的灵活性，同样涵盖在了魏玛国防军的运动战原则之中。

与法军条令的比较

和法国 1921 年所发布修订后的军事条令相比，德国战后军事条令的视野尤为开阔。同《指挥与作战》相对应的是法军的《使用大型部队的战术条令》，该条令和德军条令一样，都是为军官和高级指挥官撰写。但除此以外的相似之处非常少。比如，就像那个时代的其他国家军队一样，法军得出的结论是，胜利只能通过进攻行动来获得。[109]另外，法军的战斗条令几乎与德军条令呈 180 度相反——口头上强调机动，但也仅仅止步于此。举例来说，如果两支部队意外相遇，法军的条令建议不要发起进攻："人们应该……按照计划待火力支援全部就位，随后再进行战斗。"[110]进行于 1914—1918 年的堑壕战让法国人懂得了防御的力量，因此，法国军队的主要武器是火炮："进攻总是在全部炮兵的火力掩护下开始。"[111]换句话说，战斗中的任何移动都要得到炮兵的支援[112]："火力是战斗中最重要的因素……进攻是向前的火力。防御是停止的火力。"[113]

法军在 1921 年发布军事条令，其战术手册的使用延续到了 30 年代中期，该条令的战术体系实际上仍停留在凡尔登战役和 1918 年秋季攻势之间的某个时间点上。在序言中，法国军队委员会谈到，他们计划实行军队机动化并组建部分机械化的轻型师，接着还讨论了拟建中的边境防御新链条，这个链条后来发展成了马奇诺防线。[114]但在手册中，支持运动战原则的内容少之又少。战斗必须依照计划进行，极少考虑"战争迷雾"，个人主动性（的发挥）并未得到鼓励。法军的进攻理论完全停留在 1918 年：使用大量坦克作为部队的支援，只有在拥有数量和火力优势时才会发起进攻。一旦进攻奏效，炮兵必须向前重新布置。使用这种方式发起进攻既烦琐又缓慢。德军和法军条令之间最大的差异是，法军条令中根本没有任何关于军事领导的清晰概念；恰恰相反，《指挥与作战》的开篇就简短论述了军事领导所必备的特征，且这些特征既适用于下士，也适用于将军。德军条令强调进行独立判断，包括最低的指挥层级也是如此。所有这些内容都无法在法军的手册中找到。对于法军的低级领导者来说，他们的工作就是按计划行事，此外无他。制定这种条令的军队，他们学会的是更多依靠炮兵，而不是依靠军官和士官。

冯·塞克特最大的功绩

总而言之，统帅的任务是为作战制订广泛的战略指导方针和政策。在运行良好的军事体制内，将这些方针付诸实践的各种计划、细节和战术则应该恰当地留给下级军官去做。冯·塞克特不得不在失败的废墟和战后发生革命的情况下创建一种体制。部队局组成后，魏玛国防军就有了一批行动高效的参谋，这些最出色的人员是旧总参谋部保留下来的——这是冯·塞克特最大的功绩。

冯·塞克特并没有撰写战后的作战手册，但《指挥与作战》的大部分内容几乎都直接出自他的手笔。他的作用是给出坚定的指导和方向，战后德国军队所有的条令都带有他运动战概念的印记。冯·塞克特制定了总参谋部有史以来最全面的计划以研究战争经验。受冯·塞克特启发而撰写的《指挥与作战》为魏玛国防军服务十年之久。1930 年，受新武器和新战术影响，德国人必须对该条令实施修订，此次修订的成果《第 300 号军队条令》吸收了《指挥与作战》中的许多内容。新条令以《指挥与作战》作为主要文献来源，有专门章节论述领导，而这部分内容曾被马丁·范·克瑞福德高度赞扬为军事思想的典范。[115] 冯·塞克特的条令持续影响着魏玛国防军和纳粹国防军，直到第二次世界大战。

魏玛国防军的统帅并不是单纯的理论家——他关于精英职业化军队的思想，依照的就是其本人的实战经验，以及总参谋部的克劳塞维茨—毛奇—施里芬传统。冯·塞克特对部队局组织处和训练处的日常工作有明显的兴趣。20 世纪 20 年代，后来成为元帅的阿尔布莱希特·凯塞林在这两个部门（组织处及训练处）中都有过工作经历。他这样描述冯·塞克特："从职业上讲，在柏林的那些岁月对我来说是种教育。有什么可以替代那些发生在我房间，并且冯·塞克特中将在场的辩论呢？他十分熟悉如何聆听，然后总能以打动人心的方式进行总结。他是一名多么出色的总参军官和领袖人物啊！" [116]

冯·塞克特的战争条令被魏玛国防军的大多数人热情接受，但这个（被人接受的）过程包含了相当多的反对和辩论。

第三章
魏玛国防军的内部辩论

　　冯·塞克特的战争理论并非毫无疑问地就得到魏玛国防军的接受。在整个 20 世纪 20 年代，军队内部都存在非常激烈的辩论；其结果是，在认真分析战时经验后，军官团内部出现了许多互相冲突的意见。许多历史学家认为，冯·塞克特的军事理论之所以在魏玛国防军内部受到欢迎，是因为总参谋部军事训练和思想具有的保守性（才导致这样）；冯·塞克特关于运动战的概念并非新创，而是对于德国军队传统战争方式的回归。马丁·范·克瑞福德将冯·塞克特称为"修复者而非创新者"。[1] 瓦尔德马尔·埃尔福特（Waldemar Erfurth）指出，正如战前的总参谋部那样，战后部队局的主要理论基础仍是老毛奇和冯·施里芬的战略思想，这种思想十分强调包围、决战和歼敌的重要性。[2] 因此，战前受过训练的军官们自然就会希望避免堑壕战僵局，并且回归机动性理论。[3] 耶胡达·瓦拉赫认为，施里芬派的思想在魏玛国防军内部十分盛行。总之，整整一代总参军官在第一次世界大战前受过冯·施里芬的训练与塑造。[4] 据瓦拉赫所说，施里芬派军官通过大量书籍和文章极大地影响了关于战争的解释，从而将冯·施里芬的各项原则保持在了德国作战理论的最前沿，直到第二次世界大战。帝国军队中的许多前军事领导撰写了数十本著作，来分析和称赞冯·施里芬的远见，包括威廉·格勒纳将军撰写的《施里芬伯爵的遗嘱》。[5] 马丁·基钦指出，冯·施里芬的追随者众多，在军史专家和评论家当中影响很大，因此任何对于他原则的偏离都会被嘲笑，并且几乎立刻就会受到驳斥。[6]

　　确实，在魏玛国防军的军官团和部队局内部，追随冯·施里芬军事思想的人都很有说服力。冯·塞克特本人就是冯·毛奇和冯·施里芬的追随者，他（最前者）经常引用后两者的话语。[7] 冯·塞克特本人的战争概念当然是以冯·毛奇和冯·施里芬的思想作为主要基础；然而，如果认为冯·塞克特的理论只是毛奇—施里芬传统的变体，那就将其（这种理论）过于简化了。

1918—1919 年间的总参谋部更想让冯·塞克特，而不是莱因哈特担任总参谋长，这主要是因为军官们认为冯·塞克特会坚持军官团和总参谋部的传统，而莱因哈特在这些核心问题上并不是那么可靠。格勒纳激烈抨击莱因哈特的"性格弱点"，说他"试图使军队民主化"，因为他在保留人员时更青睐前线军官，而非总参军官，同时还想弱化总参谋部的核心作用。[8] 对格勒纳来说，冯·塞克特不仅是卓越的军人和战略家，他还会是一个帝国军队总参谋部的性质和传统的维护者。[9] 总司令部的约阿希姆·冯·施图普纳格尔（Joachim von Stülpnagel）少校 1919 年 6 月写信给冯·塞克特，希望他不要辞职，而是继续积极履职，因为"我（少校）认为在痛苦创建新军队的过程中，至关重要且必须的是保留具有君主制信念和旧式印记的军官团"。[10]

冯·塞克特保留了总参谋部，这是他为了尽可能维护帝国军队的传统，所实施计划的核心组成部分；但他也在军队组织、战略和战术方面极大背离了施里芬和普鲁士的传统。冯·毛奇和冯·施里芬非常依赖人数和火力优势来获得战斗胜利，因此他们希望预备役人员能为前线提供更多的部队。1914 年，根据施里芬计划，动员后的德国正规师平均含有 46% 的预备役人员。[11] 相反，冯·塞克特并不相信预备役人员在运动战战场上的表现——他打算只把预备役用作防御，或者作为正规部队的替代工具。对于冯·塞克特来说，数量并不像冯·毛奇和冯·施里芬所认为的那样重要。由于传统的德国军事思想家都是战术导向的，他们很少重视对军官进行技术教育。但冯·塞克特相信技术训练，认为现代的德国军官必须懂得现代技术。依靠详细的动员计划，冯·施里芬得以将大量应征军队或预备役部队比敌人更快地布置到前线。冯·塞克特则喜欢战前不做动员，而是使用高度机动的正规军队发起第一击，从而获得奇袭效果。甚至在基本战术方面，冯·塞克特与冯·施里芬的分歧同样很明显：冯·施里芬偏爱包围，而冯·塞克特对此更加灵活——如果包围已经不可能实现，直接突破也可以成为一大合理选项。

赫尔伯特·罗辛斯基（Herbert Rosinski）撰写的《德国军队》（1966 年）对冯·塞克特的军事哲学做了最好的解读。罗辛斯基认为冯·塞克特的职位具有"修复性质"，不能简单地称他是军事传统主义者。在政治上，冯·塞克特当然是一名传统主义者，其理想是维护俾斯麦的帝国和君主制。根据罗辛斯基的说法，冯·塞克特"在细节方面极其开放，愿意接受和利用新时代的各种方法和手段；但从根本上讲，他却扎根于旧时代，不愿接受任何激进的改变，甚至不接受对其（旧时代）基础的批评。"[12] 罗辛斯基解释说，德国军事理论要么强调战略（军队战略），要么强调战术。沙恩霍斯特强调战术因素；冯·毛奇注重两者平衡；而冯·施里芬则是全力研究战略因素，几乎忽略战术方面。第一次世界大战期间，鲁登道夫的结论是战术比战略重要。[13] 在冯·塞克特那里，冯·施里芬只强调单一方面的做法得到了纠正，战术和战略要素再次得到同等重视。罗辛斯基指出，冯·塞克特可能更喜欢强调战略方面，但20年代对于战争中战术的研究使得这个因素也得到了充分考虑。[14]

值得指出的是，冯·塞克特首创了精英职业化志愿部队这个概念，这是对德国传统的重大突破，真正的传统主义者，例如威廉·格勒纳是不会对此表示同意的。1919年春，格勒纳指出军队至少需要35万人，因此，他赞成实行征兵制。[15] 格勒纳是军官当中真正保守派的缩影，这些保守派不仅赞同保留传统的总参谋部、征兵制和大型军队，也是施里芬伯爵的死忠门徒。有个德国军官在谈到格勒纳时说，"他将世界大战描述为铁路之战"，这个说法很符合冯·毛奇和冯·施里芬的理论[①]。[16] 与格勒纳不同的是，冯·塞克特不能被简单标签为"传统主义者"或"保守派"，这可能也是1919年大多数总参军官对于战略／战术问题的看法。他（塞克特）大幅度偏离了毛奇—施里芬传统，足以引起人们注意，因此可以说，冯·塞克特是具有原创性和创新性的军事理论家。然而，即使是保守派的总参军官也开始支持冯·塞克特，这部分是因为他的战争声望，另一部分是因为他在政治和军事方面的保守性，还有一部分是因为他明显拥有的宽广视野。[17]

有些总参军官，尤其是冯·塞克特的早期支持者维尔纳·布洛姆贝格（Werner Blomberg）和约阿希姆·施图普纳格尔（两人后来都是将军）认为，他（塞克特）在军事思想方面创新性不够。在布洛姆贝格的回忆录中，有两个例子被用来说明这一点：

---

① 译者注：值得注意的是，1914年8月一战爆发时，格勒纳正好是德国陆军总参谋部铁路科科长。

我们关于魏玛国防军新发展的建议并没有被冯·塞克特将军欣然接受……我建议放弃使用骑兵的长枪，以增加我们三个骑兵师的火力……塞克特回复道："在战争期间我以同样的理由建议放弃长枪。但这个建议被拒绝了。现在，我认为骑兵可以保留长枪。"此外，我们想要温和地尝试开辟机械化的道路，建议将自行车连变为摩托车连……冯·塞克特居然回答说："亲爱的布洛姆贝格，如果我们想留住朋友的话，那你就不要提出这样的建议了。"[18]

这两处评论并不足以说明冯·塞克特扼杀创新，它们更能表达的是他本人的气恼和愤怒。

冯·塞克特曾遭遇未遂的政变，也就是他自己麾下某些将军1920年发动的卡普政变。他还被迫解除了冯·洛索夫（von Lossow）将军和其他几名军官的职务，因为他们同情1923年政变中的希特勒和纳粹。魏玛国防军成立初期，狂热和不忠的军官给他带来了种种问题；这也就不难解释，为什么他会偶尔脾气失控，轻视那些热心军官们提出的各种意见。然而，公平地讲，他确实让冯·布洛姆贝格和其他军官的事业走向了辉煌。总的来说，冯·塞克特的功绩是支持战术和技术创新，比如他大力支持研发现代坦克和飞机，还有各种极其现代化的武器（见后文第五章和第八章）。[19]

有些总参军官强烈批评冯·塞克特的思想。但在1919—1927年间，塞克特还是设法将自己的军事理论灌输给了魏玛国防军。军官团的少数成员也批评他。莫·法伯·杜福莱（M.Faber du Faur）将军在回忆录中轻蔑地将冯·塞克特称为阴谋家和"膨胀者"。[20]然而这样的观点在军队内部属于少数。虽然冯·塞克特性格很冷淡，别人往往难以取悦，但军官团逐渐尊重他的领导和能力，并接受了他的军事思想。[21]哈罗德·戈登指出，整个军官团坚定地支持冯·塞克特和他的政策。即使某些后来同情纳粹的人也将塞克特看作伟大的军人，并且在他掌管魏玛国防军期间忠诚地追随他。[22]

后来成为将军的君特·布鲁门特里特（Guenther Blumentritt）表达过一个观点，这个观点在魏玛国防军的军官团内部非常典型，他认为："然而冯·塞克特上将甚至应该得到更高的赞誉，因为他从内部逐渐加强了新共和国的这个不大的机构（军队），并且使其接受了堪称时代典范的训练。"[23]弗兰茨·冯·巴本（Franz von

Papen）曾担任总参军官，后来成为德国总理，他将冯·塞克特与冯·毛奇及冯·施里芬进行了比较，说他（塞克特）是"20年代早期（魏玛国防军）最具代表性和最杰出的人物。"[24] 关于冯·塞克特对魏玛国防军军官团的影响，最权威的评估来自哈罗德·戈登所做的战后研究。戈登调查了超过50名第二次世界大战期间的德军将领，他们都曾服役于魏玛国防军，包括古德里安、海因里希（Heinrich）、冯·里布、冯·阿尼姆（von Arnim）和凯塞林等人。他们被这样问道："你的大多数同志是否都满意冯·塞克特将军和他的政策？你对冯·塞克特将军和他的政策有何看法？你对冯·塞克特将军作为男人和军人的看法如何？"受访者一致认为，他们所属团的军官们都热情接受了冯·塞克特将军和他的政策。尽管他举止冷淡，他们还是同意给予他作为（真正的优秀的）男人和军人的赞誉。[25] 虽然一致支持冯·塞克特政策的说法纯属夸大其词，但很明显，他的军事条令在军官团内部得到了普遍接受。至于冯·塞克特的反对者，除了传统上倡导大规模征兵的那些人外，在20年代的魏玛国防军内部，还有以下三个所倡导理论与他不同的军事思想流派。

魏玛国防军内部的军事思想流派

主张防御派

冯·塞克特和总参谋部大多数人通过战争研究得出结论，运动战是更好的战争形式，它实际上就是"未来的战争"。与此同时，军队内部也有少数人从堑壕战当中吸取很多经验。他们的观点是，防御在当前形势下具有军事优势。截至1930年逝世，步兵将军沃尔特·莱因哈特一直是冯·塞克特战略和战术理论最著名的对手，他在倡导发展防御力量方面也最有说服力。[26]

1919年6月，莱因哈特建议政府拒绝接受《凡尔赛和约》，并继续让军队战斗。这与冯·塞克特和格勒纳的建议相背，两人认为反抗协约国毫无希望。不过，莱因哈特认为武装反抗协约国的举动是荣誉问题，他或许还认为可以通过防御阵地挡住敌人。他渴望像沙恩霍斯特1813年做过的那样，号召全国武装起来，他天真地相信德国会对此做出回应。相信全民皆兵的作用，相信实施防御的作用——这两个"相信"成了莱因哈特的思想基础。

莱因哈特几乎所有的战争经历都源自西线的艰苦战斗，例如凡尔登和索姆河战役。由于这样的作战经历，他自然和大多数其他军官一样，更加偏爱防御。莱因哈特逝世后，他的兄弟——同样是位将军——把这位前魏玛国防军总司令的文章编辑起来，以"防御力和防御意志"为名出版。[27] 这本书构建了与冯·塞克特军事哲学完全不同的军事体系。赫尔伯特·罗辛斯基曾公正地指出，莱因哈特作为军官，在看待第一次世界大战的经验方面是本着与法国军队相同的视角：运动战属于过去，而大规模的军队和火力则为防御提供了优势。莱因哈特的基本战术概念是 1918 年的半运动战，以火力而非机动作为主要进攻要素。[28]

冯·塞克特只是将民兵看作劳动力和专业野战部队的替代品，莱因哈特则完全相反，他觉得这种后备部队当前的军事价值比以往任何时候都更高。他认为，由于许多现代化军队已拥有机动性，德国军队更加需要防御那些机械化对手。曾有成千上万的年长者和体质较弱者被召往后方服役，或是在局势稳定区域作为防御力量，莱茵哈特认为这些战争经验已经证明了民兵 / 后备部队的价值。他觉得国家民兵的精神力量会增加军队防御方面的战斗力。[29] 在莱因哈特看来，简单的"大数字"（即总的兵力数）仍很重要。他将瑞士民兵，尤其是瑞士的全民轻武器训练计划作为德国应当学习的榜样。[30]

莱因哈特认为，防御工事在现代战争中特别重要，进攻者在试图攻克它时会耗尽自己的军事力量。法军当时构建的防御工事体系曾得到莱因哈特的称赞。[31] 他提出了一项国防计划，在这项计划中，德方将切断边界公路和铁路线，并树立障碍物。这些行动全部由民兵部队实施，目的是阻挡或至少迟滞侵略者并尽量多坚持一段时间。[32] 莱因哈特认为，现代科学技术所加强的火力更加有利于防御者，而不是进攻者。[33]

莱因哈特也利用德国军事传统，援引了克劳塞维茨和冯·毛奇的话来证明自身立场。他还回顾了最近的经历。凡尔登战役和 1918 年攻势让莱因哈特懂得数量的价值："如果有人相信你能拥有太多优秀士兵，这是不对的。拥有更多部队（或者说兵力）是战争中最重要的因素，哪怕到以后仍然如此。"[34] 于是，冯·塞克特和他的军事理论反复受到了指名道姓的攻击。[35]

赫尔曼·冯·库尔将军同样是法军战后思想的追随者。[36] 在 20 年代，冯·库尔撰写了以其自身视角阐述第一次世界大战的十一本著作和数十篇文章。[37] 像莱因哈特那样，冯·库尔也相信德国军队原本可以在 1918 年坚持下去，并继续战斗。他认为德军本来可以缓慢撤退至安特卫普—默兹防线，如果必要的话，也很有可能成功退到莱茵河后面，同时造成协约国军队大量伤亡，迫使敌人重新考虑是否要继续进攻。[38]1918年战役对于冯·库尔的影响不输于它对莱因哈特所造成的，冯·库尔甚至更欣赏法国军队的观点。[39]冯·库尔坚持认为，战争早就证明大型军队的时代尚未过去："如此看来……坚持普遍兵役制是正确的路线，在战争中必须从第一天起就启用国家的全部力量……大型军队存活得非常好。"[40]

相较冯·塞克特，军史专家更偏爱莱因哈特，对其观点的重视程度甚至高于其实际价值。第二次世界大战结束后那几年里，莱因哈特被看作魏玛共和国的"民主"将军，与"不民主"的冯·塞克特形成了鲜明对比。法伯·杜福莱将军和罗辛斯基都称赞莱因哈特的民主观点[41]，两人曾这样声称，如果莱因哈特继续担任总司令，魏玛国防军在政治上就会变得非常不同。这当然是对的，但莱因哈特不受总参谋部和军官团的待见，难以胜任总司令一职。此外，很少有证据表明军队内部有人真正追随莱因哈特或冯·库尔的观点。德国军队的主要刊物《军事周刊》有时会发表"运动战还是堑壕战？"[42]或"指挥官或士兵们"[43]之类的文章。但这些军事评论更支持冯·塞克特，而非莱因哈特或冯·库尔。仔细研究法军战后的数量战术和依赖火力支援的战术后，德国人拒绝了采纳它们。步兵督导官冯·泰森（von Taysen）将军1922年撰文批评了法国步兵，他在文章中赞扬法军的武器，同时指出法军的战术太依赖炮兵，如果没有大规模炮兵火力，法军步兵就不能发起进攻。他坚持认为，当他国步兵与法国步兵遭遇时，法国一方会表现得比较差。他很清楚法军的进攻体制会导致堑壕战（的出现）。[44]

心理学派

冯·塞克特和总参谋部提出的新型运动战并非被强制采纳，而是经历了低级军官们的不满和辩论。在20年代初期，规模达4000人的军官团中大多数是中尉和上尉，其中很多是战时志愿者和见习官，他们的战争知识是源自西线的堑壕战和步兵突击。当时，有位名叫弗兰茨·冯·盖特纳（Franz von Gaertner）的军官讲到，一些被派往德累斯顿参加步兵军官课程，学习新运动战术的人心有不满。某些年轻军官不同意训练内容，并且强调自己曾在前线服役多年；于是，军校督导官冯·梅迟（von Metzsch）把这些人召集起来并直率地告诉他们，他认为他们"有战争记忆却没有战争经验"。[45]

有两位西线的退伍军人，即恩斯特·荣格尔和库尔特·黑塞中尉挑战了总参谋部的战争模式，并基于自己的经验提出了新模式。黑塞自觉地为全新的战争方式代言，荣格尔则代表了那些曾服役于突击队的年轻军官的情感倾向，这些人不愿接受任何带有战前传统的战争概念。黑塞和荣格尔两人都在 20 年代发表著作，抨击了总参谋部所提出各种传统或新兴的战争模式。总参谋部很强调军事行动中的作战要素，而荣格尔和黑塞倡导的战争模式则认为士气和心理会起主要作用。

荣格尔是突击连连长和功勋勋章获得者，他在 1920 年通过《钢铁风暴》这本书引发辩论，该书生动详尽地叙述了他在西线作战的四年经历。继这本畅销书之后，他又在 1922 年和 1924 年分别出版战争文集《作为内心经验的战斗》和《第125 号林地》，后者表面上讲述的是 1918 年争夺某片小林地的战斗，其实也广泛研究了战争哲学和心理学。[46]

荣格尔的著作美化了德国士兵在第一次世界大战中的顽强精神，同时详细描述了堑壕战和进攻战术。他和黑塞两人都是从连级军官的微观视角来看待战争，很少了解更高层次的战略或行动。在荣格尔的著作中，总参军官总是受到贬低，尤其在将他们与连级前线军官进行对比时。[47] 荣格尔毫不敬畏操练和军事传统，甚至不敬畏战斗爆发前官兵之间的距离，也不在乎总参军官们头脑里的种种想法。他这样认为，士兵的意志和理想，以及慷慨赴死的意愿是德国军队的基本属性。他在《钢铁风暴》中表示："我正是在四年的服役生涯和无比奢华的物质战争中认识到，若非为了理想，生命将毫无深度，和某些理想相比，个人乃至人民的生命都无足重轻。"[48]关于战后的德国，荣格尔指出："官方热衷发号施令的爱国主义，连同反对它的力量，都必须被社会各阶层涌现的对人民和祖国的炽热信仰所吞没，任何异议者都要被打上异端标签并清除出去。在爱国这方面，也就是民族主义方面，我们永无止境。"[49]

以上两处引文都体现了荣格尔著作和意识形态的典型情感基调。他曾服役于志愿军团，后来担任魏玛国防军军官直到 1923 年。他所持这种更极端的观点源自志愿军团时代的年轻军官们，这些人违抗总参谋部 1919 年发布的在波罗的海国家作战的命令，或者曾经参与 1920 年的卡普政变和 1923 年的啤酒馆政变，或者至少是同情政变者。[50] 正如许多年轻的前线军官那样，荣格尔带着浓浓的情感色彩来看待自己的战争经验。相反，那些阐明并发展新运动战理论的总参军官，则是从传统的历史角度来分析第一次世界大战的教训。

尽管荣格尔是明显的民族主义者，属于总参谋部的多数派右翼（他在 20 年代中期深深卷入了钢盔党政治）[51]；但他从未成为纳粹分子，由此将自己的民族主义推向极致。虽然被视为心理学派的拥护者，荣格尔却比黑塞更容易受到总参谋部的接纳。他（最前者）赞同魏玛国防军 1922 年采纳的新步兵战术，并在《军事周刊》上撰写了相关文章。[52]荣格尔的著作受到格奥尔格·魏采尔少将的赞扬，此人是冯·塞克特的崇拜者，也是部队局的掌管者之一（在 1926—1927 年间担任部队局领导人员）。[53]少将把这些著作看作"战斗战术的杰出代表，在教育方面永远有用"。[54]值得一提的是，荣格尔之所以离开军队从事写作，并不是因为他反对军队的政策。

反对总参谋部战争模式的另一个著名年轻人是库尔特·黑塞中尉，曾获得心理学博士学位，因此在表达同龄军官们的观点时，他要比荣格尔更加学术和专业。[55]黑塞实际上阐述了一种理解战争的新方法——即心理学派。在 20 年代早期的许多著作和文章中，他认为旧帝国军队和旧总参谋部之所以战败，是因为他们不懂个体和群体心理学，而将心理学理论更深地融入战场战术将是在下一场战争中获得胜利的关键。[56]黑塞在 1924 年不偏不倚地指出，恩斯特·荣格尔是心理学派的拥护者。[57]

黑塞的第一部主要著作是《指挥心理学》。他在该书的前六章，从心理学角度详细分析了 1914 年 8 月德军在贡比涅的失败，尤其是某团的惊慌失措。该书的剩余部分涵盖诸多不同主题，包括克劳塞维茨、心理学，以及对第一次世界大战的心理学分析。黑塞有时候和荣格尔很相似，喜欢美化前线士兵；两人的很多结论也相似，例如"种族的力量主要在于其精神的健康"[58]，还有"德国人的灵魂在寻求苦难"。[59]黑塞引用了克劳塞维茨的话来支持这些观点。他认为应该给所有军官和士官开设全面的心理学教学课程，此外心理学应该融入各兵种的教学中去。[60]黑塞的风格相较荣格尔那种古怪热情的风格更难以追随，因为他会从心理学分析跳到康德哲学，之后再跳到战术。但这两位作家的某些观点是很清楚的：大战已经摧毁了普鲁士传统的战争概念，旧军队的许多传统和思维方式必须抛弃。

总参谋部对心理学派的回应是由弗里德里希·冯·拉贝瑙（Friedrich von Rabenau）做出。20 年代服役于部队局训练处时，冯·拉贝瑙负责的是对军队进行运动战训练。他是军事智囊和多产作家，后来成为炮兵将军。[61]两次世界大战期间，冯·拉贝瑙撰写了多部关于战术和军事史的著作，还在《旧军队和新世代》一书中广泛驳斥了黑塞的军事哲学。[62]

任何人都可以对黑塞的著作进行全面分析。冯·拉贝瑙采取的是逐条驳斥。首先，他为旧总参谋部的运动战传统辩护："我坚信，老一辈军人在人类可能的范围内拥有并传递了相当正确的战争观念。"[63] 冯·拉贝瑙用列举常识的方法驳斥了黑塞对贡比涅失败所做的冗长的心理学分析，他指出德国军队的撤退并非因为溃败，更多是由于新兵队伍遭遇友军炮火，随后实施后撤所导致。这样的事情"在每场战争中都有可能发生"。[64] 冯·拉贝瑙还质疑了黑塞和荣格尔对普通士兵过于理想化的认识。他（最前者）认为，军队在未来爆发战争时的规模可能会很大，但整支军队会更多依赖于中产阶级的技术能力和熟练工人提供的技术支持。

冯·拉贝瑙强烈拥护塞克特的总参谋部关于现代运动战的概念。1935 年，他（前者）撰写了《应对优势敌军的胜利作战》。这是一本关于军事史和军事战术的著作，书中考察了许多重大战斗；在这些战斗中，数量处于劣势的德军使用机动战术，决定性地击败了敌人。[65] 坦能堡战役就是个主要例子。在发生于 1914 年的这场战役中，机动性、火力、训练和指挥方面占有优势的德军彻底摧毁了俄国第 2 集团军。实际上，坦能堡战役是总参军官们最喜欢提起的例子，因为它可以用来说明规模较小、能力更强的部队比笨拙的大型部队更有力量。

部队局的其他领导成员也驳斥了黑塞的战争理论。魏采尔少将评论了黑塞在《军事周刊》上发表的《旧军队与新世代》，他（少将）认为研究战争经验的恰当方式，是通过传统的军事史加以分析。黑塞对旧总参谋部的摒弃尤其让魏采尔恼怒："某位年轻军官对旧军队的看法使人震惊，他对这支军队从未有过真正的了解。我们这支辉煌的旧军队，是百年以来整个德意志民族伟大的教育机构……在那场可怕的四年战争中，这支军队展现了有史以来最杰出的军事素养……他难道觉得，一支不懂心理学的军队就不能表现得这么好？"[66]

冯·泰森将军是卓越的战术家和多产的作家，新战术条令的撰写人之一，他在关于步兵战术的论文中评论了"黑塞中尉最新的极度混乱的说法"。[67]

冯·塞克特将军把心理学测试引入了德国军队，并且积极赞同将心理学运用于士兵招募和指挥。但哪怕是他也恼怒于黑塞对总参谋部传统的缺乏尊重。冯·塞克特在《一个军人之思想》当中挖苦了黑塞："由军事作家组成的某个年轻流派最近发明了'普通心理学'这个术语。陈词滥调迎来了复兴的时代。就好像没有心理学，连政治家和战争的真正艺术也完全无法想象似的。"[68]

在军队内部，黑塞和荣格尔的心理学战争模式几乎没有机会胜过总参谋部的战争模式。首先，随着 20 年代军队的重新训练，年轻军官们开始接受总参谋部的运动战概念。其次，对普通军官来说，心理学模式在很大程度上是难以理解的。冯·拉贝瑙在批评时很贴切地指出，他并不确定黑塞想要说什么，具体表达的是什么。魏玛国防军的总参军官和普通前线军官首先都是实干家，他们既不是理论家，也不是哲学家。塞克特总参谋部的战争模式至少在实践层面上可以理解。

但是，黑塞的辩论确实多多少少揭露了魏玛国防军军官团内部的代际冲突。冯·拉贝瑙和魏采尔抨击黑塞的理论后，贝纳利（Benary）少校在《军事周刊》上为黑塞做了辩护；也许并不是为了捍卫黑塞的观点，而是要求军官团宽容和同情那些反对主流思想的年轻军官。贝纳利认为，年轻前线军官的大部分经验都是有效的，在旧帝国军队中浸润过的军官们应该更同情地审视这些经验。[69]

实际上，黑塞在军官团内部得到了大量的宽容。即使高级总参军官公开抨击他的观点，也肯定不会影响其本人的任职和晋升，黑塞从来无须保持沉默，或是受到排挤。他为了学术生涯而在 1929 年离开军队后，又被邀请回来给骑兵和炮兵学校做讲座；此外，他还保留着预备军官的身份。在魏玛国防军，如果某位军官品行优良并且尽忠职守，那么他就可以自由地撰写和发表军事议题，也可以不赞同魏玛国防军的战术条令——只要他按照总参谋部制定的战术条令，对士兵进行了有效训练。相较当时其他国家的军队，魏玛国防军更加宽容那些拥有激进军事思想者。

"人民战争"学派

20 年代前期，魏玛国防军内部有少数军官曾经研究"人民战争"，希望以此作为运动战的替代选项。人民战争这个概念很难具体定义，因为它有很多变体。其基本原则是，大战已经打破士兵和平民之间的传统界限，也打破了军事目标和民事目标的界限。而敌对双方最初进行的战略轰炸行动表明，工厂中的工人和堑壕中的士兵一样，已经成为军事目标。从此以后，战争就再也不是目标有限的有限冲突，例如 1870 年的对法战争和 1866 年的对奥战争。人们普遍认为未来战争会像 1899—1902 年的布尔战争那样，是民族生存的竞赛，或者像第一次世界大战那样，双方用尽全部人力和经济资源，以确保打倒敌人且取得胜利。人民战争的概念不仅使敌方的平民成为合法攻击目标，也意味着要用尽一切方式来反抗侵略者，尤其是通过破坏活动和武装的非正规人员实施的游击战。

从某种程度上讲，冯·塞克特的战争概念是传统的。就像总参谋部的大多数人那样，他奉行传统的理论——战争应在军人之间进行。冯·塞克特和军官团大多数人都无意通过封锁港口、轰炸城市或其他间接手段来获得胜利。军队需要实现的目标无非就是冯·毛奇实践过或冯·施里芬倡导过的那些东西：在歼灭战中困住并消灭敌人。

1918 年 11 月之后，德国在军事上处于无助的境地，这就促使该国军队考虑谋划一场人民战争，但这并没有被视为国家层面的政策。人民战争思想的出现是战后初期绝望的一种表现。1919 年 4 月，许多德国人认为捷克斯洛伐克会入侵德国——于是志愿边防团成立，就像志愿军团那样——并驻守在靠近波兰和捷克的边境上。[70] 在这些部队中，某支驻守于捷克边境上的部队在 1919 年的防御计划中建议，如果占有优势的捷克部队发起进攻，边防团就可以通过破坏、撤退和伏击来开展游击战。一旦遭到攻击，部队将获得授权来动员和武装当地民众。因为大多数德国人都认为捷克人很可能发起进攻[71]，再加上缺乏战争计划和有组织的军队，这就意味着这种绝望的措施将被视为唯一可能的军事方面的回应。

1923 年，法国军队入侵德国鲁尔区和其他一些领土，德国人的愤怒、恐惧和沮丧促使总参谋部考虑实施人民战争的战略，尤其是游击战。作战处的约阿希姆·冯·施图普纳格尔中校希望魏玛国防军资助法国占领区的人民发动起义。工业家弗里茨·蒂森（Fritz Thyssen）和冯·维特尔（von Wetter）将军（已退休）打算成立一个地下志愿军组织，开展反对法国的全面游击战，从而将占领军赶出去。[72] 支持志愿军团相关想法和极右翼的鲁登道夫将此类准军事集团的服务提供给了政府。但与此同时，他不保证自己（和此类准军事集团）会完全服从冯·塞克特和军队。冯·塞克特也拒绝了这种安排。[73] 冯·施图普纳格尔则继续推动魏玛国防军采用某种游击战理论，作为军事装备不足的本国反抗强敌的最合适手段。[74]

冯·施图普纳格尔在一份撰写于 1924 年 3 月，题为"未来战争"的战略研究中建议德国采纳人民战争的战略和战术，因为本国的弱势地位使它不得不采取战略防御："我们应该采用消耗敌人而不是摧毁敌人的战略……在迟滞战中，（我们的）目的是消耗敌军力量。"[75] 破坏活动和敌后有组织的抵抗将在打退侵略者的过程中扮演主角。[76] 冯·施图普纳格尔认为，游击战必须拥有相应组织，并直接听命于总司令部；但他从来没有说明，总司令部要如何才能精密控制这样的战争。[77] 冯·施图普纳格尔敦促魏玛国防军组建更多边防部队和新的后备兵团，同时训练他们参加人民战争。[78]

冯·塞克特认为游击战是一种不切实际的战略，他支持政府进行消极抵抗，包括罢工和各种不合作，认为这才是最好的方式。冯·塞克特确实允许冯·施图普纳格尔成立一个破坏性组织，并且获得来自魏玛国防军的资助；但这个组织主要是为了骚扰法国人，以防其建立独立的莱茵兰，而不是真的打算造成军事破坏。[79] 冯·塞克特对游击战或者说人民战争的主要反对意见是，这种战略不仅是防御性的（因此正好处于其进攻哲学理念的另一端），而且无法受到职业军人的控制。

担任军队总参谋长期间，冯·塞克特大部分时间里都饱受志愿军团缺乏纪律的困扰。在 1920 年的卡普政变和 1923 年的希特勒政变中，志愿军团的某些成员企图推翻政府。1919 年，志愿军团差点导致魏玛国防军向其开火；1920 年和 1923 年里，他们引起了军队的兵变。实际上，进行人民战争或者游击战的任何尝试，都会把主动权交给极右翼准军事集团，而不是由军队掌握。热爱旧式普鲁士纪律的冯·塞克特非常厌恶这一点。

1923 年危机期间，德国军队招募并训练了数千名短期志愿者。军队还让许多准军事团体待命，以便必要时进行反对法国的动员。在任何情况下，这些被称为黑色国家防御军的秘密储备部队都明确处于陆军的掌控指挥下，作为其民兵部队，而不是游击队。[80]

除了冯·施图普纳格尔以外，军队中几乎没人对游击战感兴趣。20 年代初期，出自部队局的一份研究建议将现代工事和战略防御区用于人民战争或游击战，但在魏玛国防军的文件中，提及这两种思想的情况是极为罕见的。[81] 鲁尔危机之后，在 1925 年，部队局作战处在本年下年度的动员计划目标摘要中宣布，游击战战略不会被视为防御选项。[82] 人民战争和游击战的主要支持者鲁登道夫将军此时已离开军队。1931 年，他撰写《即将到来的战争》，描述了未来战争的血腥场面，还说法国、捷克、波兰和其他国家的大规模军队将以最无情的方式入侵德国。平民会受到残忍对待，城市会被烧毁，因为德国非正规军事人员在战线后方进行了战斗和破坏。[83]1935 年，鲁登道夫撰写的《总体战》以类似观点支持了实施人民战争的总体战思想，认为平民已经成为战士。[84] 这种观点可能很受纳粹分子和志愿军团的欢迎，但它们对于魏玛国防军没有产生丝毫影响。[85]

国家档案馆的军史研究处——实际上就是更换名字的总参谋部历史处——在1930年前后对游击战进行了若干研究。他们得出的结论和冯·塞克特及部队局相同，认为游击战对德国军队来说是不切实际的战略选项。对协约国军队占领的德国地区所做的一项秘密研究指出，生活在莱茵兰的德国平民的行为令人失望：总参谋部认为平民与协约国占领当局合作得太多了。这份研究估计，在1923年入侵鲁尔期间，大约有2000名德国人曾经有偿为法国人服务，这当然不是平民参加民族解放的生死之战时应该出现的情况。[86]

对于游击战和人民战争的广泛研究，是由国家档案馆的几位军史专家应部队局的请求所进行。这份研究的编辑人、档案员利斯纳（Liesner）得出的结论是，人民战争要取得胜利，就必须使以下七项要素中的大多数处于有利状态：一、大众的支持；二、高层领导；三、人员和物资等方面的准备；四、地形特征；五、战争的持续长度；六、敌人的政治立场；七、外国势力的同情。[87]但事实上，这些要素几乎都对德国不利：本国共产党十分强大，并且使国家受到分裂；对于人民战争的准备完全不足，而且边境不易防守；持久的战争意味着长期的封锁，这会摧毁国家的经济；只有奥地利和匈牙利可能成为盟友，而本国的主要敌人——法国、比利时、波兰和捷克斯洛伐克都会团结起来，共同对付德国。[88]

利斯纳无法估计出民兵或者志愿军团在对抗现代军队时的价值。不过他仍然相信，重新召回的老兵和民兵会像大战期间的国防军和突击队后备人员那样有效，但这只适用于防御战。他得出的结论是，这种军队在运动战中几乎没有价值。[89]当然，利斯纳也确实相信，经过游击战的训练，志愿军团可能会变得相对高效。可就算这样，由49个法国师、30个波兰师和20个捷克师组成的力量仍然过于强大，以至于德国人所谋划的战争很难有获胜的希望。[90]但利斯纳仍然偏向于在军事上使用志愿军团。此外，哪怕是在冯·塞克特1926年10月退休后，魏玛国防军的政策依然保持不变：那些不愿意在军事上完全服从魏玛国防军的组织将不被视为军事后备力量，他们也无法从魏玛国防军那里得到武器、训练和装备。

由于军队最终拒绝人民战争的概念，哪怕冯·施图普纳格尔和军史研究处表现出了兴趣，也主要是说明能在魏玛国防军内部十分广泛地讨论各种可行的国防战略和战术。

结论

军史专家过分强调了德国军队对运动战理论的坚持，却低估了冯·塞克特与传统的差异，以及魏玛国防军内部辩论的重要作用。当然，施里芬的传统十分强大，但耶胡达·瓦拉赫[91]和马丁·基钦[92]夸大了它（这种传统）对魏玛国防军的重要性——像是冯·施图普纳格尔和莱因哈特那样担任重要职务的军官，他们就愿意大刀阔斧地打破传统，并且阐明自己的观点。

对于战后德国的运动战理论，巴里·波森在《军事条令的起源》中做出了最不可接受的解释。波森认为，魏玛国防军坚持认为运动战理论是组织理论的一个例子——该理论指出，军事组织喜欢进攻理论，同时不喜欢创新。[93]波森并没有抓住要领。因为战后德国的军事条令就代表着巨大创新，而军队之所以喜欢进攻，是因为这种做法能取得战争的胜利。冯·塞克特和总参谋部在政治事务上极为保守，但总参谋部在战后付出了巨大努力，建立各种委员会，以便批判性地考察军队条令和组织，这就颠覆了他们作为军事传统主义者的形象。

魏玛国防军采纳了快速的运动战理论：及早决定，迅速歼敌。这简直就是未来战争中最合理的军事条令。一旦军队得到扩充并获得武器，迅速行动、先发制人的想法就为直接获胜提供了机会。莱因哈特和其他人提出的防御战争可以损害和消耗敌人，但（第一次）世界大战和当时的国际形势表明，在消耗战中，德国军队要比敌人脆弱得多。如果魏玛国防军接受莱因哈特的观点，这就意味着他们会在战时重新回到堑壕战；最好的情况是军事上陷入僵局，但从长远来看，整个国家的经济必定崩溃。第一次世界大战后，盛行的观点是避免消耗战和堑壕战。要是德国军队准备就绪，冯·塞克特的构想就能为军队提供机会，以取得战场上的胜利。如果有两个选项，一个是消耗战，另一个是在战场上取得决定性胜利，那么魏玛国防军的大多数军官都会明确选择后者。他们之所以这么选择，不仅是考虑了最近的军事历史和德国传统，也考虑了各种备选项，并且仔细评估了法国人的战争条令。1939年和1940年发生的事件将会证明，冯·塞克特和魏玛国防军的选择要比他们的对手明智得多。

第四章
训练魏玛国防军

1918 年 11 月 11 日—1921 年 1 月，这是一个对德国军队来说尤为混乱的时期，因为旧的军队已经解散，根据《凡尔赛和约》相关规定组建的新军队正在形成。尽管困难重重，德国军队在 1918 年停战协定生效后的头几年里，对士兵、小型部队和团级部队的训练仍然照常进行，就像战争期间做的那样。

在旧的帝国的体制下，入伍新兵的训练包括为期数周的强化基础训练，由正规部队各团的新兵连负责。在和平时期，所有各连都会经常接受训练，并且整个兵役期都待在一起。然而，如果战争爆发，新兵连就会成为基础的训练单位，驻扎在团部所在地，主要任务是为上级团提供训练有素的替补人员。上述整个系统可以创造出相当强大的部队凝聚力。一起接受训练的人通常也会待在同一个单位。每个团负责自己所辖部队和个体的训练计划，而士兵们通常是由带领他们上战场的士官和军官进行训练。因此，各团的士官和军官非常注重各种艰苦和全面的锻炼项目。

对于战后的临时国防军来说，主要的困难是组织一支高效且富有凝聚力的部队，同时开展针对共产党起义者的军事行动，还要保卫东部边界免遭新成立的波兰的入侵。在通货膨胀、政治混乱和野战部队遭到遣散时，执行上述任务，同时创建一支新的军队几乎不可能做到，但德国人以某种方式完成了。停战之后还能将一支高效的军队团结在一起，这是体现旧总参谋部效率的最令人印象深刻的事迹之一。

起初，临时国防军是由帝国军队剩下来的骨干和志愿军团（为了对付共产党人和保卫本国边界而成立）组成。由于志愿军团的士兵薪水较高，并且国内有大量失业的老兵，要招募一支规模足够大的军队来镇压内部叛乱和保卫东部边界并不困难。从 1919 年到 1923 年，这将成为德国主要的战略问题。由于临时国防军和 1921 年后的魏玛国防军一直忙于应对这些任务，以至于在 1923—1924 年之前，他们几乎不可能进行大部队的训练和师级部队的演习。虽然很难得出确切的伤亡数字，但从 1919 年到 1923 年，关于魏玛国防军的现有伤亡统计证明，为了镇压德国工业地区的共产党起义而进行的战斗确实相当激烈。在 1919 年 4 月到 5 月镇压巴伐利亚苏维埃共和国的行动中，魏玛国防军和志愿军团有 38 名士兵死亡，另有数百人受伤。[1] 为镇压 1920 年 3 月鲁尔区的共产党叛乱，志愿军团和魏玛国防军出现了 500 人的伤亡。[2] 临时国防军在镇压内部叛乱方面十分积极，因此在 1919 年和 1920 年，一本概述城市战战术的手册被下发到了全军。[3]

在这样动荡的形势下，部队局在努力创建新手册、战术和概念的同时，1918 年版本的战术手册和条令继续生效，临时国防军所辖士兵和部队的训练依照的是帝国军队时期的改进版本，直到 1921—1924 年，新的手册和条令发布。1918 年的战术和训练方式仍然有效，这不是什么大的缺点。即使在内部冲突等同于内战的情况下，临时国防军仍然像旧军队那样重视士兵和"专家"（即专业人员）的训练。1919—1920 年临时国防军驻萨克森各团的部队记录大部分被保留了下来，这些记录显示，各部队为自己的士兵设置了专门的机枪手、迫击炮手和炮兵的训练课程。[4]

冯·塞克特将军关于精锐职业化部队的概念很大程度上受制于《凡尔赛和约》，该和约所规定的德国军队，在规模上远远小于这名将军理想中下辖 20 万人到 30 万人、拥有民兵支持的部队。从 1919 年到 1920 年，德方一直在与协约国方面谈判，希望放松和约的要求。德国人要求获准创建一支包括 20 万人、配备全套现代武器的部队。由于协约国方面拒绝这样的部队存在，冯·塞克特不得不在 1921 年修改了他有关精锐部队的概念。从此以后，新军队有两个奋斗目标：一、充当德国的精锐军事打击力量；二、拥有迅速扩充为编有 21 个师的高素质职业化部队的能力。后者（这种高素质职业化武装力量）被认为是充分实施国防所需的最低限度的部队。必要时，整支新军队将转变为领导型军队（Führerheer）——在这样的军队中，每个军官、士官和士兵，都至少可以立即胜任高一级别的职务。[5] 二等兵被要求指挥步兵班里的火力组，中士被要求指挥排，中尉需要拥有指挥连的能力，并以此类推。无法胜任指挥职务的士兵和军官就不能留在军队。

　　和德国以前训练、部署的任何部队相比，领导型军队需要实施高得多的人员标准。因此，为吸引高素质新兵，军事生活的质量必须有所改善。人员薪水增加了，对应征者的纪律要求也不再那么严格，职业军人的生活水平得到了极大提升。从1920—1921 年开始，德国人对军队营房进行了改造和翻修，使其成为更舒适的部队宿舍。自此之后，每个士官会拥有自己的房间，每一个舒适、布置精美的房间只居住四到八名二等兵，类似于大学宿舍；与帝国军队常见的部队大隔间床位相比，这是一个惊人的变化。[6] 良好的伙食质量得到重视和保障，部队会配备各种娱乐和体育设施，还有部队图书馆和士兵俱乐部。此外，德国人在军队内部建立了一整套体制来教授专门技能和高中课程，以便每个长期服役的士兵在完成十二年兵役后，能在民间社会中成功就职。[7]

　　所有这些都迥异于让应征士兵维持斯巴达式生存的普鲁士军事传统。无论如何，这种体制在吸引领导型军队所需的士兵方面确实表现良好。为了加入魏玛国防军，年轻的德国男子需要在身体条件和精神能力方面高于（本国男性）平均水平。在第 9 步兵团这个典型的单位，12% 的入伍者曾经接受初中或高中教育，55% 的人曾在商贸领域工作或受过训练，18% 的人曾经接受手工贸易方面的训练，15% 的人来自农场。[8] 历史学家赫尔曼·特斯克（Hermann Teske）认为第 9 团的入伍者素质很高。此外，由于应征者很多，军队的规模（即需求量）却很小，这就使魏玛国防军有机会挑出其中最优秀的候选人。[9] 该团于 1920 年成立时，大多数士官是曾在前线服役的老兵，其他各团也都如此。[10] 第 1 骑兵团的历史表明，战后志愿者的数量远多于公开招募的岗位，这样就可以仔细挑选新兵。[11] 在整个魏玛国防军内部，1928 年时，每个新兵职位有 15 名申请者。[12] 二等兵的招募通常由各连连长负责。哈罗德·戈登认为："由于征兵体制的权力下放，部门军官可以根据自己的愿望来影响入伍者的挑选，但并没有人抱怨这种特权被广泛滥用。魏玛国防军渴望获得优秀的士兵，且最终如愿以偿。"[13]

　　研究魏玛国防军历史的学者们同意这样的观点，在军官和士兵素质方面，这是一支一流的军队。戈登把这支军队称作"真正的职业化军队。不仅是军官，就连士兵也会在军队中度过相当长的生涯，并且要像医生、律师或学者那样学习自己的职业技能"。[14] 毫不夸张地说，如果一对一较量，魏玛国防军就是当时最好的军队。[15]

　　魏玛国防军以营，不过有时也以团为单位，小规模地分散驻扎在全国各地。[16]

演习中的魏玛国防军自行车连，时间约为 1924—1927 年间

这种将大部分军队驻扎在小城镇的做法很不方便，但有助于士兵免受大城市里针对他们进行的各种左派宣传和鼓动。[17]20 年代早期，魏玛国防军的士兵们在这种小规模驻军的环境中接受最初的训练；他（其中某个士兵）只能偶尔看到整个团集结在一起实施训练。20 年代中期政治形势稳定下来后，团级和师级部队才开始更频繁地集结起来进行训练。

魏玛国防军的新兵训练通常持续约六个月，开设全面课程训练基本的步兵和士兵技能。汉斯·麦尔－维尔克 1925 年作为候选军官，加入魏玛国防军并接受了新兵训练课程，他说这种训练非常严格和全面。麦尔－维尔克所在的第 14 步兵团训练营很重视田径项目和传统的操练。[18] 大部分训练都采取昼夜混合的战术演练的形式。战术手册被分发给士兵；此外，他们需要在空余时间学习职业技能。[19]

魏玛国防军各兵种的士兵都需要接受基本的步兵训练，外加专门兵种的训练。比如被分派至摩托运输部队的士兵需要在服役头两年里接受步兵训练课程，此外还要接受机械和技术训练及驾驶课程。[20] 军队各兵种中，训练计划和战前标准相比改动最小的是骑兵。尽管 1914 年之前的计划就已涵盖与步兵并肩作战的内容，但骑乘仍是战后骑兵训练的核心，而且骑兵依然装备和训练使用长矛与大刀。[21] 当然，骑兵训练的全部精髓在于学习正确的个人骑乘和编队骑乘。不过编队骑乘在 20 年代的战争中几乎没有实际用途，虽然战后骑兵训练计划仍然花费了很多时间在这

1926 年，第 5 师和第 7 师在巴伐利亚和巴登 - 符腾堡演习期间，炮兵们在操作 77 毫米火炮

上面。骑兵是当时军队中最保守的兵种。骑兵的大多数高级军官在军事方面都很反动——这种说法并非夸大其词。骑兵的基本手册是最初发布于 1912 年的第 12 号军队条令。魏玛国防军在 1926 年发布新版本，但（相较旧版本）只做了几处小幅度改动。[22] 第一次世界大战之后，骑兵的初级军官都赞成取消长矛，然而魏玛国防军所有骑兵团长都坚持保留这种花哨却无用的武器。直到 1927 年 10 月，国防军总司令威廉·海耶将军才不顾骑兵上校们的反对，下令取消了长矛。[23]

　　随着军队的发展，从春末到初秋是团和师的野战演习时段，最终会在 9 月进行规模达多个师的演习。从 11 月到来年 3 月，展开士兵训练的核心编制是连。小部队仍然驻守各地，并使用附近的训练区。美国驻德国军事参赞 1927 年完成的一份报告详细描述了德国部队的冬季训练。他的报告阐明了魏玛国防军从 20 年代早期到 1934 年重新武装前的训练情况。[24] 让这位美国参赞印象深刻的是连长对全连进行的课堂战术训练。德军通常使用大沙盘（2 米 ×4 米）来进行兵棋推演和教学，这比美军使用的沙盘大得多，而且内容更为详细。在代表连战区的沙盘上，德国人会使用建筑物和设备的比例模型，还有代表连内每个战士的人物模型。在连长给士兵们讲述战术问题的每个阶段时，各种问题会被源源不断地提出来，并得到解答，"首先有人提出问题，然后他给出班上需要回答此问题的人的名字。提问和回答十分活跃，在问题和答案之间，或者在答案和下一个问题之间，没有一秒时间的停顿。每个人都必须全神贯注"。[25]

这位参赞认为德军的体能训练要比美军好得多。魏玛国防军要求士兵进行比美国军队通常来说更为艰苦的行军："在敏捷性和柔韧性方面，比起我们（美军）的士兵，德国人的身体训练水平高得多。"[26] "极度的机敏让人印象深刻"——这是这名美国观察家的评论。[27] 根据冯·塞克特所创领导型军队的概念，在连的野战演习中，负责解决各种战术问题的排长一职会由各位士官轮流担任，以便他们都能获得实践经验。就连二等兵也有机会轮流担任负责处理战术问题的班长。这个美国人观察到，由连负责的问题包括充当团的先锋，进攻堑壕阵地和机枪阵地。他们还会使用模拟的步枪和机枪来增加演习的真实感。整场演习的过程都"充满极大的热情"；至于指挥，"尽管给排和各班的命令都是由初级士官和二等兵下达，但这些命令都下达得很好，而且指挥水平始终是一流的"。[28]

对于魏玛国防军的连级部队训练，其他来源的叙述也指出这种训练非常艰苦和认真。魏玛国防军的部队通常会把大部分时间花在户外。在 20 年代早期担任上尉的弗兰茨·冯·盖特纳回忆说，他所在的步兵连是由未来的陆军元帅埃里希·冯·曼施坦因指挥，这个连每周通常会花四天时间在野外训练。其中三天进行行军和战术演习，一天练习射击。值得一提的是，只有一天会被安排用于军营内的任务。[29]

冯·塞克特的训练目标

冯·塞克特将军的政策是分阶段组织和训练军队。第一步，组建一支新的职业化军队。第二步，提供一套现代的军事条令。第三步，为全军制订一个全面的训练计划。有了新的条令，训练就从排和连的演习开始，然后升级到营和团的演习。如果个人或小部队的训练水平达到了高标准，那么军队就可以开始实施（规模为）师和多个师的演习。冯·塞克特将训练魏玛国防军放在自己工作的首位。他每年用大约三分之一的时间访问全国各地驻军，以便观察训练情况。即便是最小的小队，这位军队总司令也对其相当了解。[30]

正如幸存的记录所表明的那样，冯·塞克特希望他下属的将军们也这么做。[31] 在一封题为《训练军队的基础》的指示信中，冯·塞克特坚持认为魏玛国防军各兵种的每位军官都必须不断意识到自己作为教师和部队模范的作用。[32] 第 16 步兵团的历史记录提到了军队这种分步骤的训练。该部队成立于 1921 年。1922 年，

1926 年演习期间，第 5 师和第 7 师成员在使用机械化 77 毫米火炮

部队的训练计划强调的是根据新步兵条令重新训练班、排和连。[33]1924 年，根据 1921—1923 年间积累的经验对士兵和士官的训练内容进行了修正。[34] 同样是在 1924 年，该团进行了一系列营级和团级演习。[35]1926 年参加了师级部队的演习。[36]

　　冯·塞克特对部队和部队训练的观察是《军队总司令的观察》这本手册的主题。1921 年，他规定每年的头三个月都属于连长，以便他们实施自己的训练计划。[37] 同一年里，冯·塞克特声称"最艰巨的指挥任务是使用合成兵种"。[38] 他举了一个反面例子，具体是他访问过的一处驻军，包含一个步兵营和一个炮兵连，但这一营一连很少一起训练。相反，他访问过的另一处驻军只有一个步兵营，没有炮兵部队，可是这里的步兵始终坚持训练使用模拟步兵炮，因为这里的驻军人员中有一些经验丰富的炮兵，是他们制定了这样的计划。冯·塞克特命令每个步兵军官都要学习操作火炮，并且有能力指挥一支炮兵部队。同样的命令也适用于骑兵和其他兵种。[39]

　　冯·塞克特同样批评了他所观察到的堑壕战战术倾向，他坚持认为新的战术要强调运用机动性。1922 年时，他敦促步兵集中关注机动性和侧翼攻击。[40] 冯·塞克特对炮兵的阵地战训练倾向进行了专门的批评："炮兵的作战命令经常是为堑壕战而写，而且显得太冗长。在战斗中下达给营的命令不可能有 10 ~ 15 段之多。"[41] 他还补充说："在运动战中使用了一次徐进弹幕（哪怕一次简单的也需要准备不少于 12 小时）。运动战中最好不要使用徐进弹幕，而是让炮兵执行其他任务。"[42] 冯·塞克特不断强调，运动战的创新性和灵活性，要比精心设计的堑壕战方法更重要。他建议部队学会在行军途中快速发起进攻，并认为德国军队的"弹性精神"和快速反应是其自身的优势。[43]

1923 年，冯·塞克特再次声明军队的主要任务是进行运动战训练。部队必须具备远距离行军能力。[44] 他这样强调，在运动战中下达简洁明确的命令非常重要，应当反对堑壕战中那种复杂的命令。他认为军队领导人仍然需要更多的实践经验，来下达适合于运动战的命令。[45]1925 年，冯·塞克特终于对军队重新训练运动战表达了真正的满意："野战演习表明，军队终于成功缓解了仍在生效的堑壕战束缚。机动性是军队的首要需求。我们在条令中规定的这些原则必须融入我们的训练目标中去。"[46]

训练士官团

对于冯·塞克特塑造领导型军队的概念来说，组建一个高效的士官团是（这一概念的）核心支柱。"至关重要的是，要教导我们的下级指挥官成为能够独立思考和行动的人。如果他们知道应该何时独立行动，何时等待命令……那么相应目标就达成了。"[47] 冯·塞克特指示，士官应该分担过去由军官负责的军事指挥职责。此外，他命令高级士官参加对野战演习和训练演习进行总结的会议。[48] 冯·塞克特对士官训练和发展的强调被军官团接受为自己的理想。魏玛国防军的军官和士官关系非常好，这一方面是因为他们互相尊重对方是专业人士；另一方面，军官们意识到，一旦军队扩充的时刻到来，许多士官就很可能成为军官（从而与原先这些军官缩小地位上的差距）。[49] 在 20 年代，第 1 骑兵团不仅有团高级士官，还有负责总参谋部旅行①和实地考察的军官。[50] 这看起来已经成为魏玛国防军的标准配置。

---

① 这是德军总参谋部始于老毛奇时代的一大传统。总参谋部的军官团会到德军所预想，位于本国境内的战场上进行旅行，总参谋长会根据相应战场的地形提出一系列战时可能出现的问题，要求下属的年轻参谋给出战争环境下的解决方案。这是德军传统的教育总参军官的一大方式。

最能代表这些军官态度的是沃尔特·莫德尔（Walter Model），他当时是初级军官，后来成为陆军元帅；在 20 年代，他认为自己作为连长的职责，就是要让每个中士都变成一流的排级指挥官。[51]

如果说在第一次世界大战之前和期间，德国士官团对于军队的杰出表现至关重要，那么在战后，他们对于魏玛国防军甚至可以说更重要了。规模为 10 万人的魏玛国防军仅限拥有 4000 名军官，但协约国方面对于士官团的规模并没有进行限制。魏玛国防军利用了和约的这一漏洞，尽可能让士官们担任在其他国家本应由军官担任的指挥职位。到 1926 年，从中高级士官到中士，他们总共有 18948 人。魏玛国防军的低级指挥职衔，即下士和豁免兵（Gefreiter），到 1926 年各自增加到 19000 人，总共有 38000 名初级士官和见习士官。1926 年时，德国军队只有 36500 名二等兵。[52]

在魏玛国防军中，士官想要晋升是靠考试和表现，而不是像英国和美国军队那样通常只看资历。三年的服役期之后，魏玛国防军的二等兵将获准参加士官晋升考试，考核内容是常识与军事科目。如果他通过这个考试，就会晋升为豁免兵。[53] 从此以后，这名豁免兵就会得到更多的薪水，在兵营内有单独或半单独的房间，而且与士官们（而非普通士兵）同住。由于大多数入伍士兵都会成为士官或者豁免兵，整支军队实际上变成了一所大型士官学院，不断强调在战术演习中练习担任班长、队长和排长。担任豁免兵是这个人进行强化训练的时期。通过士官考试的士兵可以在服役的第四年晋升为中士。至于从中士继续晋升为上士，这需要作为中士服役两年之后。想成为初级士官或高级士官还需要通过另外一场考试。[54] 初级士官通常有望担任排长。

战后初期，德国军队坚持对入伍士兵尤其是士官进行教育。早在 1919 年 6 月，他们就为军事人员开设了专门的高中课程，但教员大部分是军官。高级指挥部要求魏玛国防军的军官和文职人员承担教学职责。[55] 就像其他军队那样，德国军队还会为军官和士官开设专门的军事技术课程，例如毒气战课程。[56] 总而言之，在获得军事教育机会方面，魏玛国防军的士官和其他现代军队相差无几；而在平民获得教育机会方面，他们是那个时代中最好的。

训练军官

战后初期的动荡和混乱明显影响到了对军官团的训练。战前的职业军官来自贵族和中产阶级，很多人曾在严格而传统的军校中接受教育，这些学校非常重视军事训练和普鲁士的纪律、节俭及行业美德。中产阶级同样提供后备军官。[57]第一次世界大战对此改变颇多。许多在旧军队永远不会成为军官的人被任命为战时后备军官。很多没有高中毕业证或不曾接受高中教育的士官，包括战前职业军队里的某些士官，在战争期间成为中尉。毫无疑问的是，这些人足以担任连级军官；但战前那些职业军官有相当充足的理由怀疑，这些只在战时的军官课程中接受高中教育的人，未来的表现究竟会如何。那种优秀的突击队员和以前的士官排长可能并不适合担任团级职务，或者无法熟练且高效地指挥规模大于连的部队。

大多数总参军官和军队高级军官可能会乐于见到战前军官训练和选拔体制的恢复。但这种想法是不可能的，因为社会党人在德国获得政权，而且《凡尔赛和约》相关规定废除了旧式的军校。[58]无论如何，战争已经冲破了太多的社会障碍。因此，在临时国防军时期（1919—1921年），有数百名以前由士官转任而来的军官被军队留任，以适应更加民主化的时代。其他在战争期间已经被任命为军官的士官则加入了新成立的准军事治安警察部队。[59]当然，军官的选拔问题已变得至关重要，因为《凡尔赛和约》规定德国军队只能任命有限数量的军官，包括军官级的官员。[60]

1918年时的34000名军官必须在1921年1月减少至4000名。[61]出于防止魏玛国防军建立训练有素的军官储备体系这一目的，协约国方面命令德国军官必须服役25年。此外，每年只有极小比例的军官获准在服役期满前辞职。莱因哈特将军赞成允许尽可能多的前士官担任军官，而冯·塞克特在1920年担任军队总司令后，制定了强调候选军官教育水平的政策。实际上，通过把军官的教育标准提高到前所未有的水平，他严格限制了从低级职衔中录用军官。军官候选人现在需要拥有高中毕业证书，而且具备优良的品德和良好的身体条件。[62]这种政策的大部分内容都出于冯·塞克特和总参谋部大多数人的社会保守主义态度。这也反映出了人们意识到战争已经更加技术化：只有受过良好教育的精英，才能适应由化学、航空和机械工程导致战场出现的复杂情况。

同样地，德国人发布了相应规定，让那些已经服役但没有高中毕业证书的新兵可以成为军官。新兵们得到许诺，只要完成一系列初级指挥课程，并且通过与高中毕业证书相关的学业考试，他们就可以成为军官。从入伍之日算起，直到被任命为军官，这类士兵需要花费六年的时间。而拥有高中毕业证书的年轻人如果有意应聘候选军官，他们获得军官任命的时间大约是四年。在魏玛国防军，成为军官的道路确实难走，对于那些才入伍的新兵来说困难程度更是有增无减。1928年，魏玛国防军只有117名以前的士官成为军官。从1924年到1927年，只有11名没有完成过中学教育的入伍新兵被任命为军官。[63]

1924年时，由于有大量申请人可用来填补军官团的少量空缺，冯·塞克特指示提高军官候选人的学业标准；如此一来，那些未通过考试的人就能够趁自己年轻改换职业。没有哪个军官候选人会"在线上徘徊"。[64]20年代早期，魏玛国防军计划每年只接收250名军官候选人。[65]到魏玛国防军末期，他们每年只有120～180个岗位需要由新的军官候选人填补。[66]在相应人员需求量并不大的情况下，魏玛国防军获得了更大的选择空间，也能够尽量提高选拔的标准。

负责军官训练的最重要机构是军队指挥部的第一总监处，即训练总监处（在1928年改名为兵种学校总监处）。该总监处由一名将军领导，负责监督各兵种军官的训练。协约国允许魏玛国防军成立四所负责军官训练的兵种学校：步兵学校，先驻在慕尼黑，后来搬到德累斯顿；骑兵学校，驻在汉诺威；[67]炮兵学校，驻在于特博格（成立于1919年）；最后一所是工兵学校，驻在慕尼黑。[68]随着兵种学校体制在1919—1921年的发展，该体制为军官教学提供了充分的机制。步兵学校最为重要，因为除了医疗和兽医候选人，其他所有军官候选人都要花一年时间在此参加普通军官课程。第二年是区分兵种的学业课程，炮兵、骑兵和工兵的军官候选人会前往各自所属的兵种学校，参加更专门的兵种课程。

战斗支援兵种的军官由四所兵种学校专门设置的部门进行训练。摩托运输部队最终会建立自己的兵种学校，但在20年代大部分时间里，他们的军官候选人都在步兵学校接受训练。有关车辆运输的军官候选人和通信部队军官候选人在炮兵学校接受训练。[69]为确保所有军官都能在军旅基础方面训练有素，就连医疗队的军官也要作为军官候选人在魏玛国防军的战斗武器兵种服役六个月，然后才会被接受成为军医。医学生将被吸收入伍，在学年期间请假去学校学习，然后暑假期间到部队服役。[70]同样的规定也适用于兽医的见习军官。[71]所有军队学校都配备了若干有资质的总参军官，并挑选了最优秀的一线军官担任教员。在兵种学校担任教员是一件很容易获得声望的事，而且不会对相应军官的职业造成（消极）影响。

1919—1921年，德国军队由临时国防军向魏玛国防军转变。在此期间，大多

20 年代中期，魏玛国防军的工兵在练习架桥

数军官学校不是在训练新的军官，而是在制定某种统一的训练和条令，并将其用于那些被挑选留在魏玛国防军的初级军官。这一时期的军官包括几个不同类别：完整修完三年军事学院课程的总参谋部战前正规军官；通过缩短的战时课程进入总参谋部的战前正规军官；战前正规的一线军官；拥有高中毕业证书，并且参加了战时军官训练课程的前士官和战时获任军官。在 1922 年的 4000 名军官中，大多数为连级军官，共有 3080 人；[72] 为了在某种程度上统一他们的见解和训练，各兵种学校首先要做的就是为战时获任的军官开设长达几个月的军官指导课程。[73] 从 1919 年到 1922 年，战时获任的军官们在自身职业方面获得了更全面的学术基础，这超过了战时课程的允许范围。这些战时课程培养了优秀的排长和连长，却忽略

了人事工作、营和团的战术、军队的行政管理，也忽略了化学和军事史这样的基本学术科目。战后制定的军官课程将弥补这些短板，同时为总参谋部提供了机会，以便用新的战术概念和运动战方法来重新训练初级军官。[74]

有关魏玛国防军的军官训练计划，最好的阐述来自汉斯·麦尔－维尔克。他在 1925 年作为军官候选人进入魏玛国防军，先后服役于魏玛国防军、纳粹国防军和联邦国防军，最后担任联邦德国军事档案馆馆长。在撰写于 1976 年的一篇长文中，麦尔－维尔克不仅利用官方文件详细阐述了军官训练体制，而且通过自己当时的信件、笔记和经验对其进行了补充。[75] 魏玛国防军基本的军官训练计划被规定在 1920 年 11 月发布的第 29A 号军队条令中，该条令一直生效至 1931 年。[76] 直到 1921—1922 年，各军官学校才开始训练未退伍的军官候选人。在 1924 年对该体制进行初步审查后，冯·塞克特发布指令，要求提高录取军官候选人的个体标准，同时要求提高各兵种学校学术训练计划的标准。[77]

麦尔－维尔克在 1925 年 4 月作为步兵军官开始参加训练，当时他刚刚获得高中毕业证书。通常情况下，每名军官候选人要花费六个月时间接受标准的团新兵训练，而且每个入伍新兵都是如此。到这种训练的末尾阶段，军官候选人会被调至正规的一线连。以麦尔－维尔克为例，他所在驻军的每个连都被分配了两名军官候选人，这些候选人在这里接受正常的连级部队的训练。在大规模演习和连的演习中，他们都被当作入伍新兵对待。在秋季和冬季的驻军训练期间，各位候选人要履行连队职责，并在早晨参加训练。下午，驻军的所有军官候选人需要集结起来，参加由团军官讲授的课程。战术、武器、军队行政管理、对军队其他兵种的研究，以及马术都包含在候选人第一年的训练教学计划当中。在随团这一年期间，候选人将担任初级士官小队的队长。军官候选人还被安排了特别讲座和战术演习。入伍十八个月，即经过六个月新兵训练和一年随团后，候选人将晋升为下士；这时，他会被称为掌旗官，而非候选人。[78]

继续随团三个月并且作为士官完整参加师级演习后，候选人就会晋升至中士，并被送到兵种学校。以麦尔－维尔克为例，他前往的是位于德累斯顿的步兵学校。他描述说，这所学校有着装修精美的全新建筑，为候选人提供了舒适的住宿条件。[79] 掌旗官考试结束后，学年就开始了，各兵种所有的军官候选人都会在这个学年参与课程，内容涵盖战术、空战、通信、机动车技术、制图、伪装、骑马、市政、

1924 年，几名士兵在波茨坦使用轻型堑壕迫击炮进行射击

外语及其他科目。[80] 他们每周还要花几个小时进行田径项目。此时，在军官候选人的教育中，战术是在加强营的框架下教授。麦尔－维尔克发现学术教学非常有趣，而且各位教员的素质很高。[81] 大约六个月后，候选人需要参加一项考察军事和民事科目的中期考试。未通过考试的人会被送回各自的团，且这些人通常会退伍。这个考试特别难——1927 年时，有 58 位士官考试不及格。[82]

在步兵学校完成第一个学年后，骑兵、炮兵、通信队、工兵和运输部队的军官候选人将转移到各自兵种的军官学校。在步兵学校和其他兵种学校度过的第二年与第一年类似，只是会有更多以战术为重要主题的军事课程。在这一年里，学生们会学习驾驶并且获得摩托车驾驶证。第二年结束后，在六周多的时间内会进行多项考试，包括口试。此时又会有一些候选人由于未通过相应考试而离开军官项目。[83]

剩下这些候选人将被称为高级掌旗官。他们会回到各自的团，以便完成最后阶段的军官教学。各位候选人将在团内担任几个月的部队领导人，然后继续参加教学课程，具体内容涵盖讲座、总参谋部旅行和外语课程。在最后这个阶段的末期，各军官候选人会正式得到团内军官和团上校的认可；如果团内军官对某位候选人是否适合进入军官团存在疑问，那就会由魏玛国防军的部长做出决定。那些成功的候选人大约会在入伍四年后成为军官。[84]

魏玛国防军的军官教学计划是有史以来最为艰苦的军官训练系统之一。第一次世界大战之前，德国军队的军官教学为期一年，在"战争学校"进行。战后的军官教学是对普鲁士军队传统的另一次重大突破。对于魏玛国防军的中尉而言，他们在部队里作为新兵和初级士官的时间哪怕有一年半也是很有价值的：他会比其他国家军队的中尉获得更多的从军经验和指挥经验。因此，和战前相比，魏玛国防军的中尉更受士兵和士官们的尊重，并且拥有更大的权威。在军官学校度过的两年针对的是实践性的学术课程，而不是理论课程。例如第一年在德累斯顿，相关人员每周花二十四个小时参加学术课程，另用十三个小时进行实践训练。学术课程包括六小时的战术、两小时的地理、两小时的市政、三小时的武器、三小时的军事工程、一小时的空战和一小时的机动车，以及其他科目。十五小时[①]的实践训练包括步兵和工兵演习、迫击炮和火炮教学及机枪教学，还有四小时的田径和三小时的骑马。[85]

魏玛国防军希望尽可能地使军官训练现代化，并根据最新的技术来讨论战争和战术。各兵种长达两年的教学中都开设了机动车辆课程，包括对德军和其他军队机械化状况的研究，对机动车辆各种最新发展的评估，有关其他军队装甲车辆和坦克的课程，以及关于最新的坦克战术的课程。[86]在步兵学校的两个学年中，军官候选人通过相应课程学习如何在现代战争中使用空中力量，包括空军中队的组织、空中侦察、防空，以及从空中对地面部队进行支援。[87]在第二个学年，大约有一半课程通用于各兵种学校，另一半则是各兵种专门设置。通用于各兵种的科目包括军事史、军队行政管理、空战、地理和武器。战术训练和实战演习则针对各兵种自身。部分学术训练也是为相应兵种专门设置的，比如骑兵学校的课程包括每周三小时的骑术理论和两小时的兽医教学。[88]

---

① 编者注：前文为13小时，此处写为15小时，但联系上下文，后者更为合理，故前者（13小时）应为作者笔误。

为各兵种军官学校开设课程的最初建议曾经相当理想化地提出，军事史要重视弗里德里希大帝和拿破仑的时代，以及上一场战争（即第一次世界大战）。这份建议认为，可以通过克劳塞维茨的著作全面考察战争史，另可根据冯·施里芬的著作《坎尼会战》研究指挥原则。[89] 但在 1926—1927 年，上述这个雄心勃勃的计划被压缩了。麦尔-维尔克回忆说，他在德累斯顿参加军官课程的时候，确实有大量的军事史教学课程；但到了 20 年代中期，阐述最近这场世界大战的著作受到重视，而克劳塞维茨的著作"几乎湮没无闻"，并且没有人提到冯·施里芬。[90] 在战术教学中，军事经典再次被忽略，主要的课本是军队的新战术手册和条令。[91] 军官训练课程的这种变化表明，第一总监处的参谋相当有常识。毕竟军官学校的目的是将年轻人训练成排级、连级和营级部队的高效指挥人员。连级的军官并没有很大必要知道克劳塞维茨或者大战略——因此，他的理论和著作被砍掉了，并让位于连和营的战术。

第一总监处的军官训练计划表明，它（该计划）非常了解那些成为魏玛国防军初级军官的年轻人的类型。尽管这些军官候选人都是充满才智、非常干练、20岁到 21 岁的年轻人，但他们当中绝大多数倾向于从实践而非理论方面来理解战术和军旅生涯。既不需要，也不应该期望每个军官都成为军事学者。魏玛国防军的大部分年轻军官都会在一线而不是总参谋部度过职业生涯。少数最聪明的专家后来会被总参谋部接纳，以便在那里研习更高等级的战略。然而重要且必须注意的是，许多出自 20 年代魏玛国防军的初级一线军官在第二次世界大战中证明了自己是高级的战术家和出色的大型部队指挥官，可他们并没有读过克劳塞维茨或冯·施里芬的著作。如果以纳粹国防军在第二次世界大战中的表现作为军事效率的标准，那么魏玛国防军的军官训练完全有资格被定义为一流。

对于魏玛国防军的军官来说，获得军官任命绝不意味着军事教育的完成。团长负责对所属军官进行继续教育。因此，他会开设政治、军事及经济方面的讲座和晚课，尤其在冬季驻军期间。团长还要负责总参谋部旅行，也就是访问附近区域，讨论在某种战术条件下怎样进攻或防御某个位置。驻军的参谋演习也由团长领导，而且这是正常的军官训练的一部分；在这种演习中，他会向下属军官们提出各种战术问题，并期待他们拿出必要的计划和命令。[92]

魏玛国防军初级军官训练最重要的功能是为军区考试做准备。这些军区考试实质上是旧总参谋部军官团的入学考试，但冯·塞克特为这个系统添加了新的功能。在旧的军队里，一旦某位军官获得任命，他就不需要再进行任何考试。如果想要继续在团内履职，那也可以是他的选择。候选人在进入帝国军队的军事学院前，需要通过总参谋部的入学考试，不过这个考试是自愿参加。1919 年，冯·塞克特决定在次年引入军区考试，强制要求所有军官参加。[93] 他的想法是，这些考试"有助于考察军官的军事知识和一般教育水平"。[94]

考试通常针对高级中尉。所有军官都被期望取得令人满意的成绩。如果不及格，考试会在下一年再次进行[95]；但不及格超过一次的话，相应人员就可能失去军官资格。分数拔尖的军官一般占总参考人数的 10% ~ 15%，他们可以参加总参谋部的训练计划。冯·塞克特的政策导致了三个主要结果：1. 给教育程度较低的军官设置了额外障碍，这使魏玛国防军的军官团成为更精英化的组织。2. 魏玛国防军的所有军官都会被迫参加强化学习计划。3. 第一次世界大战之前，总参谋部人员有自我挑选的成分；但在战后的军队中，整个军官团都成了总参谋部的招募备选库（人员更正规且更专业）。

之所以被称作军区考试，是因为它每年定期在七个军区司令部进行，试卷则由部队局的训练处负责编写。考试会持续几天，内容包括以下内容——三张试卷考应用战术，一张（试卷，下同）考理论战术，一张考军事工程，一张考地图阅读和绘制，一张考武器和装备。考试会根据军官所属的兵种设置不同问题。普通知识的考试涵盖如下科目，且每个科目一张试卷：历史、市政、经济地理、数学、物理、化学和田径。[96]

这些考试有严格的时间限制，目的就是让军官产生心理压力。普通知识的问题相当于高中毕业水平，在文理中学受过良好教育的军官如果为了及格，可能只需要回顾一下自己过去在中学时代的考试。比如外语考试包括几页相当简单的外国军事杂志，参加考试的人员只需将其翻译为德文。另外可以对语种进行选择。这部分考试对于拥有高中毕业证书的军官来说并不难。但在 20 年代早期，对于过去的士官型军官和教育程度比较低的战时获任军官来说，这构成了他们真正的障碍。[97]

考试中军事内容是最难的。相对容易的考试部分只有地图阅读和军事工程问题，因为这些科目已经全面涵盖在各兵种学校的军官教学当中。从另一方面看，对军官战术问题的测试远远超过了军官学校的战术教学范围。这些问题的基础针对的是使用加强步兵团，而军官学校的课程则是针对连和营。考试会设置各种复杂的问题，当然也配有地图，军官们需要在有限的时间内写出一套计划和命令。战术问题紧跟时代发展，并包括各种现代武器：装甲车辆、坦克和飞机，就连毒气也应纳入考虑。为防止偏袒行为破坏相应体制，考试成绩由训练处在柏林进行集中评分，负责考务的军官须保持匿名。每门考试都由三名不同军官进行批改，以确保成绩客观。[98]

准备军区考试是军官职业生涯中的头等大事。初级军官会在驻军内组成各种学习小组，并拥有六个月的函授课程进行协助准备。[99] 因为七个军区的司令有责任确保军官们为考试做好准备，所以各军区会对函授课程计划进行审查，也会召开各种冬季会议以便军官们做好准备。[100] 此外，总参军官们会撰写大量的学习指导和战术教程。比如 20 年代早期被分配到部队局训练处担任军官的路德维希·冯·德·莱恩（Ludwig von der Leyen）上尉就是一名在战术方面多产的作家。[101] 他的著作之一《战术问题和解决》（1923 年）提出了十种战术情况，集中讨论了大部队在战斗中的补给问题。[102] 冯·德·莱恩另一本著作《论合成兵种》（1925 年）概述了魏玛国防军新手册中的各种战术方法。[103]《加强步兵团框架内的战术课程》是由几位军官共同编写，在 20 年代出现了若干个版本。[104] 编者们写道，这本书"为正在准备军区考试的初级军官们提供了有益帮助"。[105] 此外，该书还建议更多高级军官进行兵棋推演和演习。[106]

像这样的战术教科书籍是 20 年代魏玛国防军军官相关思想的主要文字表达形式。战术教程通常依据的是第 487 号军队条令（即《指挥与作战》）中的新战术。这些教程充实和加强了军官学校的战术教学。虽然冯·塞克特和部队局正式宣称只有进攻才能赢得决定性的胜利，可这些战术教程还是着重强调了现代战争中常见的各种战术情况，包括进攻、防御、接触运动、侦察和撤退。军区考试中的战术问题通常会涵盖上述大多数情况。[107] 尽管进攻受到偏爱，但魏玛国防军的战术教育看起来依然很平衡。在实践中，军官必须有能力对各种可能的战术要求做出回应。

因为魏玛国防军的军官被禁止参加任何形式的政治活动，所以几乎没有人撰写文章或著作，论述大战略或是战争的政治与经济。这些军官的学术精力从宏大的战略方面转移到了战争的作战方面。处于服役期的军官很少在《军事周刊》上谈论政治或经济，不过在 20 年代，几乎每期杂志上都会出现讨论战术和武器的文章；那些谈论政治和大战略的文章往往是退休军官所写。各级军官都在认真研究军事

在瑙姆贝格附近演习的第 4 师机械化步兵

战术和作战，而不关注政治和经济，这就是魏玛国防军军官团的形象。

　　魏玛国防军对战术的这种深入研究产生了高质量思想，埃尔温·隆美尔的著作就是范例。隆美尔是步兵部队的一线军官，曾在第一次世界大战期间获得"功勋勋章"，但从未在总参谋部就职。从 1929 年到 1932 年，这位上尉作为督导官驻在德累斯顿的步兵学校，他根据自己丰富的战时经验撰写了若干有关战术的小册子。1936 年，这些小册子被集合成书，书名为"步兵进攻"。这本畅销书曾经印刷十八次，卖出了超过 40 万册。[108] 隆美尔的风格是清晰、生动和直接。根据自己的战时经验教训，他讨论了从排级到团级的各种步兵战术。不过，隆美尔虽是杰出的战争实践者，其本人却没有时间研究理论。他考察了自己所面对的各种战术情况，包括进攻、突袭和防御，认真详细地分析了如何处理每一种情况。在这一方面，隆美尔的著作很像 20 年代魏玛国防军的标准战术教程，只是他撰写得更好。但就像魏玛国防军大多数军官那样，隆美尔不能被称为军事学者或理论家。尽管他很明显地仔细研究过自己的职业，然而在他的日记、信件和出版的著作中，没有证据表明他曾经认真阅读过克劳塞维茨或冯·施里芬的作品。可不管怎么说，这种不足丝毫没有影响他的将略。

通过国外旅行这种形式，一线军官和总参军官能获得进一步的军事教育机会。魏玛国防军鼓励军官到国外进行为期 1 ~ 3 个月的旅行，从表面上看是为了提高他们的外语技能，但也是为了观察国外的军事发展。前往海外旅行的军官会得到特殊的津贴。没有确切数字表明有多少魏玛国防军的军官借此机会前往法国、意大利、西班牙、英国和美国，不过现存的记录和账目表明，这是一种惯常的做法。魏玛国防军在 20 年代的现存文件包含数十份军官们从国外返回时提交的报告。[109]前魏玛国防军军官的回忆录通常也会提到他们 20 年代在海外的旅行。[110]

对将军和高级军官进行训练是冯·塞克特在军官训练方面的另一个创新，这也是他有关军官继续教育的一大创新。因为 1914 年的问题之一就是德军的高级军官之间缺乏配合，所以冯·塞克特要求将军们每年进行多次总参谋部旅行，以便研究防范法国和捷克军队之类的问题。部队局同样会对师级人员进行此类训练。[111]冯·塞克特 1921 年开始实施训练将军的计划，将军们的年度总参谋部旅行成为一种传统，

1927 年演习期间的第 4 师野战无线电设备

被魏玛国防军此后的历任总司令所延续。冯·塞克特会亲自为高级指挥官们设置问题并提出批评。他这样解释自己的创新方法："很少有统帅愿意积极训练他们的下属将领并对其战术问题提出批评。统帅仍然需要学习的那些观念自然是不寻常的。然而，实际结果就是总参谋部接受了一套有关共同原则的训练。"[112]

训练参谋

虽然《凡尔赛和约》正式废除了德军总参谋部并关闭军事学院，但魏玛国防军只是将总参军官改称"指挥官助理"，而且通过军区和国防部创建了全面的参谋教学计划。他们开设了新的为期三年的参谋课程，就像旧军事学院的课程那样全面，甚至在录取方面更有选择性。除了使用掩饰性的委婉说法外，旧的总参谋部体制仍像以前一样运行。甚至在 20 年代的官方通信中，"指挥官助理"这个委婉用语也经常被遗忘，而魏玛国防军的军官也会被称作"总参军官"。

对总参军官的训练完全由 T-4，即部队局的训练处负责，因此相关训练是该部门的主要职责之一。[113] 训练处在 1922 年为魏玛国防军设置了全面的参谋课程。通过军区考试进入这个课程的过程极其严格。在 1922 年的第六军区，162 名参加考试的军官中只有 20 名被挑选参加参谋课程。[114] 济格弗里德·威斯特法尔估计在 20 年代每年有超过 300 名中尉参加考试，但平均只有 32 名至 36 名军官入选。[115]

入选参谋训练的军官将参加为期四年的课程，其中有三年致力于学术课程工作，另有一年在部队服役积累实践经验。[116] 课程头两年里，学术教学是在军区司令部进行。从 10 月到来年 4 月，通常是初级上尉的参谋候选人会在军区参加 53 天的教学。5 月将在某个演习区进行为期 16 天的总参谋部旅行。从 5 月到 9 月，学员会在非自身兵种的某兵种部队服役。[117]10 月到下一年 4 月参谋学员回归驻地期间，他们也会被要求继续学习和阅读。[118] 到第三年，学员将转至部队服役，他会被派到更高级的参谋部受训，例如步兵或骑兵的师参谋部。在课程最后一年里，候选人将转移到柏林的国防部，进行为期一年的强化学术教学，由训练处和军队最高司令部选派的军官进行教授。[119] 被选派参加参谋课程的少数军官中，只有一部分能够完成全部四年的课程并被接纳为总参谋部的正式成员。在开始该课程的30 名左右军官中，大约有 20 人会在完成头两年或三年课程后被淘汰，然后归入"需要时可接纳"这个类别。每年仅有 10 名军官会被录取，参加柏林的最后学年。[120]

军队被要求指派最好的军官来担任军区和柏林参谋课程的教员。每个军区司令部要指派三名经验丰富的总参军官担任教员，这些人在夏季无需承担任何职责，以便为秋季和冬季的课程计划做好准备。[121] 训练处有两名军官被指派担任柏林的专职教员。[122] 每年有 21 名教员在各军区和另外 2 名教员在柏林参与课程，共招收 30 多名学生，这就使魏玛国防军保持着非常好的教员与学生之比。参谋候选人的性格特征也会被仔细观察；或者说，每个候选人的整体个性皆会被纳入考虑。[123] 因此，每个教员都要非常熟悉自己的学生，并且记住自身的影响力和榜样对他们产生的影响。[124] 参谋训练不仅要培养战术大师，而且要锻造学员的性格。被接纳进入总参谋部的军官应该"意志坚强，渴望承担责任，在压力下保持镇定，能够担任军队领导人"。[125] 就像冯·毛奇时代那样，魏玛国防军将指挥部队，连同发动战争本身都视为艺术，尽管这门艺术需要高度理性，但肯定不会将其视为科学。

魏玛国防军的参谋训练非常重视高水平的战术和作战。第一学年的学习重点是加强步兵团及其诸兵种合同战术。第二学年的重点是师；而在柏林的第三学年则是强调军和集团军级战术，包括对外国军队的介绍及现代陆海军的配合。[126] 就像帝国军队时代的参谋课程一样，魏玛国防军的参谋课程也把军事史列为主要科目。在第一学年，每周会有六个小时的战术课，另还有室内四个小时的军事史课程。在第二年，军事史和战术都是每周四个小时。[127] 但和旧时参谋课程相比，魏玛国防军的所有参谋课程都很强调技术的重要性。课程教员要重视德国和外国军队的各种技术发展，并且他们被鼓励与学员一起访问技术学院。[128] 此外，新的参谋课程不包含正式的考试。但学员们需要定期撰写军事史论文，且教员会给他们设置需要解决的战术问题。相关评分是主观的。在处理战术问题时，教员们会在研讨会上评价和讨论学员的战术解决方案。因为德国人将每个军事问题都视为独特的情况，所以，他们不会提供代表"正确答案"的"学校方案"；相反，每个学生的解决方案都会针对其优点进行考察和讨论。[129]

20 年代的德国参谋训练和其他国家相比差异非常明显。在同样的年代，位于坎伯利的英国陆军参谋学院提供为期一年的课程。1920—1921 年，伯纳德·蒙哥马利在这里做学生时，这所学校又回到了"战前专注于狩猎和社交的状态"。根据为蒙哥马利做传的尼格尔·汉密尔顿（Nigel Hamilton）的说法，这所学校"对参谋的职责进行了绅士般的介绍"。[130] 在两次世界大战之间的大多数时候，美国陆军指挥与参谋学院的课程也是只有一年。尽管这所学校的氛围社交性较弱而职业性较强，但 1928—1929 年间曾在这里参加课程的奥马尔·布莱德利（Omar Bradley）将军高度批评了整个教学体制："在课上向我们提的问题以及答案都很陈腐和老套乏味，且常常不切实际，你很容易就知道接下来会讲什么和需要怎么做。"[131] 在利文沃斯堡参谋学院，过去和现在一样，他们对战术方案的评分是严格看它是否符合学校的正式方案，即"正确答案"。美国的参谋训练并不鼓励原创的、非常规的战术。[132]

在进行于柏林的这一年魏玛国防军参谋课程里，会有一些讨论政治、经济和国际事务的讲座涵盖在课程之中。20 年代后期还开设了特别课程，它被称为莱因哈特课程（发起者是莱因哈特将军，故如此命名）。某些完成了全部参谋课程的军官会留在柏林，并被派到柏林大学参加历史、政治和经济课程。[133] 尽管有莱因哈特课程和讨论政治与经济的讲座，但魏玛国防军的参谋课程仍是以军事和实践方面占据压倒性优势。学员在师级演习中的表现要远比他在基础平民课程方面的表现重要。课程中唯一受到强调的非军事科目是外语，而外语学习所占的教学时间要比其他所有平民科目加在一起（的时间）还多。[134]

魏玛国防军重视伪装技术，图中展示的是 1927 年第 4 师演习时的机械化 77 毫米火炮

总参谋部特别重视演习和部队的经验而不是理论，它（总参谋部）对实践性军事训练的强调也符合冯·塞克特将军的概念："对于理论训练，我没有什么可反对的，对于实践训练，当然也没有什么可反对的。任何手艺高超的人都一定是先做学徒，然后出师；只有天才可以跳过这种教学步骤。每个行动者都是艺术家，在开始任务前，他必须熟悉自己使用之物、所处之地和反对之事。"[135] 冯·塞克特在参谋训练中不重视学术科目，例如政治和经济方面的大战略。他通过讲述 1914 年战役时的一个事件，对此做出了解释。1914 年 8 月，德国军队正向比利时边界推进。这时，右侧翼军队的高级军官们接到命令，需要前往总部聆听"关于比利时军事地理情况"的讲座。冯·塞克特及其高级助手魏采尔少校两人都已经由于几天的动员准备而筋疲力尽，并且很快就睡着，于是错过了讲座。冯·塞克特对此说道："好吧，尽管我们对军事地理一无所知，但我们还是找到了通往巴黎大门的路。此后，我也没有为塞尔维亚或巴勒斯坦做过任何特别的准备。"[136] 在冯·塞克特的领导下，军官训练将坚持军事基础方面的内容。唯一的例外是魏玛国防军先进的工程技术教学课程。

军官还有第二条路加入总参谋部。在军区考试中得分很高的军官可能被送到大学学习三年或四年并获得学位——通常是工程学学位。获得学位后，军官往往会被送回柏林的武器局就职。这是冯·塞克特计划的一部分，也就是在总参谋部的计划和训练中，必须重视战争的技术方面。[137] 尽管采取这条路线的军官通常只被魏玛国防军聘用为技术专家，但有一些人还是成功在部队服役。曾经作为魏玛国防军军官获得工程学学位的埃里希·施耐德（Erich Schneider）中尉就在第二次世界大战中担任了装甲师师长。[138] 多恩贝格尔少将是另一位在魏玛国防军的参谋课程中获得工程学学位的著名军官。他成了顶尖的火箭专家，先是在第二次世界大战中为德国，后来为美国服务。[139]

结论

作为一个训练军人的组织，魏玛国防军在帝国军队高效的基础上，造就了当时最好的士兵、士官和训练体制。协约国军队领导人普遍对魏玛国防军的课程表示钦佩。英国总参谋部对魏玛国防军所做的一份研究在谈到德国士官团时指出："（英国）军队越来越认为，（德国）潜在军事教员团体的特征是需要随时准备在战时进行军事扩充。"[140] 协约国对德国士官团的规模和效率十分警惕，以至于多国大使团竟向德国政府提出抗议，要求德国人进一步限制魏玛国防军中士官的人数。[141] 一些关注魏玛国防军的美国观察家一直对德国军队表示钦佩，尤其对于军官团的素质："德军军官显然是职业军人……从高到低的各级军官看起来都很机敏和高效……德国军队在战前有 60000 名正规军官，而现在减少为 4000 人；如果我们考虑到这一点，那么德军军官高素质的原因便显而易见了（也就是说战后训练提升了单个军官的素质，哪怕总人数减少，德国军官在整体上仍是高素质的）。"[142]

因为魏玛国防军将入伍士兵转变成了大型士官团，所以重整军备时，军官缺乏的问题就得到了解决。在 30 年代和 40 年代，相较其他国家军队，训练有素、精心挑选的士官团在德军部队的指挥方面发挥了更大的作用。比如在第二次世界大战中，德军的军司令部和师司令部相比美军的军司令部和师司令部，其军官数量更少而士官数量更多。马丁·范·克瑞福德指出："显然，美军军官执行的大量任务在德国军队中是由军官、士官及士兵合力完成。"[143] 但没有迹象表明德军司令部以士官代替军官后，运行效率低于美军司令部。魏玛国防军对士官的高标准，包括让高级士官参加通常的军官训练看上去是一种有效的政策。

然而，有两个主要缺点影响了魏玛国防军军官团的素质及其训练。魏玛国防军军官训练的更大问题牵涉到了参谋训练课程。尽管这种课程是高效的，但它的选拔要求太过严格。30 年代重整军备时，初级军官的短缺还可以通过晋升士官、召回后备军官和扩大军官学校规模来缓解，但训练有素的总参军官的短缺是难以弥补的。30 年代时，在德国军队的快速扩充进程中，总参军官团规模太小是最严重的问题之一。[144]

第二个主要缺点是魏玛国防军忽视了现代战争的经济工业方面。第一次世界大战庞大的物资消耗表明，军队需要一群能够执行长期工业和采购计划的军官。德国军队甚至有一个显而易见的榜样，那就是成立于 1924 年的美国陆军工业学院。范·克瑞福德评价说这所学校的一年制课程"非常成功"，该课程的研究重点是采购和国家工业动员。[145] 在美国旅行的德国军官访问了陆军工业学院，他们在提交给部队局的报告中表示很钦佩这所学校和它的教育质量。[146] 魏玛国防军朝这个方向迈出一步，在 1925 年设置听命于军队总司令的专门人员，并给每个军区任命了负责经济动员的军官。[147] 但就像参谋课程那样，这种努力显得实在太小，魏玛国防军从未开设过像美国军队那样的课程。从 20 年代到第三帝国末期，军事工业计划一直是德国军队在战略方面最薄弱的环节之一。

人们批评两次世界大战之间的德国军官训练体制过于专注作战和战术，导致军官团充斥着技术官僚。正如大卫·斯派尔斯所说："将精力局限于战术和技术狭小世界的军官会有自我孤立的危险，无法欣赏那些会影响其所处社会的更宏大议题。"[148] 迈克尔·盖耶（Michael Geyer）认为，两次大战之间那一代技术导向的德国军官"从未学会在连贯战略的背景下评估作战"。[149] 这些批评引出了一个问题，即是否存在任何特殊的军事训练或课程，能够培养出熟练的战略家。不过，哪怕冯·塞克特确实坚持要求军官在战术和作战方面有坚实的基础，但就此认为魏玛国防军忽视战略则是不准确的。魏玛国防军的参谋训练包括由文职专家主讲的有关政治、国际和经济事务的讲座[150]，而且莱因哈特课程也允许某些军官在柏林大学研究政治和经济。[151]

当然，我们现在很难重现魏玛国防军对军官进行的战略教育，因为这种教育大多是非正式进行的，而且没有任何专门的"战略家"课程。冯·塞克特要求将军们进行年度总参谋部旅行的计划被创建成了一种教育工具，且吸收了有关大战略的讨论。持续两个月的总参谋部年度冬季兵棋推演包括大量有关政治和国际战略的内容。[152] 冯·塞克特坚持对所有军官进行外语教育，并鼓励和资助军官们到其他国家旅行。上述种种内容都表明冯·塞克特知道军官需要接受国际事务方面的普通教育。

对于魏玛国防军军官缺乏战略教育的批评是以事后的眼光，试图解释为何纳粹国防军的总参谋部对战略的理解很差。魏玛国防军培养了许多高度称职的战略家，例如路德维希·贝克（Ludwig Beck）和库尔特·冯·哈默施泰因－埃克沃德（Kurt von Hammerstein-Equord），但希特勒解雇了他们。对于德国军队在第二次世界大战期间的战略无能，更好的解释可能是希特勒不让属下的军事领导人员参与战略决策，而不是因为魏玛国防军在军官训练方面的失败。

汉斯·冯·塞克特组建了一个精锐军官团，这个军官团能够使用最新的诸兵种合同战术，并有能力指挥部队使用最现代的武器，即使德国在部队和武器这两方面都很缺乏。魏玛国防军的训练和军官选拔达成了这个目标，其所培养的军官团堪比其他国家军队的军官团，甚至比众多后者更加优秀。尽管魏玛国防军的军官训练体制存在缺点，即参谋课程规模太小且缺乏经济动员方面的训练，但它确实为部队扩充建立了有效的基础，并培养了一群能够在条件最艰苦的现代战场上取胜的领导者。

第五章
发展现代武器

　　《凡尔赛和约》禁止德国"制造和进口装甲车、坦克及其他类似军事装备"（第169条），"严格禁止德国进口武器、弹药和一切战争物资"（第170条）。毒气（第172条）和高射炮（第169条）同样被禁止制造。此外，德国被禁止拥有任何军事航空器（第198条）；除要塞配置的少数重炮外，德军还不得拥有多于204门77毫米炮和84门105毫米炮。德军只能配备792挺重机枪、1134挺轻机枪、252门迫击炮。[1] 协约国军事管制委员会由337名军官和654名士兵组成，将驻扎在德国，以确保《凡尔赛和约》中解除军备相应条款的执行。这个委员会直到1927年都还留在德国。[2]

　　自1919年以来，德国政府的政策就是努力对《凡尔赛和约》条款进行修改和重新谈判。他们在这方面取得了一定成就。在1920年的《布洛涅备忘录》中，德国的治安警察被允许拥有150辆装甲车；魏玛国防军可获得105辆"装甲运兵车"——其实就是装甲车。[3]1926年的《巴黎空军协定》取消了协约国对德国飞机生产设定的严格限制。但总的来说，修订《凡尔赛和约》的进程十分缓慢。除了反军国主义的左翼社会民主党和共产党，德国政治家并不希望看到本国被解除武装，沦为一个只有边防军和治安警察的国家。因此，自《凡尔赛和约》生效之日起，魏玛国防军的政策就是回避和破坏和约中关于解除武装的条款，继续发展和生产所有现代装备。平民政治领袖知悉魏玛国防军的秘密重新武装计划，并不懈予以支持，以确保魏玛国防军那些伪装的专项拨款得到通过。立场温和的民主派政治家，

105 毫米 LH/18 型榴弹炮（射程 10600 米）由魏玛国防军于 20 世纪 20 年代开发，一直使用到了 1945 年（本图系作者收藏）

例如弗里德里希·艾伯特（Friedrich Ebert）总统、总理和外长古斯塔夫·施特雷泽曼（Gustav Stresemann）都是秘密扩军计划的坚定支持者。[4]

  德国的武器生产在好几个方面违反了《凡尔赛和约》。最有效的方法是在外国设立分厂，或者将工厂迁往国外。克虏伯就做得很好。1921 年，克虏伯获得瑞典博福斯公司的控制权，将德国的武器设计图纸和生产专家送过去，在瑞典生产了一系列魏玛国防军使用的武器。克虏伯还在荷兰建立分厂[西德里乌斯公司（Siderius A.G）]，在那里大批量地生产火炮，并延续了自身的船舶制造传统。[5] 莱茵金属公司购买了瑞士的苏罗通公司（Solothurn A.G）的控制权；它（后者）原先是一家钟表厂，在 20 世纪 20 年代经历改造，改为生产机枪。[6] 将武器研发和制造迁出德国的最宏大构想，是魏玛国防军在苏俄开设的项目，从 1921 年持续到了 1933 年。冯·塞克特是这一构想的始作俑者。早在 1919 年，他就通过自己的土耳其友人恩维尔帕夏，向当时还是敌对势力的苏俄进行了试探。1920—1921 年间，冯·塞克特在部队局的情报处中组建了一个特别小组；它被称为 R 特别小组，任务是与苏俄沟通谈判，联合生产武器，并开办空军和坦克部队训练中心。冯·塞克特任命了冯·德尔·利特－汤姆森上校（前空军参谋长），作为总参谋部代表前往莫斯科。值得一提的是，冯·塞克特与苏俄建立的联系，在两次世界大战期间德国的飞机、装甲车和毒气研发方面，将发挥重要作用。[7]

就武器而言，《凡尔赛和约》中解除武装的条款对魏玛国防军的武器研发既有利又有弊。弊端有很多，比如所有新式武器不得不在国内外进行秘密研发，预算中发展军备的项目也被迫伪装起来。20 年代研发坦克原型车的计划进展缓慢，因为部件不得不由工人和设计师组成的小组制造，相关人员要宣誓保密，并在地下车间开工。这样一来，协约国军事管制委员会或者该机构的线人才不会察觉。由于坦克无法在本国境内开展公开试验，德方只好花高价用船运往苏俄。在设于喀山的德苏坦克中心进行武器试验时，德国设计师和工程师无法现场观察武器缺陷，并立即返厂调试。[8] 不过，《凡尔赛和约》中解除德国武装的条款和禁止德军研发武器的限制也确实存在一些好处。举例来说，德军不像协约国军队那样，由此摆脱了大量老旧武器的负担。协约国军队在战争后期的飞机、坦克、火炮和机枪等武器储备，其中很大一部分按照 1918 年的标准来看已经过时；但因为拥有太多的物资储备，这些战胜国军队在很长时间内无法获得新式武器。于是，战后许多年里，协约国一方不得不调整他们的作战条令，以适应现有的老旧武器。相反，德国陆军可以先自由发展战术理念，然后为这些战术研制相应的武器。

法国陆军在战争后期拥有太多老旧的雷诺式轻型坦克，以至于 10 多年后，他们的坦克战术还是以这种 1917 年的武器作为基础。战争结束后，美国陆军在 1920年便无奈承认，75 毫米口径的战时野战炮已经过时，因为其射程短、弹道低、口径小。美国炮兵局认为，105 毫米榴弹炮是必须的，但令人满意的火炮原型要到 1927 年才真正生产出来。另外，哪怕到这时，美军的 75 毫米火炮和弹药储备仍然十分巨大，他们只好无限期延长使用该口径火炮。直到 1940 年，美军才采用了一种新式的 105 毫米榴弹炮。而且到这个时候，军械局局长 C.M. 维森（C.M. Wesson）仍在抵制，他希望继续保留 75 毫米火炮，因为美国还有太多的相应储备。1940 年，他在国会出席听证的时候表示，75 毫米火炮是一种"绝妙的武器"，并且举例说"法国也没有废弃这种武器"。[9] 在坦克方面，美军经历了相同的事情。美国人在 20 年代初就研发出一些中型坦克原型车，特别是约翰·沃尔特·克里斯蒂（John Walter

Christie）的设计；但在第一次世界大战结束后，由于陆军还存有大量旧坦克，新坦克被认为是多余的。于是，美国陆军直到 30 年代中期都没有获得新式坦克的原型车。[10]

相反，德国陆军在 20 年代就研发出了一系列现代火炮，一旦重整军备获得许可，就能够大批量生产。大约有 20 多年时间，法国和美国军队一直在使用老旧的火炮和战术进行训练，而《凡尔赛和约》迫使德国人为下一场战争做好了准备。1940 年的法国陆军配备了大量 1918 年时的武器，而德国陆军的武器和战术都是新的。[①]

冯·塞克特将军反对保存大量的武器储备。他的观点是一支装备一流武器的小规模军队，要远胜法国的大军："给一支大规模的陆军装备新式武器，成本是极其昂贵的；除非迫不得已，否则没有哪个国家甘于冒这样的险。军队规模越小，就越容易装备现代武器，为上百万军队持续提供武器，这几乎是个不可能完成的任务……大量后备武器的积累是种无法想象的极大的浪费。而且这种做法在军事上也是值得怀疑的，因为物资会自然地折旧报废。"[11] 冯·塞克特相信的是："给一支大军装备武器只有一种方法，那就是固定武器的型号，一旦需要就进行批量生产。在技术科学的支持下，通过在试验室和训练场不断钻研，军队就能够确定当时最佳的武器型号。"[12] 这就是德国陆军高层中冯·塞克特及其后继者持有的军备理念。《凡尔赛和约》是一个障碍，但仅此而已。和约并没有阻止魏玛国防军研发任何它认为在战术上必要的武器。德国在 20 世纪 20 年代研发的武器，基本与同一时期美国、英国、法国研发出的最尖端武器平分秋色。德国陆军在武器研发上并没有取得绝对优势，不过，在任何主要的技术领域，他们也不曾落后于人。

魏玛国防军中武器研发的首要部门就是部队局，特别是 T-1（军务处）和 T-2（组织处）；还有各兵种总监处、武器署，以及相关的工业机构。部队局的训练处和组织处负责根据军事准则、战略需要和战争计划，确定陆军对武器的总需求。各兵种总监处负责研究各自武器的战术问题，提出理念和要求，以便武器符合战术要

---

① 译者注：实际情况并非作者所写这么简单。间战期本国军事工业的萎缩导致整个二战期间，德国军队新式火炮的数量一直不足，德军大量的炮兵部队都使用缴获的捷克斯洛伐克、法国、苏联、意大利所产野战炮，往往只有那些格外受到重视的精锐部队才能一直保持全部装备新式德制火炮。

求。这些兵种总监处在武器署内都设有一个相应的专家小组，就技术问题提供咨询。例如，摩托化兵的总监处被称为 IN-6（即第六总监处），它在武器署的对应小组被称为 WA-6。总监处就新式武器提出一般的要求，武器署内的小组——包括工程师和技术专家——负责将这些要求转化为具体的技术说明，例如武器的重量、体积、射程等。在某些情况下，例如坦克项目，武器署还会指定该型坦克安装特定的火炮型号。[13]

武器署负责起草研发合同，名义上会选择两到三家制造商来开发原型。在武器研发的每一个阶段，武器署的工程师都要与中标的公司、各兵种总监处，以及部队局保持密切联系。项目开展期间，武器署同时也会为修改设计提供技术建议。当武器原型制造完毕，武器署和各总监处军官还要开展实地检测。坦克、毒气、飞机都在苏俄进行试验；其他车辆、火炮、小口径武器、弹药、工程装备和无线电，皆在陆军训练场地试验。在比较了相互竞争的两套系统后，总监处和武器署会采用性能更佳的型号。部队局在选择武器和批准生产合同方面拥有最终决定权。在20世纪20年代，德国陆军研发的原型武器，大多数据说都是可以在未来进行量产的型号。[14]

德国的体制与英美存在很大不同，后者更倾向于建立自己的军备设计局和军工厂，许多武器生产完全不需要民用承包商介入。这种制度通常是有效的。两次世界大战之间，美军的武器署研发出了先进的 105 毫米榴弹炮和 M-1 加兰德步枪。然而，魏玛国防军的体制能够保证每一种火炮、飞机和车辆都存在广泛的设计竞争。比如在20世纪20年代，克虏伯和莱茵金属公司在每一种重型火炮和车辆上都曾激烈竞标，因而保持了高水平的武器设计团队。这种确保武器存在竞争的体制，是德国武器在两次大战中间期保持高水准的最重要原因之一。

冯·塞克特将军非常重视武器署和部队局在生产先进武器方面实施通力合作。1924年1月，冯·塞克特向各兵种总监处和武器署的各小组负责人送去了一封措辞严厉的备忘录："最近的讨论没有得出令人满意的结果……总司令部认为，各部门各小组的负责人必须不断就最新的科技和技战术问题接受培训。"[15] 冯·塞克特还下令，每两个月就要举行一次武器技术的研讨会，各部门各小组的负责人都要出席。同一份文件中的另一份备忘录还根据冯·塞克特的命令，确定了研讨会的几个主题。1924年，研讨会就装甲车、坦克技术、摩托化、运输车、毒气、迫击炮、新式外国步枪型号和美国的火炮研发举行了讨论。[16] 武器署根据在研项目提交的报告，会在部队局的作战处和组织处人员中进行传阅，并希望获得评论。[17]

20 世纪 20 年代中期，柏林的武器署官员由 64 名军官组成，其中有 2 名少将、2 名上校和 12 名中校。训练场和武器库还驻有另外 21 名军官，他们直接听命于武器署。此外，有 48 名军官名义上驻在各兵种总监处（除了军医和兽医），23 名军官隶属作战处和组织处（有些人在检查装备项目上投入了大量时间）；还有驻在检验学校的军官，他们负责进行额外的测试和装备改进，其中一所学校总共 4000 人的军官团中有相当数量的人直接涉及武器研发。[18] 除了这些军官和机构，德国陆军还利用柏林夏洛腾堡的理工学院进行秘密的武器研发工作，特别是在弹道学和炸药方面。[19]

德国陆军的运动战理念成了 20 世纪 20 年代魏玛国防军武器装备设计的主要原则。武器必须有更高的机动性，火力也要更猛。在 20 年代中期，武器研发重点转移到了为魏玛国防军广泛的摩托化项目提供车辆方面。在生效的全部时期，《凡尔赛和约》容许德国保留的要塞和堑壕战武器，在武器署的研发计划中其实是最不受重视的。[20]

在挪用外国的设计理念发展德国武器方面，各兵种总监处和武器署毫无顾虑。收集外国的技术情报成为 T–3，也就是部队局情报处的首要任务。大部分现存的 20 世纪 20 年代的情报档案都包括对外军武器和车辆的情报及分析。美国、英国、法国作为技术最发达的国家，得到的关注也属最多。外军武器和车辆的情报主要是从国外出版物中搜集，汇成了一系列的小册子，题为"技术通信"（Technische Mitteilungen）。在 20 年代访美的德国军官收集并购买了美军所用装备的大量技术数据，主要是炸药、弹药、火炮研发、车辆技术方面的新进展。[21]

德国人对 1922 年、1923 年法军演习，以及 1924 年英军演习中的新装备效能尤其感兴趣；为此，情报处提供了仅在魏玛国防军内部广泛传阅的报告。[22]《军事周刊》（Militär Wochenblatt）也反映出了魏玛国防军在技术方面的兴趣。当时大部分刊号都会包括某些外军车辆、飞机或火炮的详细技术评估。弗里茨·海格勒（Fritz Heigl）是奥匈军队的退伍上尉、奥匈军队机动车工业的工程师，也是一名大学讲师。在第一次世界大战后德国陆军中，他是最著名的外军坦克和车辆技术分析师。自 20 年代早期直至去世，他给《军事周刊》撰写了大量文章。[23] 弗里茨·海格勒

75毫米步兵炮侧视图及正视图，这一型号于1928年配发给魏玛国防军，并一直服役到二战结束（两图系作者收藏）

在 20 年代还出版了几部关于外军坦克和车辆技术的著作，作为魏玛国防军官方教材得到了广泛使用。[24]

20 世纪 20 年代，在外军战术和技术领域，德军很可能是世界上消息最灵通的军队。部队局和武器署内部存在一股强大的动力，它不容许本国军队像上次世界大战那样技术落于人后。因此，除了研发本国工程师的原创理念，武器署的军官在借用外国技术时也毫无顾虑。于是，许多美国、英国和法国的发明在 20 年代魏玛国防军的武器设计上同样能看到，特别是在飞机和履带式车辆上。当然，德军在借用外军技术时很少直接照抄照搬，而是加以改进和调整。20 年代魏玛国防军不加修改、直接引进的唯一一种外军武器系统，是 75 毫米斯柯达 15 型山炮。[25]

步兵武器

在第一次世界大战后期，德国的步兵连与对应的协约国部队就装备水平而言相差无几。德国人装备了一种最好的栓式步枪，即 7.92 毫米毛瑟步枪。他们还发明了第一种真正的冲锋枪——MP-18 冲锋枪，这是一种简单有效的枪支。到战争结束时，该型冲锋枪已经生产 3 万支。马克沁 08 型重机枪在第一次世界大战战场上已成为王牌武器。这种机枪的一个轻型版本 08/15 型，则是德国步兵最主要的轻机枪。13 毫米毛瑟反坦克步枪是第一种真正的反坦克兵器。截至战争结束，德军拥有几千支该型武器，它能够洞穿 1918 年时坦克的轻装甲。76 毫米轻型迫击炮射程约为 1200 米。德军将这种迫击炮改进并架在炮车上，使它能像轻型野战炮那样，投放低弹道的火力。1916 年式中型迫击炮口径为 170 毫米，射程约为 1100 米，同样可以架在炮车上。[26]

当然，以上武器也有许多改进的余地。比单发、肩抗的 30 磅毛瑟反坦克步枪性能更好的反坦克步枪还有待研发。马克沁 08/15 型轻机枪重达 40 磅，这对步兵来说太重，特别是在运动战中。不过，所有德军武器至少都是有效而且可靠的，这要比协约国军队所用的很多武器好得多（例如著名的法国绍沙轻机枪，这是该国最不可靠的武器之一）。由于德国军队在第一次世界大战后的步兵战术以 10 ~ 12 人的步兵班为基础，研发能够取代马克沁 08/15 型的轻机枪就成了步兵总监处的首要任务。

整个 20 年代里，武器署和步兵总监处都在评估德军在战争中使用过的不同型号轻机枪。除了 08/15 型，德国陆军还使用过伯格曼 15A 型、德雷瑟 MG–10 型、派拉贝鲁姆 1914 型，还有丹麦的马德森机枪，以及战时设计的许多改进型号。1922 年，武器署对新型轻机枪的说明是：为了符合有关前进部队火力的新战术要求，新式机枪的射速要尽可能快。值得一提的是，冯·塞克特对试验非常感兴趣。1913 年，德国陆军选择了德雷瑟 MG–13 作为制式轻机枪。[27] 这种机枪直到 20 年代还在德军部队中使用，其持续射速是每分钟 560 发，毛重为 23 磅，这是在 08/15 型轻机枪的 40 磅重量、450 发每分钟射速基础之上的极大改进。

在战后对陆军战术进行反思的时期，步兵总监处和武器署产生了一些步兵武器领域的革命性理念。1920 年，库尔特·托尔贝克将军（他一贯批评战前的总参谋部蔑视技术，在 1920 年退休前一直担任步枪测试委员会的主席）主张将步枪口径从 7.92 毫米缩小到 6.0 ~ 6.5 毫米。[28]1923 年，步兵总监冯·泰森将军要求武器署为步兵研发一种自动步枪。毛瑟 98 式有 9 磅重，枪管长，是一种精度非常高的武器，但只有训练有素的射手才能熟练使用。如果德国卷入战争，本国军队可能就需要一种比毛瑟 98 式更轻、更短的武器，并确保稍经训练的新兵也能很快上手。冯·泰森主张在毛瑟 98 式的弹道原理上开发一种半自动步枪，弹匣能装 20 ~ 30 发子弹。[29] 不过这种设想只有在 20 年后，随着 G–43 突击步枪的发明才最终成为现实。总而言之，冯·泰森的理念对于今天的步枪仍然是一个标杆。

冯·泰森在 1923 年就支持研发一种步兵用半自动突击步枪，这表明军队总监处也能提供非常有原创性的战术和技术理念。对于德国人而言，遗憾的是，武器署将这种步枪列为有待开发的行列，因为现有步枪的库存太多。尽管在战后被解除武装，德国人还是储备了大量的毛瑟 98 式步枪，陆军、警察和准军事部队都有配备。在德国各地的仓库，陆军甚至储藏了几十万支该型步枪。这种效能依然可靠的步枪被大量储备，加上对栓式步枪在情感上的偏爱，两者都对魏玛国防军步兵装备新式武器形成了障碍。

毒气战

第一次世界大战结束时，德国陆军已是使用毒气的大师。从技术和战术角度看，毒气是战争中最难使用的武器。为了在战地上有效使用，施放毒气一方需要考虑距离、情报、炮兵射击数据，还要仔细计算影响毒气发挥作用的气象和温度条件。

施放一方必须正确混合毒气，并且算出炮火齐射的准确时间，以便毒气能达到致命浓度，给敌军造成奇袭、残废或致命的效果。战后武器署进行的战术研究显示，1918 年发展出的毒气战术，以及标准的德国化学物质都是极其致命和有效的战地手段。[30] 在魏玛国防军内部，人们对于毒气将继续作为下一次世界大战的主要武器这一观点并无怀疑；而且他们认为，哪怕冒险违反《凡尔赛和约》，陆军也要继续研发和生产毒气。

魏玛国防军总参谋部人员对于实施毒气战的热情要比他们协约国军队总参谋部的同侪高得多。1923 年，在部队局军官举办的一次研讨会上，冯·塞克特指示，毒气战的研究重点是在运动战中施放毒气，尤其是用飞机投掷毒气炸弹。他向部队局保证，用于毒气研究和生产的资金不成问题。[31] 1924 年，冯·塞克特指示，在战争时期，只有非致命性毒气，例如催泪瓦斯才能对敌方平民使用。约阿希姆·冯·施图普纳格尔在写给赫尔穆特·威尔贝格和阿尔布莱希特·凯塞林的信中抱怨，这一政策太软弱了："为什么只能用催泪瓦斯？如果我们针对战线后方的平民目标发动决定性打击……敌人的宣传机器不管怎样都会说：德国人针对平民使用了毒气炸弹。谁也不会去管毒气和催泪瓦斯有什么区别。"[32]

武器署最大的困难是毒气生产。战时毒气的主要生产者是 I.G. 法本公司，但这家公司处在协约国军事管制委员会的密切监视之下，而且它有许多毒气工厂都在莱茵非军事区。[33] 胡果·施托尔岑贝格（Hugo Stolzenberg）博士是顶尖的化学和毒气专家，德国陆军资助他设立新的毒气工厂，生产芥子气，绿十字、蓝十字毒气。1923 年，施托尔岑贝格在武器署的委托下，前往苏俄为毒气工厂选址。同年，魏玛共和国和苏俄签订一项协议，在伏尔加河下游的托洛茨克（Trotsk）建设一家毒气工厂，生产光气和芥子气，相应设备足以生产一百万发毒气炮弹。[34] 1925 年，由于资金问题和施托尔岑贝格的对手 I.G. 法本公司的抵制，这个项目被迫放弃。武器署只能在德国境内生产少量毒气，并一直致力于增加产量和改进设备。

本国与苏俄的联系对于魏玛国防军来说十分重要。化学物质可以在德国的试验室生产和提纯，但只有苏俄才能在协约国看不到的地方提供大规模试验空间。1927 年和 1928 年，德国人的火炮和飞机，连同 28 名本国化学家都通过船舶被运到苏俄境内，在施托尔岑贝格最初选定的地点附近进行试验。苏俄提供大部分的毒气，包括芥子气和双光气，而德国负责实施炮轰和投掷。[35] 通过在苏俄进行毒气试验，在德国生产毒气，武器署不但能确保毒气战相关武器随时可用，还能保证德军在进入第二次世界大战时在技术方面领先（反法西斯）盟军。尽管高致命性的神经毒气"塔崩"早在二战爆发前就被德军成功研发，但后来并没有真正使用。

通信

与行进中的军队保持联络是运动战最大的挑战。司令部和各集团军、各军之间联络中断亦被认为是"施里芬计划"失败的主要原因之一。[36] 德国人的战时无线电设备既笨重，效率也不高。如果实施防御战，司令部的地址固定，战线基本静止，相应设备可以说基本够用；然而，只要帝国军队转入反攻，通信就容易出现中断。在1917年的卡波雷托攻势中，埃尔温·隆美尔上尉指挥符腾堡山地营下属三个连时，就命令通信兵在行进期间铺设电话线，以便自己能和团指挥部保持联络。由于铺设电话线需要时间，隆美尔经常无法进行有效的联络，这同样意味着他得不到可靠的炮火支援。[37] 如果电话通信对于徒步行进的军队都不够用，在冯·塞克特酝酿的运动战中肯定也是不适用的。

通信兵总监处，即 IN–7（第七总监处），以及它设于武器署中的分部 WA–7 在 20 年代开展了广泛的无线电研究，为一系列有效的军用无线电开发打下了基础。当时最重要的一个工程学突破——在 5 ~ 15 兆赫内使用超短波频率的无线电，就是由德国的民用公司首创。1927 年，德国无线电工业已经在超短波领域领先其他国家。[38] 超短波波段对于坦克和步兵单位的短距离通信十分有效。1924 年，德国装甲专家恩斯特·福尔克海姆认为，必须给每辆坦克配备无线电。[39] 武器署提出要求，20 年代制造的每一种坦克原型车都要设有无线电架设装置。从 20 年代早期开始，魏玛国防军就将各种类型的无线电安装到团一级和师一级移动指挥部使用的军用卡车上。装甲运兵车一般被用作侦察车辆，通常也会安装无线电。部队局情报处则被要求分析 1924 年英军演习中无线电的工作效率。[40]

到 30 年代初期，第七总监处（IN–7）和武器署已经研发出适合机动军团的大范围无线电设备。军级到师级的通信通过一种 100 瓦、范围 250 公里的无线电进行。师内部的通信通过 5 瓦、范围 50 公里的无线电进行。装甲车辆则采用了一种 20 瓦的超短波无线电，范围达到 3 ~ 6 公里。步兵使用便携式的 0.5 瓦、范围达 5 公里的超短波无线电；这种（无线电）设备只有 12 千克重。[41]

魏玛国防军的无线电研发项目十分成功，这部分是因为第七总监处（IN–7）和武器署仔细跟进了新型民用技术的进步，并且迅速将之转为军用。比如恩尼格码密码机就是一个叫作亚瑟·谢尔提乌斯（Arthur Scheritius）的德国人在1923年发明。到1926年，这种密码机便被转为军用。[42] 尽管在20年代时，魏玛国防军就认为必须给装甲车辆配备无线电，但法国人不以为然。在1940年的法国战役中，只有少数法军坦克配备无线电；在同德国装甲部队作战时，法国装甲部队不得不采用旗语和信号弹进行通信，而他们对手的所有车辆都装有无线电。

第一次世界大战后的德军还被允许保留少数新式轻型火炮和中型火炮，供师属炮兵使用。莱茵金属制造的1916年式77毫米野战炮是师属炮兵的制式装备，克虏伯制造的1916年式105毫米轻榴弹炮（10.5 cm leichte Feldhaubitze 16，即105毫米FH 16式）则是师属制式榴弹炮。这两种火炮以当时的标准来看都是有效的，直至第二次世界大战仍继续服役。《指挥与作战》提出的战后所用战术强调运动战中轻型火炮对步兵的有效支援。1921年时，部队局对步兵团提出的指导性组织序列就建议每个步兵团都设置一个配备六门步兵炮的炮兵连。[43] 在第一次世界大战中，77毫米轻型野战炮因为太笨重，被证明难以有效支援步兵。这种火炮需要六匹马牵引，架在巨大的木头轮子上，难以通过复杂的作战地形，无法与行进中的己方步兵靠得足够近，并向敌军的据点直接投射火力。

步兵支援火炮是一种小口径、轻型的火炮，可以同行进中的部队一起前进，在当时是一种广为人知的武器概念。第一次世界大战中，帝国军队就使用过77毫米克虏伯野战炮的一种短炮管轻型版本——L/20。这种火炮重855千克，在战场上很难操作。克虏伯和莱茵金属生产的另外一些短炮管野战炮的重量普遍在650千克至850千克之间。[44] 第一次世界大战期间的所有主要参战军队使用了各种型号的步兵用火炮，从法军架在三脚架上的37毫米轻型火炮，再到有效的76.2毫米俄军短步兵炮①。但在20年代，协约国一方只是试验了一些步兵炮，德军则是优先发展了这种火炮。[45]

两次世界大战之间，战术理论推进武器设计的一个范例就是75毫米轻型步兵

---

① 译者注：这里指的是一战时期，德军将缴获的俄军76.2毫米野战炮截短炮管，减轻炮架改装出的步兵炮，用于伴随突击队前锋，以直瞄火力摧毁敌军火力点。

炮的研发。这是当时最具原创性的火炮设计，由莱茵金属制造。这种火炮的研发最初是由步兵总监处和武器署在第一次世界大战结束不久提出。1927 年，该型火炮正式列装，并投入生产。直到第二次世界大战结束，它仍在军队中服役。尽管75 毫米轻型步兵炮体积较小，仅重 400 千克，但它可以发射 6 千克重的炮弹，与885 千克重的克虏伯野战炮 L/20 型不相上下。莱茵金属制造的步兵炮炮管较短，采用一种独特的炮闩系统：整个炮管从固定炮闩下方旋转，像猎枪那样上膛。这种火炮的牵引车是简单的箱式车，气胎和木头轮子（对这种车来说）都可以使用。75 毫米轻型步兵炮的最大射程是 3375 米，第一次世界大战时期的步兵炮最大射程则是 5000 ~ 7800 米。不过，前一种火炮的射程（3375 米）对于本来就打算用于抵近直射的武器而言也是足够的。该型火炮重量轻，炮座和轮子直径小，这都有利于步兵在运动战中操作。[46] 美国、英国、法国及其他较小强国在 20 年代也研发了步兵炮，但在体积、火力和便捷性能方面，德国 75 毫米轻型步兵炮无疑是那个时代的王者。

由于战后德军的战术强调遂行独立作战任务的最小单位是加强步兵团，步兵总监处认为有必要研发更重型的火炮来支援步兵团。德国人在 20 年代也研究了重型步兵火炮。结果是魏玛国防军采用了 150 毫米的莱茵金属步兵炮，该型号采用了轻质合金的牵引车和炮座，总重为 1550 千克。其最大射程为 4700 米，通常发射 40 千克重的炮弹。150 毫米步兵炮（15cm S IG33）是当时各国步兵炮中口径最大的，正如某位评论家所言，这是一种"可靠而凶猛的武器"。[47] 该型火炮直到1945 年还在服役。

魏玛国防军的 105 毫米榴弹炮是一种第一次世界大战中的型号[①]，最大射程为7600 米——这对于运动战来说实在太有限了。[48]20 年代后期，德军提出了一个项目，要求研制取代这种师属火炮的型号，最终采用了莱茵金属生产的另一型火炮：105 毫米 18 式轻型野战榴弹炮。这种火炮采用传统的可分开式炮座，最大射程为10600 米，发射标准的 14.81 千克重高爆炮弹。这一火炮型号到二战时仍被德军使用，一些国家的军队甚至在相当长的时间内依然装备其战后型号。[49]

---

① 译者注：该型号就是前文所提的105毫米FH 16式轻榴弹炮。

在 20 年代，克虏伯和莱茵金属是德军每一种火炮的激烈竞标者。莱茵金属公司的设计一般比克虏伯要好，这对克虏伯在战前火炮研发领域的优势地位是一种挑战。这种形势有利于武器署，使其能够精挑细选，甚至综合两家公司的技术优点。对于 1926—1930 年间研发的 100 毫米重炮，武器署就将最终投入生产的产品分割给了克虏伯和莱茵金属，最终制造出克虏伯炮车牵引的莱茵金属火炮。这种"综合"造就了一型射程达到 18300 米的火炮[①]，哪怕以现代标准来看该数据都相当可观。[50]

20 年代的高射炮研发也被赋予优先权，因为《凡尔赛和约》禁止德国拥有高射炮。20 年代后期，莱茵金属设计出一型合适的轻型高射炮，即 20 毫米高射炮（2cm Flak 30）。这款火炮的标准射速为每分钟 120 发，射程为 299～2000 米。20 毫米高射炮也可用于地面战斗。它获得了魏玛国防军的认可，第二次世界大战前期，在海、陆、空三军中都被广泛使用。[51] 有关重型高射炮的研发却没有取得什么成效。1925 年时，陆军规定 75 毫米是重型高射炮的最小口径。20 年代后期，克虏伯和莱茵金属都研发了 75 毫米高射炮的原型。克虏伯的设计师在瑞典的克虏伯博福斯分部工作，开发出了一种 88 毫米高射炮，发射 20 磅重炮弹。1931 年，这种设计被送往德国国内，制成了二战中著名的 88 毫米高射炮。1933 年，该型火炮得到陆军认可，并由克虏伯进行生产。[52]

20 年代的火炮研发生动证明了魏玛国防军的研发项目是如何实施的。第二次世界大战中德军大多数火炮型号都是在这一时期研发，并且（在二战中）相当高效。两次世界大战中间期，德国人采用的唯一一种性能不佳的火炮是 37 毫米反坦克炮，部队局和武器署都不认为这是理想的结果。但在 1928 年，陆军决定立即装备一种制式反坦克炮时，37 毫米反坦克炮是所有项目中进展最成熟的。[53] 一般说来，德军的火炮装备与他们的运动战战术要求十分匹配。为了与德军的弹性战术传统相一致，未来的师属炮兵指挥官将会指挥各种不同射程和性能的火炮，从而适应广泛的战术情境。

---

① 译者注：这里指的是 10cm K18 型重加农炮（10cm schwere Kanone 18）。有趣的是，尽管该火炮从编号上看口径为 100 毫米，其实际口径却和 FH 16 式轻榴弹炮相同，也就是 105 毫米。

装甲车辆

德军的机动车辆设计人员在第一次世界大战期间就已表明，他们可以设计并制造出与协约国列强所用型号平分秋色的坦克。战争结束后不久，德军就将他们最先进的坦克 LK Ⅱ 卖给了瑞典军队。该型坦克的设计师约瑟夫·福尔默前往瑞典组装 LK Ⅱ 的一种改进型号，为其装备了机枪而不是火炮。这些改进型号被称为 Strv M/21，在 1920 年作为瑞典军队的第一批坦克服役。[54]1918—1919 年间的革命浪潮创造了德国人对装甲车的需求。埃尔哈特公司在第一次世界大战期间生产装甲车，在 1919 年生产了 20 辆，但这些装甲车只是在 1917 年型号上稍加改进。[55] 戴姆勒生产的 40 辆装甲车采用克虏伯 - 戴姆勒重型卡车底盘；到 1920 年 1 月，其一共为德军生产 94 辆战后的装甲车。《凡尔赛和约》要求这些装甲车必须报废。[56] 但在签署于 1920 年的《布洛涅备忘录》相关规定中，协约国方面允许德国治安警察拥有 150 辆装甲车，每辆装甲车可配备两挺机枪。德国警察还保留了 50 辆最新型号装甲车。

1921 年，一份包含 85 辆新型装甲车的生产合同被分割给了戴姆勒和埃尔哈特两家公司。正如当时大多数同类装备，戴姆勒和埃尔哈特生产的装甲车是以现有的重型卡车架构为基础进行设计。其采用四轮驱动，配有 7 ～ 12 毫米厚装甲板，时速为 50 ～ 60 公里。该型装甲车与当时其他国家同类车辆的性能并无明显差别。[57]

莱茵钢铁公司设计的"重型拖拉机"后期型号之一（感谢马里兰州阿伯丁试验场的美国火炮博物馆提供此图）

前文所述三种类型德制装甲车的一个醒目特征就是一头一尾都装有方向盘；因为允许设置第二驾驶员，装甲车不用调头便能转向。这一特征后来在30年代和40年代成为德军装甲车的标准设计。

《布洛涅备忘录》还允许魏玛国防军拥有105辆"装甲运兵车"，德方也为此生产出一系列戴姆勒装甲车。1922年，陆军订购了25辆新的装甲车，并签署了20辆装甲车的改装合同。这种新的SD Kfz3装甲车的越野性能不佳，这意味着它在战时可能并不适用。不过，它们仍然可以用于训练，或担任无线电车辆。1927年，一些装甲车接受改装，能够携带20瓦、发射距离为15公里的中波无线电。[58]

1925年5月，武器署就德军第一批战后型号的坦克发布具体指示。戴姆勒、克虏伯和莱茵钢铁共同签订了合同，依据下列要求研制坦克（每个公司分别开发两个型号）：满载重量16吨，最高时速40公里，能穿越2米宽的堑壕，爬过1米高的障碍，防毒气，配备260～280马力的发动机，装有车载无线电，水陆两栖，水中时速4公里。这种坦克也被要求安装一个配备75毫米火炮和机枪的炮塔；另还有两挺机枪，其中一挺安装在坦克尾部小一些的副炮塔上。这型坦克全方向都设有14毫米装甲提供保护，乘员为6人，包括指挥官、驾驶员、无线电员、两名炮手、一名副炮塔炮手。[59]该型坦克对外的伪装用名是"大型拖拉机"，武器署的皮尔内上尉被任命为相应项目的负责人。

1925—1929年间，克虏伯、戴姆勒和莱茵钢铁都研发出了新型坦克。这些型号的外形和设置十分相似。以上坦克符合武器署提出的大多数要求，但所有型号都超重——莱茵金属研发的型号最重（17580千克）。[60]另外，德国大型拖拉机项目研发的坦克型号与英军在20年代中期的重型和中型坦克存在一些相似之处。比如尾部的副炮塔在当时非常常见，因为重型和中型坦克是用来突破战线的，需要全方位输出火力。恩斯特·福尔克海姆，德军中首屈一指的富有经验的坦克军官认为坦克必须有能力全方位同时开火。[61]20年代的英制维克斯Mk.Ⅲ中型坦克在主炮塔之外还有两个机枪塔。[62]尽管德国大型拖拉机式坦克的外形与英国的Mk.Ⅲ中型坦克相似，而且武器配置相差不大，但这两种坦克事实上有着明显不同。德制坦克装备的75毫米火炮使其成为20年代火力最强大的坦克，20年代后期的英制坦克则装备3磅炮（口径为47毫米）。重达16.5～17.5吨的克虏伯制和莱茵金属制坦克装备250马力的BMW发动机，比英制Mk.Ⅲ中型坦克所用型号更强

莱茵钢铁公司设计的"轻型拖拉机"，1930年前后（感谢马里兰州阿伯丁试验场的美国火炮博物馆提供图片）

大（该型英制坦克重18.75吨，只装备有180马力的发动机）。[63]

　　三种德国坦克型号在传动、操作／驾驶和悬挂装置上各有不同。莱茵金属公司的设计给坦克配备了一种齿轮驱动，以及刚通过专利申请的导航系统，其他坦克型号则是离合驱动系统。所有三种坦克都配备小型转向轮，但安装的位置和悬挂方式有所不同。[64] 为符合水陆两栖这一标准，三种坦克都能在尾部加装螺旋推进器，并由副炮塔的炮手操作。[65] 水陆两栖是从美军的坦克设计师克里斯蒂（Christie）那里借用的理念。在20年代早期，克里斯蒂为美国海军陆战队设计且成功试验了一种完全两栖、履带式的轻型装甲车。克里斯蒂装甲车在水中由两个大型螺旋推进器提供动力，根据德国陆军的刊物《技术通信》对外军坦克的报道，这种坦克"解决了研发一种适用于战斗的两栖坦克的问题"。[66] 一些德军坦克专家，例如海格勒和福尔克海姆对克里斯蒂的工作都很熟悉，并且提出两栖坦克是一种必要的装备。[67] 在为克里斯蒂的创造欢欣鼓舞之余，德国人也进行了大量的实地测试。但武器署认为研发一种两栖坦克在精力和资金上都不划算，因此在30年代早期拒绝了相应要求。

　　有六种重型坦克成为机动车辆技术最新的测试型号。它们很好地完成了任务。莱茵钢铁、戴姆勒和克虏伯的坦克同英军、法军及美军试验的型号相比毫不逊色，在火力方面甚至有所超出。如果需要指出什么不足，那就是德国大型拖拉机项目的坦克都被设计得太过复杂——尾部的副炮塔既无必要也不方便，因为它周围必须安装发动机舱；水陆两栖系统同样是毫无必要的冗余。后来，这三家公司从以上问题中汲取了教训。当然，相应的坦克项目使三家公司都组建了能干的设计小组。

例如斐迪南·保时捷（Ferdinand Porsche），此人堪称德军首屈一指的坦克设计师，原先便是戴勒姆公司坦克设计小组的负责人和监督人。[68]奥斯瓦尔德·鲁茨（Oswald Lutz）中校在摩托化兵总监处十分热衷于推进坦克原型项目，而武器署的皮尔内（Pirner）上尉也在该项目中获得了大量有益经验。

当大型拖拉机项目的坦克就要完成时，莱茵钢铁、戴姆勒和克虏伯三家公司

30年代早期两种奥地利轮式－履带两用坦克底盘。这种轮式－履带式坦克与克虏伯的型号十分相似（感谢马里兰州阿伯丁试验场的美国火炮博物馆提供图片）

又获得另一份设计和制造坦克的合同。这次是一款轻型坦克，其伪装用名为"轻型拖拉机"，武器署要求尽快完成。1928 年 7 月，武器署向三家公司提供了该型坦克的具体要求，并且就像大型拖拉机项目那样，也要求每家公司分别开发两种原型车。由于戴勒姆退出竞争，最终只有四种型号的坦克被设计出来。轻型坦克在一年半内就完成设计并准备试验，研发时间大大短于重型坦克；具体原因是随着1927 年初协约国军事管制委员会撤出德国，德方武器研发的环境大大改善。

武器署希望这种坦克拥有多用途底盘，以便同时作为坦克和装甲运兵车服役于军队。[69] 轻型坦克需要装备 37 毫米半自动火炮，外加一挺机枪。武器署还特别要求坦克有能力携带 150 枚炮弹和 3000 发机枪子弹。其平均时速应达到 25 ～ 30公里，越野时速为 20 公里。这种坦克还应该具有很强的机动性，同时设有充分的装甲防护，能抵御 13 毫米子弹。它应当能够跨越 1.5 米宽的战壕，连续行驶 150公里。它还要配备无线电，如果可能，甚至可以拥有两栖作战能力。其总重量不得超过 7.5 吨。与大型拖拉机项目相同，轻型拖拉机亦被要求能够防御毒气。[70]

重型坦克被视为一种步兵支援车辆，而轻型坦克是一种装备 37 毫米高速炮的"坦克杀手"。就像重型坦克那样，轻型坦克也是同类型号中最先进的。但它们（这些轻型坦克）还采用了重型坦克所不及的一些最新技术进步。莱茵钢铁设计的型号比克虏伯更先进，因为它使用了克莱特拉克 (Cletrac) 式驱动[71]；这是一种受控的离合驱动系统，比起卡车的制动离合驱动是一大进步。配备克莱特拉克式驱动的第一种坦克原型是两年前，也就是 1926 年才出现的雷诺试验轻型坦克。[72] 克虏伯坦克原型车和莱茵钢铁其中一种原型车都采用几个小型的双负重轮，但莱茵钢铁另一种原型车采用四个大型负重轮，外加克里斯蒂悬挂系统。这（克里斯蒂悬挂）是一种强大而且有效的设计，在越野速度和作战效能上都领先于当时的同类设计。[73] 莱茵钢铁设计的坦克还采用了 100 马力的戴勒姆卡车发动机，这种原型车公认的唯一缺陷就是重达 8.9 吨，超过了指定的重量要求。

德军的轻型坦克和外军的同类车辆在设计上存在相似之处。德制轻型坦克的发动机安装在车体前部，炮塔安装在尾部，20 年代后期的英制维克斯轻型坦克也是如此。[74] 但德制轻型坦克配备 37 毫米火炮和机枪，火力优于英制坦克（后者只装有一挺重机枪）。不过德军的轻型坦克比英军的型号重两倍，后者只有 4.25 ～ 4.75吨。其他不同之处还包括当时英军的中型和轻型坦克都是通过铆钉固定，而德军的坦克是焊接固定。总的来说，20 年代的德国坦克设计由于配备更强大的火力和克莱特拉克式驱动，其更接近法国型号的技术水平，而非英国型号。[75]

20 年代的第三种坦克原型是克虏伯生产的特殊型号，其研发并非由陆军给出的合同作为依据，而是一项体现个人进取的事业，在很大程度上出自鲁茨的鼓励。1924—1927 年间，鲁茨是武器署负责车辆研发的部门负责人；1928 年，他出任摩托化兵总监处总监一职。20 年代早期，克里斯蒂的坦克设计使坦克能够通过公路用车轮在公路上高速行驶，换成履带后又能越野。德军的装甲专家为之欢欣鼓舞，认为己方能够结合装甲车辆的公路速度和坦克的越野性能，开发出一种独特的装甲车辆。[76] 这种车辆由克虏伯设在埃森的工厂中的梅克尔（O. Merker）设计师具体负责，它是一种极为复杂的机器，安装了四个大型汽车轮和一套履带系统。在公路上行驶时，车轮可以降下，而履带系统会升上去。

1928 年，德国一共研发出六种原型坦克。每一种都配备有炮塔，炮塔上安装全自动 37 毫米炮，尾部装有轻机枪。其中三种坦克采用奔驰 50 马力发动机，另三种采用 70 马力 NAG 发动机。这些坦克的总重只有 5.3 吨。在车轮模式下，坦克最大时速为 46 公里，履带模式下为 23 公里。[77] 鲁茨中校希望坦克能在一分钟内，在驾驶员不离开车辆的前提下，从履带模式转换到车轮模式。但他的要求已经超过了 1928 年的技术水平。尽管梅克尔以高度的热情投入研发一种可靠的车辆，轮式加履带式的设想还是以失败告终。据鲁茨说，轮式 – 履带式系统总是发生各种各样的问题，在两种模式下，车辆都"不易控制"。[78] 德国人在苏俄喀山的试验场试验过一些车辆，但相应评估认为它们都是失败品。[79] 虽然德国陆军放弃了这一设想（轮式 – 履带式系统），克虏伯还是将设计方案、梅克尔和生产小组都送到了瑞典的兰德斯沃克（Landsverk）公司；这是克虏伯的一家分厂，在这里，他们将继续研发相应坦克型号，并在 1931 年将其作为兰德斯沃克 30 式坦克投产。这种坦克在国际市场上销路很好，克虏伯因此捞回了研发投资成本。[80]

研发轮式 – 履带式坦克的努力同样可以证明德国人如何竭力追赶甚至超越当时外军的技术。轮式 – 履带式坦克在当时是一种十分流行的概念。法军在 20 年代早期就研发出一种装甲车的原型车，魏玛国防军对这个项目非常感兴趣，一直在跟进。[81] 奥地利的汽车工业同样试验了轮式 – 履带式车辆。苏拉公司在 30 年代早期也开发出一种原型车。1939 年，纳粹国防军从奥地利获得一些生产出来的原型车，装备了少数装甲部队。这种车辆在 30 年代的版本被称为 SD Kfz254，它当时的性能还不够令人满意，也没有长期服役。[82]

自从 1928 年克虏伯的轮式 – 履带式坦克有关研发的问题暴露出来后，鲁茨和摩托化兵总监处相关人员就将兴趣转移到了 6 轮或 8 轮装甲车和半履带式车辆上。这类车辆被用来代替轮式 – 履带式坦克执行战斗侦察任务。[83] 一项装甲车研发项目已经上马，从 1928 年开始，这个项目从魏玛国防军那里获得了可观的资助。[84]

魏玛国防军对于戴勒姆装甲运兵车令人遗憾的越野能力一直耿耿于怀。1926 年至 1927 年间，摩托化兵总监处展开的研究最终导致武器署在 1927 年向布兴、戴勒姆和马基路斯三家公司提出了设计制造装甲车的合同。原型装甲车被要求满足至少 65 公里的时速，能够跨越 1.5 米宽战壕，克服 33 度斜坡障碍。正如 1921 年式装甲车那样，新的装甲车也必须首尾两部都能驾驶。装甲车的总重量不得超过 7.5 吨。此外，最初提到的两栖作战要求很快就被放弃了。[85]

到 1928 年，每家公司都设计出了富有创造力的新型号，在越野性能上超过外军同类装甲车。戴勒姆项目负责人斐迪南·保时捷制造出了一种底盘低、100 马力、敏捷的 8 轮装甲车。其一前一后各装有 4 个轮子，装甲厚度为 13.5 毫米。马基路斯公司的原型车与戴勒姆相似。[86] 布兴公司的原型车是一种 10 轮装甲车，其速度和越野性能十分出众，但问题是在高速行驶中刹住 10 个轮子比较危险。试验之后，布兴公司的原型车被淘汰，魏玛国防军追加了更多的戴勒姆和马基路斯装甲车订单。[87] 此外，莱茵钢铁设计出一种装备 37 毫米火炮和一挺机枪的炮塔。[88] 通过多轮装甲车项目，魏玛国防军看到了 8 轮装甲车的价值，而布兴、戴勒姆和马基路斯三家公司在 20 年代设计的原型车都是后来一种有效的 8 轮装甲车（SD Kfz 231）的先驱，这种装甲车在第二次世界大战中得到了广泛使用。

德国人的半履带车辆研发，随后也借助陆军的摩托化项目展开。半履带运兵车和装甲车的原型出现于 1930 年。鲁茨和摩托化兵总监处在认定半履带车辆可能成为装甲车的解决方案时，只不过是选择了当时一种十分有名的技术。简单的半履带车辆在第一次世界大战期间就已出现，具体是将一两个滚轮安装在卡车底盘上，然后装上履带。这种设计是由协约国军队最先采用。但在 1918 年，德军也曾将一种奔驰 – 布劳尔制造的轻型卡车改装为半履带车辆。[89] 第一次世界大战结束后，德国第一种真正的半履带车辆，其尾部驱动为全履带式而非改装得来，是由杜克普公司在 20 年代中期制造。这是一种在重型卡车的基础上设计而成的半履带式车辆。杜克普半履带车辆最初是作为重型农用车辆设计，但它的实用设计并没有将该公司从迅速破产的命运中拯救出来。[90] 德国另一家半履带车辆生产商是马菲公司，他们生产 ZM-10 型重型卡车。ZM-10 有一个额外的驱动轮和两个滚轮，这两个滚轮可以升降，以便换上履带，后部的轮子可以获得强大的越野性能。通过一项签订于 1927 年的技术转让合同，马菲公司从法国获得了许多技术。到 1930 年，该公司生产出一种民用半履带车辆，可搭载 8 名乘员或 1000 千克货物。魏玛国防军和奥地利军队很快就采购了这种车辆。此后，马菲公司继续为魏玛国防军和纳粹国防军研发半履带车辆。[91]

20 年代半履带车辆研发的进行在很大程度上要归功于鲁茨，他是 1924—1938 年间德国装甲兵发展的一个核心人物。1924 年，还是中校的鲁茨就被任命为武器署内负责监督车辆研发的部门负责人。他显然是这一职务的不二人选。鲁茨很有技术头脑，毕生都在陆军的运输部门服役，最初是从巴伐利亚陆军铁道军的一名中尉干起，然后又在第 6 军担任摩托化运输总监。[92] 当自己调任武器署第六处后，鲁茨抱怨说，自从 1921 年式装甲车之后，本国在新型装甲车的研发方面就毫无进展。[93] 他推动本部门抓紧研究，最终促成了多个武器研发项目。1928 年，鲁茨调任摩托化兵总监处，继续推进装甲车研发项目。武器署的装甲车项目也得到了冯·塞克特将军支持。1925 年 11 月，就在有关装甲车的设计要求公布后，他（塞克特）在埃森一连几天拜访古斯塔夫·克虏伯（Gustav Krupp）。两人讨论了克虏伯公司在瑞典的博福斯分部进行的坦克项目、武器研发的进展。[94]

机动车辆

德军在第一次世界大战中广泛使用了机动车辆。1918 年 11 月，德军的摩托化部队拥有 2000 名军官、100000 名士兵，装备 12000 辆汽车、25000 辆卡车、3200 辆救护车和 5400 辆摩托车。[95] 如果不是协约国阵营的禁运极大限制了德国获取石油和橡胶资源的能力，德方肯定还能制造更多机动车辆。另外，到战争结束时，协约国军队总共拥有 200000 辆各种型号的车辆。[96]

战争期间，德国的工业体系已经开发出一系列广泛适用于军事的车辆。重型高射炮和 77 毫米野战炮已被安装在戴勒姆和埃尔哈特公司的坦克上，并获得大范围使用。大多数德军的重型和中型卡车都是性能强大的 4×4 卡车。战后数年间，魏玛国防军一直装备着一系列战时车辆。举例来说，装有 77 毫米野战炮的 1918 年式戴勒姆 KDI 重型卡车，直到 30 年代仍在服役。[97] 截至 20 年代后期，军区司令都有权动用汽车和卡车。

20 年代早期德国的经济危机导致魏玛国防军的长期摩托化项目化为泡影。但 1923 年之后，德国经济的增长改善了本国汽车工业的处境；同年，协约国取消对德国生产民用履带车辆的限制又使得军队的摩托化方案在 1925 年重新被提上日程。在 1923 年后的经济繁荣时期，德国国内的车辆总数出现了大幅增长。1925 年，德国已经拥有 175665 辆汽车，但在两年前仅有 100340 辆。1925 年的卡车数量也从 1923 年的 51736 辆增长到了 80363 辆。从 1923 年到 1925 年，摩托车的数量从 54389 辆猛增到 161508 辆，特种车辆（拖拉机、重型运输车等）也从 1484 辆增加到 8290 辆。[98]1926 年，德国陆军提出他们的第一个摩托化项目；当然，与其说该项目是一个采购方案，还不如说它是一个政策说明。摩托化项目在 1926 年至 1930 年间不断进行修订，希望能够满足陆军对机动车辆的特殊需求，为采购制定统一标准。德国人最终想要达到这样一个目的——只需经过极少的改造，原先生产的民用型号就能为军队所用。这个项目的核心精神在于规划一支摩托化实现范围广，同时规模获得极大扩充的陆军。使用民用车辆将有利于加快扩军速度，同时降低成本。[99]

摩托化项目的一个部分——研发履带式自行火炮——获得了冯·塞克特将军的极大关注。在 1922 年的司令部报告中，他提到安装在埃尔哈特卡车上的火炮："目前的摩托化炮兵连还算不上现代化的摩托化炮兵……他们的越野能力是无法令人接受的。"[100] 摩托化项目开始后不久，在武器署的优先研发名单上，摩托化炮兵的改进研发获得了极大重视，仅次于坦克研发。[101] 根据采用民用技术的理念，25 马力的轻型汉诺马格履带式牵引车将为 37 毫米口径莱茵金属造反坦克炮提供底盘，更大型的 50 马力牵引车将安装 77 毫米野战炮。在苏俄进行的试验表明，军民两用车辆是相当有效的。不过，在 20 年代后期，由于预算有限，陆军只采购了少量车辆。[102] 有多种类型履带式和轮式民用牵引车是直接从民用公司购买，用来实现某些工兵部队和炮兵部队的摩托化。[103]

总的来说，摩托化项目是武器署及摩托化兵总监处最大的失败。采用民用技术满足军事需求的想法听起来不错。这一原则也是美国陆军获得极大成功的摩托化项目的基础。[104] 兴登堡元帅最喜欢说的一句话就是："战争中，简单才能取胜。"武器署和摩托化兵总监处的所作所为却一点也不简单。很快，他们就开始像武器生产那样来进行军用机动车辆的采购。1927—1928 年间，武器署非常清楚的一点是，所有兵种都可以摩托化。[105] 因此，每个兵种的战术需求都得到研究，并列出了一大串需求名单提交给汽车工业，包括关于重量、越野性能等方面的详细说明。但军队并没有研究现有的民用机动车辆，并从中挑选出少数有效而简单的型号，这样有利于降低生产和维护的成本。相反，他们敦促汽车工业着手开发一系列新的型号。

20 年代，德国陆军要求汽车工业研发各种类型的水陆两栖汽车或卡车，追求最大限度的越野能力，同时要求特殊的三轴六轮汽车作为指挥车。在这一年代，戴勒姆、霍希、瑟尔维三家公司按照军队的要求研发出了后一种车辆；最后的结果是一种非常豪华而昂贵，但越野性能不佳的指挥车。[106] 在 20 年代后期和 30 年代早期，魏玛国防军只从 36 家不同的汽车制造商采购了数量有限的几十辆汽车。[107] 所有在技术上先进的型号，其生产成本都十分昂贵，并且没有采取任何简化或标准化的生产措施。通过不断研究、修改和测试，武器署展现出了推进摩托化的热情和对最新技术的不懈追求。然而，车辆采购的有限预算实际上被浪费了，30 年代的纳粹国防军将要继承一大堆各式各样的车辆和特殊项目，可他们无法将其标准化，也无法削减成本。魏玛国防军的摩托化计划最终展示的是当一个军事组织丧失独立的见解，而只是被技术冲昏了头脑的结果。德国军事界对于托尔贝克的正确评论——1914 年之前的德国陆军忽视技术——反应过度了（也就是说在此之后完全是过度反应）。

第六章
发展德国装甲兵学说

　　20 世纪 20 年代后期，在冯·塞克特的主持下，德国陆军在发展一种综合性的现代装甲兵学说方面取得了极大进步。部队局曾在 1923 年创立一种先进的坦克理论，强调坦克的进攻特性。在整个 20 年代，部队局及其他兵种的许多军官都积极投身于钻研和讨论坦克战术。从 1919 年开始，《军事周刊》就多次刊登了来自德军各阶层军官撰写的关于坦克技术和战术的文章。正如武器装备的研发那样，许多外军的理念也得到研究和采纳；但哪怕是在如此早的时期，德军军官就发展出了自己的原创思想。在 20 年代，德军装甲兵学说的三大支柱是军队的一战经验、外军的装甲理念和经验，以及魏玛国防军内部产生的原创思想。

早期装甲战经验

　　与协约国军队在康布雷、亚眠、苏瓦松等地发起的坦克大战，以及 1917 年到 1918 年间的其他几十场坦克进攻相比，德军自身的装甲部队的活动很容易受到忽视。1918 年，德军成功组建 9 个坦克连，并创办了坦克学校、坦克司令部（相当于旅司令部），还有坦克车间；这些机构一共拥有 2500 名士兵。[1] 德军坦克部队在 1918 年参加了 12 场战斗。德方规模最大的一场战斗是 1918 年 4 月 24 日在维莱布勒托讷（Villers–Bretonneux）进行，一共动用 13 辆坦克。德军的坦克作战，正如英军、法军和美军在 1918 年大部分坦克作战中那样，都是使用坦克小分队支援步兵团突击有限目标。[2] 德国陆军在坦克作战方面的经历提供了足够的战斗经验，

1927 年，位于瑙姆堡附近的第 4 师演习期间，一支装载假坦克的摩托化运输纵队

以便他们得出有效的结论并创建早期的坦克理论。

起初，德军坦克部队一般是装备 5 辆坦克的独立连。1918 年，德军坦克部队一共有 45 辆坦克；另还有 45 辆作为后备力量，补充受损的坦克。到 1918 年秋天，德军认识到由 5 辆坦克组成的坦克连太弱小，于是将坦克部队重组为三个坦克营，每营辖三个连。1919 年，德国自产的轻型坦克列装部队；随后，德军计划组建拥有 30 辆坦克的坦克营，每个连装备 10 辆坦克。[3]德国人从之前的坦克作战中认识到，坦克是一种卓越的步兵支援武器。比如在 1918 年 3 月 21 日、4 月 24 日、5 月 27 日、7 月 15 日和 8 月 31 日多场战斗中，得到坦克支援的德军步兵团成功夺取了目标地域。[4]不过，根据坦克军官恩斯特·福尔克海姆的说法，早期坦克部队最大的战术问题是缺少与步兵和炮兵有效的通信联络。[5]在 8 月 31 日混乱的战斗中，德军的炮火造成了己方两辆坦克被毁——当时相应坦克正在后撤，而附近的一个炮兵连误以为是英军坦克来袭。[6]

1918 年 6 月 1 日，德军在莱姆斯对法军一处坚固的防御阵地进行了一次失败的坦克进攻。法军阵地上挖掘有深深的堑壕体系，战线前方地形复杂；德军由此认识到，仔细选择坦克进攻的地形（这件事情）十分重要。[7] 在 1918 年 10 月 11 日康布雷北部的坦克作战中，德军领会到了坦克在防御作战中的价值。福尔克海姆将这场战斗称为"德军最成功的坦克战"：10 辆德军坦克成功堵住防线上的一个缺口，阻止了英军坦克的突破。[8] 到 1918 年，德军甚至发展出自己的坦克进攻阵型——通常以不规则的战线展开，相邻两辆坦克间的距离不到 50 米，足够进行视野内的通信。德国人还在莱姆斯学到了"之"字形驾驶，当时他们遭遇了强大的反坦克防御力量。[9]

在 1916 年进行于罗马尼亚的运动战中，德军学到了使用小型装甲车，实施奇袭和突破的战术。[10]1916 年，在进行于瓦登吉（Vadenji）的一次进攻中，德方 5 辆装甲车造成了罗马尼亚军队 450 人的伤亡。德军最终只损失 1 辆装甲车。但罗马尼亚人在他们的进攻中成功结合装甲车和骑兵的能力同样给德国人留下了深刻印象。在德军战后的战术中，对于装甲车的运用得到了强调。

当然，德军在第一次世界大战中学到的与坦克战斗的经验比其他任何国家军队都多。当坦克第一次出现时，穿甲弹就被分发给了德军机枪手；步兵反坦克武器，例如 13 毫米毛瑟反坦克步枪和 20 毫米贝克反坦克炮也获得发展。[11] 德军建造了反坦克障碍，生产出了反坦克地雷。供前线部队使用的 37 毫米斯柯达火炮和其他小型步兵炮的炮弹出膛速度太低——只有 130 米每秒——很难在反坦克作战中起到作用。[12] 于是，莱茵钢铁和费舍尔公司开发出了轻型的 37 毫米反坦克炮，并在 1918 年列装部队。[13] 相较而言，德国炮兵的 77 毫米野战炮是更受欢迎的反坦克武器。因为所有的轻型反坦克武器都只是在几百码（1 码 =0.9144 米）甚至不到的距离内有效，更重一些的火炮却可以在 1000 米甚至更远的距离上阻止敌坦克前进。1918 年，将 57 毫米或 77 毫米火炮装在卡车底盘上的做法打造了一种机动反坦克力量，这被认为是一种理想的（反坦克问题）解决方案。[14]

一战后，德国志愿军团在波罗的海的作战经验表明，德军士兵在装甲战和摩托化战斗方面已经积累了大量实战经验。1919 年春季同布尔什维克作战时，志愿军团的"钢铁师"（the Iron Division）就在运动战中大范围使用装甲车和两列装甲列车。1919 年 5 月，由德军发起的成功的里加攻势中，装甲车在进攻中更是一马当先。[15] 另外某次战斗中，德军"钢铁师"还集中装甲车，并将一个步兵营摩托化，在行进 40 公里后成功击退苏军。[16]

1924—1927 年间某次演习中，安装有无线电设备的魏玛国防军装甲车

《指挥与作战》中的装甲部队

尽管《凡尔赛和约》在装甲车和坦克方面的禁令给德军造成极大不便，但没有阻碍他们研究装甲战，撰写论著甚至接受相关训练。正如前文第五章所述，协约国军事管制委员会并不能阻止德军秘密发展坦克技术。1920 年，就算不是坦克的激进支持者或者有远见的军事理论家，人们也能够认识到坦克和装甲车必然会在未来战争中发挥重要作用。德军总参谋部的军官显然了解这一点，在其所发布基本条令的第二卷《指挥与作战》中，他们以相当长的篇幅论述了坦克和装甲车的运用。[17]

坦克战术和部队组织严格地基于德军在第一次世界大战中获得的经验。部队局提出了两种类型的战斗坦克：一种是 6 ~ 10 吨的轻型坦克，乘员为 2 人，装备重机枪或小口径火炮；另一种是 20 吨的重型坦克，装备火炮或多挺机枪。[18] 考虑到当时的技术水平，20 公里被认为是坦克在单日战斗中的极限行进距离。[19] 部队局规定，坦克部队应该扩充为团级编制。重型坦克将编成两车制的坦克排；两个坦克排组成一个坦克连，连长由上尉出任，乘坐自己的指挥坦克；三个连和一支支援部队组成一个营（Abteilung）。一个重型坦克团将由三个营和一支维修 – 后勤部队组成。轻型坦克可以组成拥有 5 辆坦克的坦克排；一个连由三个排组成，外加 1 辆指挥坦克、1 辆无线电坦克，以及一支维修 – 后勤部队；一个营由三个连组成，一个团下辖数个营，还有一支独立的维修 – 后勤部队。[20]

部队局上述观点（即相关规定）同 20 年代主要国家军队的看法如出一辙，认为坦克主要是运动战中用来支援步兵的武器。重型坦克在运动战中被认为不是很有用，就像在第一次世界大战中那样，它主要用来突破敌军防线。[21] 因为是一种进攻性武器，所以并不建议在防御战中使用坦克。[22] 一战的教训同样与德军找出"具有决定性作用的点"这一传统理论结合了起来："高级指挥官要在决定性场合中使用坦克。他们必须达成奇袭，在广阔战线上大规模部署坦克，以纵深分队行进，以便让数量充足的预备队发挥作用。"[23] 为了对敌军战线达成纵深突破，《指挥与作战》还建议组织多辆坦克，将其作为发起进攻的波次，以便保持进攻的动力。[24] 为达到必要的密度，战线上的每个师都要使用至少一个轻型坦克营实施进攻。[25] 尤其不建议各个师以小规模或者在狭窄战线上使用坦克，因为规模小的坦克部队只会遭受防御者所发射反坦克火力的密集攻击。

《指挥与作战》还强调，装甲车是一种重要的武器。尽管装甲车局限于在公路上行驶，它还是具有速度和火力的优势，可以在敌军侧翼和后方进行有效战斗。在与骑兵、自行车部队、摩托化步兵、炮兵进行的协同作战中，装甲车被描述为一种"运动战的基本武器"。[26] 在侦察中使用装甲车，或将其作为前哨和殿后武器的观点也得到了强调。

恩斯特·福尔克海姆

20 世纪 20 年代，德军军官团中有不少人对装甲兵学说和装甲武器研发做出了贡献。其中，早期德军装甲战术家、理论家中最重要的一位就是恩斯特·福尔克海姆中尉。他是德军中少数在第一次世界大战时期坦克部队里服过役的魏玛国防军军官。[27]

福尔克海姆在 1918 年 2 月被调到德军坦克部队服役，同年 4 月在维莱布勒托讷参加他的首次坦克战斗，后来又参加多次坦克战，直到 1918 年 10 月 11 日负重伤。

福尔克海姆是第 1 重型坦克连的一名军官，该连装备德国制造的 A7V 坦克。这名德国军官经历的坦克战与协约国军队中经验最丰富的坦克军官不相上下。他在战后被魏玛国防军留任，成为摩托化运输部队的一名军官。福尔克海姆作为坦克理论家和战术家的生涯始于 1923 年。当时，他被委任为魏玛国防军设在摩托化部队的总监处总监职务，随后负责杜伯利茨 (Doberitz) 训练营地的武器试验小组。1925 年晋升上尉后，福尔克海姆被选中在德累斯顿步兵军官学校教授装甲和摩托化战术。20 年代后期，他是摩托化部队的一名教官。从 1923 年开始，福尔克海姆全身心投入装甲部队的发展。1932—1933 年，福尔克海姆工作于德国设在苏俄喀山的坦克学校；1937—1939 年间，他负责撰写本国装甲兵的战术手册。[28]

恩斯特·福尔克海姆撰写了许多坦克和摩托化方面的著作。他第一本关于装甲的书是 1918 年所写的德军坦克部队的战史。在很大程度上，这本书是根据他的亲身经历写成，书名为"世界大战中的德军坦克"（1923 年），对德军有关装甲战的经历做了生动而又具体的描述。[29] 从 1923 年至 1927 年，福尔克海姆在《军事周刊》上发表了不下 20 篇关于装甲战的署名文章。这本半官方的军事刊物由退休的康斯坦丁·冯·阿特罗克（Konstantin Von Altrock）将军主编[30]，他是一位思想开明的军事理论家。20 年代担任主编期间，这位将军发表了大量关于装甲战的德军文章和外军译文。1924—1925 年间，他发行了一份特别月度增刊，名为"坦克"；该增刊有 80 页，专门发表坦克、装甲车和军队摩托化方面的文章。福尔克海姆中尉为这份增刊的每一期都撰写了头版文章。

1924 年，福尔克海姆所写《现代战争中的坦克》出版，此书被视为装甲战的基础教程。福尔克海姆在书中描述了各种著名的轻型和重型坦克型号，比如在标准的轻型坦克中，他列举的是法国产雷诺，重型坦克则列举英国的马克 V 型。他还根据部队局在《指挥与作战》中提出的理想组织模式，列出了轻型和重型坦克部队的详细编制，以及坦克部队的训练计划。不过这本书大部分内容是在讨论坦克、反坦克防御的战术运用，还有其本人对现代坦克部队的建议。

福尔克海姆的书在德国陆军中广受推崇。《现代战争中的坦克》被司令部当作坦克战的标准教材。冯·阿特罗克将军为此书撰写了书评，且赞誉有加。[31] 福尔克海姆早年所写的一些文章也被重新印刷成小册子，向全军分发。例如总共 12 页的小册子《坦克和坦克防御》就在 1925 年从《科学与武装》杂志中被挑出来，进行了重印。[32]

　　福尔克海姆并不是伟大的战争理论家，不同于英国的 J.F.C. 富勒，他（前者）并没有陷入组建全坦克军队的幻想中。但福尔克海姆在当时是一个非常杰出的战术家。早在 1924 年，他就在装甲战领域提出了若干相当具有原创性的观念。福尔克海姆不赞成德军官方的理论，即青睐轻型坦克，这其实是 20 年代早期各国现代军队和坦克理论家的主流观点。福尔克海姆认为，轻型坦克唯一的实际好处在于速度快，而速度快只是能够让坦克迅速通过炮火覆盖的区域。坦克最大的优点在于它的装甲防护，而非速度。在未来战争中，如果双方都拥有坦克，在坦克对坦克的交火中，装甲更厚的一方将取得胜利。因此，福尔克海姆提出，装备有重型火炮但速度（相较轻型坦克）更慢的中型坦克才是未来最主要的装甲武器。越野时速达到 20 公里，这对于中型坦克就足够了。至于火力，福尔克海姆对法军尝试将 75 毫米火炮装在坦克上的举动非常兴奋。[33] 在这一点上，这名德国军官看得很准，而当时最著名的装甲理论家都错了。在第二次世界大战期间，速度快但装甲薄的轻型坦克只占据次要地位，而速度较慢但装备了更大口径火炮的中型坦克才是战场之王。火力——而非速度——确实成了坦克这种武器取得成功的关键因素，哪怕到现在同样如此。

　　福尔克海姆也是第一个强调使用坦克作为反坦克武器的理论家。在 1925 年出版的《坦克和反坦克防御》小册子中，他认为坦克的首要任务是摧毁敌方坦克。[34] 福尔克海姆再次反驳了《指挥与作战》中的观点，认为坦克可以作为防御武器使用。进行防御的旅或者团应该将坦克保留在预备队中，以便对突破防御阵地的敌军坦克和步兵实施反突击。[35] 福尔克海姆强调使用坦克作为反坦克武器的观点，主要受到了他所在部队战时经验的直接启发。[36]

　　正如大多数 20 年代的军官那样，福尔克海姆相信坦克本质上是一种步兵支援武器，在这一点上和炮兵或者骑兵没什么区别。主要的战术单位被认为是步兵师或步兵团，由团级 / 营级规模的装甲车或坦克部队支援。福尔克海姆在 20 年代发表的大部分作品都在讨论支援步兵的实际战术问题。在《军事周刊》1924 年至 1925 年各期上，他发表了一系列讨论战术问题及其解决方案的文章，这些文章均涉及得到坦克或装甲车支援的步兵团或步兵营，以及受到装甲力量进攻的步兵部队。他提出的问题通常很简短，并附有地图。福尔克海姆会在下一期《军事周刊》中给出解决方案，且往往是以一个虚拟指挥官所发布作战命令的形式。[37] 这些问题和答案是以标准的德国风格提供给军官学校和总参谋部人员的。由于相关问题和答案发表时，福尔克海姆恰好积极投身于在杜伯利茨和德累斯顿训练步兵和摩托化兵的工作，我们不妨推测，这些问题和答案都是当时进行训练所用的。

德国陆军因其战时经验，比当时其他国家的军队更加精通反坦克战术。20 年代，福尔克海姆撰写了大量实施反坦克防御的文章。1924 年，他论述了针对敌军坦克进攻的团级防御，强调要将前哨和侦察部队派往更前沿地区；建立由野战炮和迫击炮武装的据点，直接瞄准坦克可能前进的要道；保留一支强大的步兵和坦克预备队，以便对突破前哨阵地的敌军装甲兵实施反突击。福尔克海姆提出，野战炮是一种卓越的反坦克武器，炮兵应该把炮兵连分散布置，巧妙伪装，避免将其用于火力支援，这样敌军的反炮兵火力就不容易发现他们。[38] 这一防御体系是一战时期防御的一个变种。只要将 1924 年的野战炮和迫击炮替换成反坦克炮，这些战术在二战里就会变得极其有效。

在发表于 20 年代的论著中，福尔克海姆展现出了他对外军装甲技术和战术论著相当程度的了解。他并不是一个照抄照搬的"二道贩子"，反而会不断对这些来自外军的理念和战术进行批判、反驳、吸收和调适。福尔克海姆十分欣赏法国坦克部队，因为他们有着高素质的军官，许多装备也很不错。但他同样禁不住想要批评法军的理论和技术。福尔克海姆评论说，1925 年时法军的重型坦克编制不足，他们在坦克演习中也没有对坦克兵与炮兵的联络予以足够重视。[39]

J.F.C. 富勒对 20 年代几乎所有的装甲理论家都产生了影响，对于福尔克海姆亦不例外。在第一次世界大战期间和战后，富勒已经提出要发展特种化装甲车辆以支援工程兵。福尔克海姆对这个想法十分赞同，他宣称坦克部队如果想要充分发挥效能，就必须拥有自己的装甲工程兵部队——他们需要装备特种车辆，用以架设桥梁和清除障碍。[40] 这名德国军官还赞同一战中英军将无线电装在坦克上的做法。这也是来自富勒的独创。福尔克海姆认为所有的坦克都必须配备无线电，这不仅方便彼此之间的联络，还能与己方步兵和炮兵部队进行通信。[41]

福尔克海姆尤其受到了美国人约翰·沃尔特·克里斯蒂的影响。20 年代早期的克里斯蒂坦克给他（前者）留下了深刻印象。这种坦克可以使用车轮在公路上高速行驶，一旦换上履带，又能进行越野机动。福尔克海姆认为，这种车轮 - 履带的结合是克服中型坦克作战半径短和速度慢的理想方案。在车轮模式下，中型坦克可以代替装甲车。尽管装甲车速度更快，但装甲防护弱，只能用于侦察。相反，车轮模式下的坦克可以做到和装甲车一样快，又能够使用重型火力，随时攻击敌方目标，如此一来就能在运动战中达成奇袭的效果。[42] 克里斯蒂的两栖装甲车同样让福尔克海姆欢欣鼓舞。后者无法确定到底能不能造出有效的两栖坦克，但从军事角度看，研发出能够独立渡河的坦克确实非常重要，因此必须在这个领域加大研究力度。[43] 福尔克海姆极力主张采纳克里斯蒂的理念，所以他（在这一方面）与主流意见是合拍的。不过他也对这种技术的战术可能性进行了相当仔细的思考。[44]

福尔克海姆对于德军装甲部队的发展极为关键，因为他是该领域中首个态度严肃的德军著作家。在冯·阿特罗克的协助下，福尔克海姆在短期内就写出了德国有关装甲和机械化战争的著述。1923 年，当福尔克海姆开始写作时，《军事周刊》上大部分关于机械化战争的文章都不过是外军文章的翻译和摘要；到 1926 年，由德军军官原创的文章已经成为主流。出版于 1924 年的《坦克》一书在魏玛国防军内部引发了对装甲战的高度兴趣，来自炮兵、步兵、骑马运输兵和骑兵的军官都曾就此发表文章。[45] 一些早期主要关注装甲战术和装备的文章作者后来在这个问题上著述颇丰。威廉·布兰德（Wilhelm Brandt）中尉是一战时期的德军军官，战后获得了工程学学位，而且开始经常发表关于装甲车辆技术问题的文章。[46] 继弗里茨·海格勒之后，布兰德成为 20 年代德军关于装甲技术的主要著作家。到 40 年代，布兰德已是党卫队二级突击大队长，但他仍会在《军事周刊》上发表高质量的装甲技术文章。

部队局内关于装甲战的理念

在 20 年代的德国军队，对装甲战抱有兴趣的并不仅仅是摩托化兵总监处和武器署。作战处、组织处和训练处都展开了对装甲战的研究。1927 年 1 月，作战处提交了一份报告，撰写者是维尔纳·冯·弗里奇 (Werner Freiherr von Fritsch，后来的陆军总司令)。这份报告的结论是："装备装甲、能够迅速移动的坦克，很可能成为攻势作战中的决定性武器。从作战的角度考虑，只要（把坦克）集中在坦克旅这样的独立单位中，这种武器就能最大程度发挥效用。"[47]1927 年 6 月，组织处下令，任何装甲车部队皆归属摩托化兵指挥。[48] 这一措施确保了所有装甲车部队都将在当时军队中最先进的装甲理论家手下接受指挥和训练，而不是任凭骑兵部队呼来喝去。如同其他国家的军队那样，骑兵在德军中也是技术最保守的兵种。1927 年 10 月，关于坦克战术和技术的研讨会在新组建的国防办公室召开，来自组织处的凯塞林少校出席了会议。[49] 同时，训练处在冯·布罗姆贝格上校的指导下，为坦克团编制了训练计划。[50]

在这些装甲战理论的发展阶段，《指挥与作战》中关于装甲战术和组织的思想逐渐酝酿而成。1923 年的手册将装甲部队规模扩充到团级。1924 年，福尔克海姆编制了基本的训练大纲。但冯·弗里奇、冯·布隆贝格和部队局三者与《指挥与作战》的理念不同，他们（前三者）认为坦克部队应该是独立的作战单位，而非步兵支援力量。

部队局的情报处在收集和传播外军装甲战术信息和技术方面尽职尽责。从 1925 年开始，部队局出版了两周一期的外军信息译文摘要汇编。[51] 美国、波兰、法国、英国和苏联军队关于装甲战的理念都得到了传播。[52] 英军与法军的演习和战术手册，通过文章、新闻报道和德国军官的实地观察得到了仔细分析。情报处还邀请福尔克海姆分析外军的坦克和装甲训练。[53] 此外，情报处搜集了法军条令准确而且及时的情报，编写了一本 60 页的小册子，予以全面报道。这本小册子也被德军用于训练和演习。[54] 情报处还发布了关于法军 1922 年、1923 年演习的分析。观摩 1922 年演习，也就是战后首次大型演习的德军军官对法军的表现不屑一顾，因为他们的战术缺乏弹性，更倾向于防御和阵地战。[55] 在 1923 年的法军演习中，德军回顾了各战斗单位之间的联络和通信问题，对法军轻型师的战术和指挥模式进行了批评。他们断言，法国人"缺乏有关自己武器的战术，以及武器之间的协同战术的足够了解"。[56]

法军演习的结果促使德军得出这样的结论：马匹和机械化部队无法很好地协同作战。另外，由于毒气战的存在，骑兵作为战术武器已经过时；得益于自身取得的进步，坦克将取而代之。[57] 德军赞扬了法军试验性的半履带卡车和新式装甲设备的表现；但在战术方面，德国人认为自己在训练和战术上优势更大。[58] 德军对英军战术在 1924 年、1925 年演习中的表现的评价高于法军。不过，英军暴露出来的其他问题也引起了德军的深思。冯·布罗姆贝格研究了英军的演习，因为"英国人在摩托化试验中走得更远"，他得出的结论是，将摩托化纵队和马匹牵引纵队混合起来（这种做法）是不可能的。[59] 魏玛国防军的军官在 20 年代访问了美国，收集了美军摩托化、坦克装备和训练的大量情报。德军军官还被鼓励参加为期三个月的外国旅行，以便提高外语水平；为此，官方还会提供特殊的旅行津贴。获准参加旅行的军官在回国后需要提交有关前往国家的全面报告。从 1923 年开始，美国就是德军军官最喜欢访问的国家，这不仅因为英语是军官团中最流行的外语，还有一个原因是比起其他国家，美国对德国更加友善。德国人可以自由旅行，访问军事设施，收集非秘密的情报。有几十份 20 年代的旅行报告仍然保存在德国军事档案馆，其中关于美国的报告是最详尽的。

在 20 年代中期，冯·博蒂切（Von Boetticher）上校——后来晋升少将并出任德国派驻美国的武官——就曾访问美国并报告了该国军队摩托化的情况。[60] 施派希（Speich）上尉在 1924 年，退役将军希尔默（Schirmer）在 1926 年都报告过美国机动车辆和炮兵牵引车的情况。[61] 在考察了美军坦克并与美军军官交谈后，希尔默报告，重达 40 吨的坦克对于现代战争来说太笨重，建议采用 20 吨的坦克作

早期型号的魏玛国防军模拟坦克（以自行车驱动），摄于 20 年代前期（感谢马里兰州阿伯丁试验场的美国火炮博物馆提供此图）

20 年代后期，运输部队正将模拟坦克安装在一辆"迪克斯"汽车上（感谢马里兰州阿伯丁试验场的美国火炮博物馆提供此图）

为主要型号。[62] 拉德梅尔少校（Radelmeier）在 1928 年访问美国后，对美军的坦克进行了全面研究，他后来成为一名装甲兵将军。奥斯特曼上尉也进行了类似研究。这两名德军军官不仅与许多美军军官交谈，而且获准观摩在伦纳德伍德堡 (Fort Leonard Wood) 举行的装甲部队演习。他们的报告包含了许多美军新式装备和车辆的照片。[63]

冯·塞克特论装甲战

汉斯·冯·塞克特并非坦克战专家，也不是装甲理论家。但从 1924 年开始，德国陆军就恢复了稳定，不再每日忧心忡忡地应对层出不穷的危机。因此，塞克特逐渐推动坦克训练和战术的发展。在 1924 年的一项机密命令中，这名总司令命令各军区确保每一支部队和驻军中都任命有装甲兵军官，负责装甲部队的实战训练。摩托化兵总监处奉命关注装甲战方面所有的发展，并收集情报和下发训练材料。从摩托化营挑选出的师级军官也要负责监督训练。[64]

装甲兵军官并不是摩托化兵军官的一项额外职责。总司令要求避免调走坦克军官，已经在坦克兵中服役一段时间的军官可以选择继续任职一段时间。装甲兵军官的一切任命和调动都必须直接向摩托化兵总监处报告。装甲兵军官的职责如下：（1）为军官和士官尽可能开办课程；（2）分发训练材料；（3）作为指挥官的参谋，负责一切与装甲车辆有关的事务，在演习期间担任模拟坦克部队的指挥官。[65]

冯·塞克特坚持认为："在兵棋推演和演习中，坦克必须尽可能多且频繁地出现。"这样一来，军队就可以学会如何同它们协同进攻，并且演习反坦克防御。[66] 参加 1924 年师级单位演习的所有部队，都奉命制造模拟的法军雷诺坦克和英军马克 V 型坦克。福尔克海姆的《现代战争中的坦克》，还有他在《军事周刊》上发表的系列战术问题被指定为关于装甲战的基础训练材料。弗里茨·海格勒关于外军坦克的教学表格也被下发到连一级别。摩托化兵总监处还发放了其他一些重印的小册子和文章。总司令部要求，所有兵种都要从移动的装甲车辆上演习火力射击——所谓移动的装甲车辆就是魏玛国防军的装甲运兵车——攻击固定靶和移动靶。另外，任何关于装甲车辆训练的问题都必须向摩托化兵总监处报告。[67]

不过，在 1924 年 10 月 6 日，总司令部向各军区司令下发了另外一封机密命令信件。信件提到了当年 3 月举办的高级指挥官研讨会。信中重复了 8 月的命令信件相关内容，每个参加秋季演习的师都要向部队局的训练处汇报自身从模拟装甲车演习中获得的经验。[68]

在分发给全军的《总司令致全军训话》中，冯·塞克特从 1920 年至 1925 年，每年都坚持提出必须在摩托化和装甲战领域进行更多训练。每一年（除 1921 年），冯·塞克特都会主张战斗部队必须训练如何进行战术摩托化作战。[69] 在 1923 年他的《言论》中，冯·塞克特启动了制造用于训练的模拟装甲车辆的项目。所有摩托化部队都必须以木头和帆布为原材料，制造模拟坦克，而且这种道具可以装到车辆上，以增加训练的真实性。[70] 同年，冯·塞克特下令，最先进的武器所采用的代表性战术——尤其坦克和飞机方面的战术——在军队训练中应该给予更多的重视。[71]

德军其他装甲理论家

奥斯瓦尔德·鲁茨和阿尔弗雷德·冯·瓦拉德－博克勒贝格（Alfred von Vallard–Bockelberg）都是摩托化兵总监处的高级军官，两人在 20 年代德军装甲战理论的发展中做出了重大贡献。1924 年至 1927 年间，鲁茨是武器署的部门主任，随后在 1928 年至 1935 年间调任摩托化兵总监处（1931 年成为德军装甲兵部队的首任指挥官）。他一直热忱地训练下属熟悉装甲战争。当时，关于摩托化技术的领域已经开设有一门课程，但鲁茨坚持坦克和机动车辆的战术问题也应该得到研讨。[72] 在 1925 年里，鲁茨负责的部门完成了针对装甲战的多项研究，包括第一次世界大战中对火炮牵引车和半履带车辆的使用、德国汽车工业现状、外军机动车辆发展的最新成果。皮尔内上尉是武器署内的装甲专家，发表过一项关于新型坦克的研究。[73]

1925 年至 1926 年，从相应研究中，鲁茨得出结论：德军需要两种坦克，一种是中型，装备厚装甲和重火力，速度较慢，充当战斗坦克；另一种是轻型，装甲和火力较薄弱，不过速度快，首要任务是侦察，但也可以用来达成奇袭，执行一般支援和长距离任务。德军第一个坦克项目就是根据鲁茨的装甲理念展开。

1926 年，阿尔弗雷德·冯·瓦拉德－博克勒贝格上校出任摩托化兵总监处总监，为摩托化兵军官开设的小范围技术课程因此得到了改组。20 年代早期，课程的重点是摩托化技术和维护；但博克勒贝格上任后，1928 年的课程就包括了关于坦克和摩托化战争的战术研究。摩托化兵总监处的学校坚定不移地深入钻研战术领域，当德国开始重新武装后，它被改组成了装甲兵学校。[74] 此外，博克勒贝格是德军摩托化项目的首任负责人。在他的领导下，德军于 1927 年至 1929 年间组建了第一个坦克原型车营。位于明斯特的第 6 摩托化营被改组成一个摩托车连、一个装甲车连和一个模拟坦克连。[75] 博克勒贝格发明了"摩托化战斗部队"，用来替代平平无奇的"摩托化兵"。和鲁茨一样，他支持军队有关摩托化和装甲研究的一切措施。

关于德军装甲兵发展的错误认识

对于魏玛国防军的历史而言，德军装甲部队的早期发展是遭到误解最多的。就这个主题，一些人已经发表了许多错误的见解，因此有必要加以矫正。关于德军装甲部队早期发展的一个小历史错误出现在《第一次世界大战的坦克》一书中，作者是彼得·张伯伦（Peter Chamberlain）和克里斯·埃里斯（Chris Ellis）。他们宣称，一战中的德军坦克部队是"由炮兵、工程兵和通信兵各营选出的士兵组成的特殊部队。因此，他们缺乏协约国坦克兵那样的战斗意志和荣誉感"。[76] 事实上，德军坦克部队的人员都是志愿者，其中许多人是从步兵中招募。[77] 由于规模较小，德军坦克部队在战场上只能发挥最低程度的作用，但没有一个论述早期装甲兵发展的德国"历史学家"——福尔克海姆、路德维希·利特·冯·埃曼斯贝格（Ludwig Litter von Eimannsberger）、古德里安、内林（Nehring）等——提到过德军坦克兵缺乏战斗意志或荣誉感。另一个错误观念是，德国第一批自制坦克不过是抄袭英国的技术而成，但这个问题已在前文第五章予以澄清。

另外还有一个误解，它出现在埃尔贝特·西顿（Albert Seaton）的著作《德国陆军，1933—1945 年》中。作者在书中宣称："在早期，处于冯·塞克特指导之下的德国军队并没有出现发展摩托化运输部队作为主要战斗部队的理念……早先，这支部队只是一种后备力量，以便让那些应该退伍的军官继续待在现役部队。"[78] 必须指出的是，在 1924 年至 1925 年间，正是冯·塞克特将坦克训练和研发交给了摩托化兵总监处负责，由此开启了将摩托化兵发展成装甲兵的阶段。在两次世界大战的中间期，魏玛国防军将极少数有经验的军官，如陶费恩（Thofehrn）上尉、福尔克海姆中尉都调到了摩托化兵。这就表明了魏玛国防军从一开始便计划在摩托化兵内部创建一支坦克部队。至于将摩托化兵作为后备单位的说法，我们以一些军官及其职务作为反驳——冯·提契维茨（von Tschischwitz），20 年代早期是摩托化兵司令，在 1927 年调任第一集群司令；该集群司令部是当时魏玛国防军两大野战司令部之一，相当于集团军级。其他 20 年代的摩托化兵高级军官，例如瓦拉德 - 博克勒贝格和鲁茨也在陆军中晋升到了顶层。还有一个更好的反驳例子，在 20 年代早期，魏玛国防军将高素质的军官调到了摩托化兵部队。此外，早期的魏玛国防军还将一些资历浅的军官，例如古德里安和利特·冯·托马（Litter von Thoma）调到了摩托化兵。

遗憾的是，在谈到德国装甲兵的发展时，许多二战题材的书籍总会重复三个严重的错误，而这些错误是如此流行，甚至在了解两次世界大战期间德国陆军理论和组织方面构成了严重障碍：（1）海因茨·古德里安独自创立了德国装甲兵及其理论；（2）古德里安和其他热情推动装甲兵发展的人同德军高层和总参谋部的反动力量进行了斗争；（3）德军装甲兵理论是从英国军事理论家那里直接继承发展而来。这三个观点中的每一个都包含了部分事实。古德里安确实在 20 年代德军装甲兵的发展中起到了核心作用，总参谋部内部也确实存在一些保守派。但哪一个组织不是如此？英国装甲理论家对德军确实产生了影响，特别是富勒。然而，如果仅仅审视这些片面的事实，或者把它们加起来，这些误解就构成了有关德国装甲兵发展的一幅歪曲真相的画面。

对古德里安地位的强调主要来自其本人的自传——出版于 1950 年的《一个士兵的回忆》。此书后来不断再版，最近一次是在 1979 年。[79] 不久以后，里德尔·哈特就出版了该书的一个英译本。里德尔·哈特还在自己的另一本书，于 1948 年出版的《德国将领谈话录》中强调了古德里安的地位。这些英文书籍都反复再版，并且持续热销。因此，外界大部分注意力都放在了古德里安身上，或许只有隆美尔堪与媲美。于是，古德里安成了英国和德国许多传记的主人公[80]，而且许多军事作家在涉及第二次世界大战前的德国装甲兵时，他们也只知道有古德里安（而不知道其他人）。

古德里安投身机械化战争的研究是在 1922 年，当时他还是上尉，隶属总参谋部军官团，被派往摩托化兵总监处任职。在柏林，他进入总监处后撰写了一些研究，并多多少少了解到了摩托化战争的技术层面。1924 年至 1927 年间，古德里安任第 2 师的战术和军事史教官。之后他回到部队局，开始研究摩托化运输兵。1928 年，古德里安开始在柏林开设的摩托化运输技术课程上教授坦克战术。他不断研究和教授坦克战术，在1930年出任柏林附近的一个摩托化营营长。1931年，他晋升中校，调任摩托化兵总监处的参谋部长。当时该总监处的总监就是鲁茨。1934年，鲁茨出任德军快速部队总监，古德里安也成为他的参谋长。到1935年，还是上校的古德里安就成了德军三个装甲师之一的师长。1938年，希特勒将鲁茨撤职后，古德里安成为快速部队总监。在第二次世界大战期间，古德里安先后出任军和集团军司令。1944年，他担任了德军总参谋长。[81]

如果说古德里安是一个谦逊的人，从来不曾写过关于自己的一个字；那么，他将以一名优秀的将领、一流的战术家，以及组建和发展第一个德军装甲师的核心人物而留名史册。但事实上，古德里安一点都不谦虚；用他自己的话来说，他从20年代开始就是德军坦克研发的核心人物，而且这类评价在他的自传和他众多的崇拜者那里不断得到了重复。[82]

比如肯尼斯·麦克赛（Kenneth Macksey）就根据古德里安许多关于装甲和摩托化战的早年文章给出了如下评论：

"当古德里安就他的主题进行更加深入的研究时，他便开始从对古代和当代战史的研究中得到一些深刻的结论。结果，他也开始从事老式普鲁士参谋军官最爱的消遣——在军事杂志上发表大量文章。在冯·阿特罗克将军（《军事周刊》主编）的鼓励下，古德里安撰写了大量体现他个人思想和风格的文章（部分似乎匿名）；同时，他亦成为关于德国为何输掉一战这一当时争论激烈的话题表达最清晰的分析家。此外，这些文章给他树敌不少，因为在这一早期阶段，坦克的热情拥护者打算将骑兵转为机械化师。"[83]

事实上，古德里安只为《军事周刊》撰写了五篇署名文章，时期为1922年至1928年。他的大多数文章平平无奇，例如《法军在凡尔登的摩托化补给》《摩托化行军的侦察和安保》。[84]古德里安的战术文章通常很短，只有一两页，例如《骑兵和装甲车》[85]与《装甲车辆和防空阵地上的步兵》[86]。这些文章没有提出什么革命性思想，只是对于当时战术的一种典型归纳。在20年代，古德里安所谓的"大量"军事论著其实数量很少，与福尔克海姆的大部头著作及其原创性比起来微不足道。

前者在装甲战方面的主要著作就是《注意，坦克！》，写于 1936—1937 年间。这部著作详细说明了新型装甲师在战争中的战术和作战行动。《注意，坦克！》确实是一部精彩而且富有原创性的作品，但这是在德军装甲兵学说已经得到长足发展后，也就是在老一辈装甲理论家的工作基础上完成的。尤其是奥地利将军（后来的德军装甲将领）路德维希·利特·冯·埃曼斯贝格，他的代表作是《坦克战争》，出版于 1934 年，在德军中广受欢迎。[87]

即便是自传，古德里安的《装甲指挥官》也是一部夸大他个人作用的作品。比如福尔克海姆在书中就只被提到一句。[88]古德里安对于鲁茨倒是赞不绝口，但主要也是在前者于 1931 年成为后者的参谋长，而且后者赞同前者的思想时。[89]在 20 年代和 30 年代对德军装甲兵发展做出了重要贡献的其他军官，例如皮尔内、海格勒、冯·埃曼斯贝格、冯·瓦拉德–博克勒贝格，还有许多在坦克学校受训的军官，古德里安都只是一笔带过，甚至根本不提。最好将古德里安心目中的德国装甲兵发展史同瓦尔特·内林将军的《1916 年至 1945 年间的德国装甲兵史》做一番对比，内林将军这本书详细介绍了几十名德国军官对德军装甲兵所做的贡献。

简而言之，对于摩托化、武器署在坦克和车辆设计方面的技术进步、福尔克海姆及其他人的著述、摩托化兵总监处的摩托化试验、喀山的坦克学校，陆军司令部表现出了明显的热情，再加上冯·塞克特的运动战思想和他对协同武器战术的强调，这些都为第二次世界大战中的闪击战提供了丰沃的理论土壤。得益于 20 年代的各种演习，到 30 年代加快重新武装时，德国陆军已经为创建一支现代化的装甲部队做好充分准备，并拥有一套优秀的作战理论。尽管古德里安的地位很重要，但他绝不是装甲兵的唯一创建者。军事史学家特雷弗·内·杜派上校指出："古德里安无疑是推动装甲战理论的领袖人物，不过很明显，总参谋部还有很多其他的年轻军官也具有相似的思想和相似的能力，他们很容易就能取代古德里安的地位。"[90]

第二个流行的误解是古德里安和其他热情推动装甲兵发展的人，不得不同德军高层的反动力量进行斗争。这也主要来自古德里安自己的叙述。在演习中尝试使用摩托化兵，这是 1921 年至 1924 年间，由古德里安协助制定的一份计划；古德里安引用了冯·纳茨默（von Natzmer）——当时摩托化部队总监的言论，作为嘲讽将摩托化部队用于战斗的例子："他们的本职是运输面粉。"[91]不过，古德里安并没有指出冯·纳茨默当时已经完全被冯·塞克特将军和部队晾到一边。在1920—1925 年间年度出版的《陆军司令部长官评论》中，冯·塞克特强调了将摩托化运输兵作为战斗部队的重要性。将摩托化部队用于战斗的演习同样得到了冯·提契维茨的高度赞扬，他是纳茨默的前任，1922 年时的《陆军司令部长官评论》也持相同的态度。[92]

古德里安在许多方面很像鲁登道夫：他是一个优秀的人，但容易走极端而且十分自我主义，个性非常接近狂热分子。值得注意的是，古德里安也是总参谋部中少数极其狂热支持纳粹主义的军官之一。他很容易将任何不同见解，或者对自己的观点缺乏热情视作保守军事思想的表现。古德里安对路德维希·贝克将军（1935 年开始担任总参谋长）不屑一顾，将贝克形容为对现代机械化战争的理念抱有敌意：“他出现在哪里，就把惰性带到哪里……他最典型的思维方式就是吹捧自己认为了不起的作战方式，所谓的‘迟滞防御’。”[93]这其实是一幅傲慢的讽刺画像，因为贝克实际上是一名能力出众的将领，他批准了1933 年的第 300 号军队条令（《步兵指挥》），这是德军在第二次世界大战中的第一本战术手册。1935 年，在贝克的命令下，德军组建了第一批三个装甲师，这是当时世界上规模最大的装甲部队。古德里安嘲讽的“迟滞防御”也不是贝克的发明——这是 20 年代以来一种标准的防御理论。

对于军事历史学家而言，这种军事先知反抗保守势力的画面十分吸引眼球。但它并不能真实反映古德里安或德国装甲理论家在 20 年代及 30 年代的处境。德军坦克理论创建者和摩托化部队的支持者有很多。举例来说，古德里安还是上校就当上了装甲师师长；此外，德国军官们也不曾体验过艾森豪威尔在 20 年代的经历。当时，作为美国陆军的步兵司令，艾森豪威尔由于主张为步兵师提供更强大的坦克力量而遭到解职。当他仍然坚持自己的努力时，甚至遭到了接受军事法庭审判的威胁。[94]古德里安抱怨说，在 1936 年，他遇到了针对装甲部队“十分强大的反对势力”。[95]事实上，在那个时候，德军创建装甲和摩托化部队的速度已经远远超过了能够装备这些部队的实际条件。

关于德军装甲兵第三个流行的误解则是其理论直接来自英国理论家的著述。这种观点主要来自里德尔·哈特及其著作。在他出版的古德里安回忆录中，古德里安被得体地翻译成说过这样的话：“主要是英国人富勒、里德尔·哈特和（吉福特）马特尔的著作和文章启发了我的兴趣和思想。这些富有远见的军人，早在那个时候就试图让坦克越出支援步兵的局限。他们将坦克与那个年代的摩托化趋势联系起来思考，因此堪称新型战争的先驱者。"[96] 但在英译本中，里德尔·哈特删掉了古德里安对海格勒的简短评价，然后加入了这样一段话，这是古德里安所写德文版中没有的：

> "我从他们（富勒、里德尔·哈特、马特尔）那里学到了对装甲兵的集中运用，就像在康布雷战役中所做的那样。另外，正是里德尔·哈特强调了运用装甲部队进行远距离突击，针对敌军的通讯体系发起作战，还提出了将坦克和装甲步兵结合为一种装甲师。我为这些理念深深打动，才开始尝试在我们自己的军队中加以实践。因此，我们在接下来发展中受到的不少启发，实质上都应该归功于里德尔·哈特上尉。"[97]

里德尔·哈特非常希望被视为德军取得成功的闪击战的鼻祖，并且在多个场合都如此声称。[98] 他通过古德里安所表达的上述观点，即他本人极大影响了德军的装甲理论家和战术，被许多军事历史学家不加批判地接受了。[99] 然而，只要仔细考察一下第二次世界大战之前德军出版的书籍、资料和文章，就丝毫看不出里德尔·哈特在德军中享有的"广泛知名度"，或者说他对德军的战术思维产生什么影响。古德里安在《注意，坦克！》一书中并没有引用过里德尔·哈特的言论；埃曼斯贝格、海格勒和福尔克海姆也都不曾提及里德尔·哈特，或表示对他的观点有什么了解。装甲战的伟大实践者——隆美尔元帅——在 1942 年后期读到里德尔·哈特的一篇文章前，压根就没有听说过此人。[100] 在 20 年代，德军总参谋部的外军新闻杂志和《军事周刊》都翻译过里德尔·哈特在伦敦《每日电讯报》上刊登的短篇文章。但同时还有来自美国、法国、英国、意大利、波兰等国年轻军官的数百篇文章。[101] 20 年代时，上述内容大概就是德国陆军对里德尔·哈特的装甲理论仅有的了解了。

这倒不是说古德里安和德军其他军官对英国军事理论家的观点不熟悉。在 20 年代的德军中，富勒就十分有名，而且德国人对其评价很高。富勒的名气并非来源于他理论的高明，而是因为富勒在战时英军坦克部队担任指挥官，计划了 1917 年在康布雷的大规模坦克进攻，还制定 1919 年的计划，协约国军队打算在这一年使用大规模的坦克进攻来击败德军。富勒的著述对德国人来说很有用，但德方并不是因为欣赏他关于战争的宏大理论——德国人已经有了自己的理论家，诸如克劳塞维茨、冯·毛奇、冯·施里芬，在20年代还有冯·塞克特——而是因为富勒的大部分观点都极具实用性。在20年代，德军理论家们主要是在富勒的著述中寻找其（前者）缺少的扎实、实际的装甲战经验。富勒的第一部代表作《第一次世界大战中的坦克》包含了许多有用的信息，比如英军是怎样组织自己的坦克部队，怎样维护和修理车辆，怎样进行后勤补给；这本书甚至包括编制表、地图和坦克作战阵型的示意图，还有对重大坦克战役的分析和应该汲取的教训。这是20年代能够获得的最基本的坦克教科书，德国人也正是这样利用此书的。[102]

　　富勒的作品很早就在德国流行。他后续出版的关于装甲战的许多著作也很快在《军事周刊》和其他刊物上得到翻译发表。1926年，德军总参谋部的外军新闻杂志一连用了三期，摘要报道了富勒的《战争改革》。[103]然而其他外军理论家并没有得到魏玛国防军如此重视。福尔克海姆的《现代战争中的坦克》就体现出富勒造成的强烈影响，因为他（前者）也主张使用特种摩托化工程兵。古德里安在《注意，坦克！》一书中提到了富勒和英国理论家马特尔。埃曼斯贝格在《坦克战争》中也引用了富勒的著作，作为主要资料来源。[104]

　　尽管富勒的理念对德军的装甲理论家确实产生了影响，但不应把德国人称为富勒或马特尔的门徒。德国的战术理论家大体上是富有批判精神的读者，他们对富勒等人的思想进行了仔细甄选，保留了那些合理和实际的内容，摒弃了其余部分。例如20年代和30年代德军的野战坦克阵型就直接来自富勒，但任何一位德军的装甲理论家都没有采纳富勒大规模使用小型坦克（1～2名乘员）的观点。早在1924年，福尔克海姆就能够自如地采择富勒的思想，并反驳他对于轻型快速坦克的过分热衷。

第七章
发展魏玛国防军的空军理论

　　1917 年，德国空军（Luftstreitkräfte）和总参谋部一样，都开始对第一次世界大战的教训进行系统的总结。1919 年 11 月，空军司令部准备了一项计划，具体是分析战争经验，以便为空军制定新的手册和条令。这项工作被分配给一群富有经验的飞行员军官，他们大都担任过飞行中队长，或曾在总参谋部服役。该项目最初计划分析空军赖以运转的三个最主要方面：（1）空军部队的组织；（2）作战战术；（3）对空军产生影响的技术进步。一共有 83 名军官被分派到 21 个分委员会，合作研究这三类问题。他们将研究比如空军的后勤组织、敌方装备的技术水平、空战武器、地面设施、与地面部队的协同等各种问题，还会检验各种型号的战斗和支援飞机。[1]

　　被派到各研究委员会的军官主要是上尉和中尉级别。尽管级别不高，但他们大多是有经验的指挥官。其中一些人，例如库尔特·斯图登特（Kurt Student）上尉和赫尔穆特·威尔贝格上尉都已被吸收进入总参谋部军官团。还有一些人，诸如胡果·施佩勒（Hugo Sperrle）上尉将成为二战期间的名将。在空军启动这一项目两周后，冯·塞克特将军发布命令，将总参谋部改组为战争研究委员会（见前文第二章）。冯·塞克特的命令于 1919 年 12 月下达到空军司令部。后者由此成立了额外的研究团队和委员会，旨在研究范围极广的战争经验，并将其作为改进空军的理论基础。[2] 在某些方面，空军的行动甚至超出了冯·塞克特的要求。他们在当时已经是各军兵种当中技术倾向最先进的，现在又组建了特别委员会来研究空战的技术和工业问题。1919 年 12 月 4 日，空军组建了一个由 31 名军官组成的委员会，成员中大多数人技术经验丰富，或者拥有技术学位。[3]

在 1919 年 12 月底，空军又组建了 27 个委员会，负责研究特殊的组织和战术问题。[4] 到 1920 年初，超过 130 名空军军官已经在忙于撰写研究报告，或是在委员会里忙碌。许多军官同时在 1919 年 11 月至 12 月间创立的两到三个委员会中工作。空军的高级军官则直接卷入了相关工作。威廉·西格特中校是第一次世界大战期间的空军总参谋长，作为高级军官，他负责由 20 名军官组成的国内防空研究委员会。[5] 由这些军官研究出的各种问题表明，在 1918 年，德国空军已经成为一支高度复杂的军队，足以胜任向陆军提供支援和国内防空。对地面部队的战术空中支援是这 27 个特殊研究团队（即委员会）的首要课题，这些团队在 1919 年 12 月 24 日成立。其中 5 个团队专门负责研究空中侦察和观测。8 个团队专门负责研究地面部队的战术支援，以及地空协同作战。[6] 另有 3 个委员会负责研究防空，包括如何与敌机对抗和获得制空权。[7] 剩下的研究团队负责钻研更加特殊的空战武器，此外还有后勤组织、山地作战的空中支援、跨洋空军作战等。[8]

得以保存下来的空军的原始研究报告和委员会的讨论纪要比陆军更多。因此，我们可以更容易地勾勒出空军项目的细节画面。[9] 比如 1919 年至 1920 年间空军的一个主要议题就是如何最好地组织空中观察和支援部队。最终的倾向是建议采用均衡的支援小组，由四个中队组成：一个中队负责观察和地面支援，一个中队的 12 架飞机负责地面攻击，一个中队负责炮兵观测，一个中队负责空中联络。[10] 一些研究报告还建议，一个飞行中队要有 4 架飞机负责联络，4 架负责观测，还有几架 C 型飞机（重火力双座观察和攻击机），每个飞行小队都要补充若干地面攻击机。[11] 组织大规模师一级的飞行中队时，其编制需要包括支援、观测和攻击用飞机已经成为那些有经验的空军指挥官的共识。

1919 年至 1920 年间德国空军对第一次世界大战经验进行的分析，最引人瞩目的特征就是他们对战略空军作战缺乏兴趣。尽管西格特是轰炸作战的专家，而且轰炸机指挥官里，例如恩斯特·布兰登堡上尉——他因为成功指挥对英国的轰炸而获得德意志"功勋勋章"——有能力进行轰炸作战的分析，但不论总参谋部还是空军都没有组织任何委员会或研究团队来分析这一主题。只有一份关于战略轰炸的研究报告在 1920 年被提交给部队局的 T-4（空军处）。该报告反映了 1920 年空军在解散后的研究努力，这是一份对意大利空军上尉阿梅迪奥·梅科济（Amedeo Mecozzi）某篇论文的翻译。[12] 在 20 年代后期，魏玛国防军对重型轰炸机所用战术和第一次世界大战经验进行了几项研究。其中一项研究总结了协约国军队战略轰炸对德国军队的进攻和后续进程造成的破坏性影响。[13] 完成于 20 年代中期的另一份高度技术性的报告分析了轰炸的精确性和不同类型炸弹的爆炸模式。这些炸弹包括波兰、法国、意大利和美国军队所用型号（附有相应数据），报告中还有第一次世界大战时期有关空中袭击的照片。[14] 但大部分保存至今的关于轰炸机的战后研究报告都只是提到了重型轰炸机支援地面部队的战术作用（与战略无关）。[15]

　　一份战后研究中，英军对德军在索姆河战线后方的铁道枢纽发动的轰炸作战被提出来作为范例，说明了重型轰炸机应当如何有效使用。[16] 进行于 1919 年的鲁登道夫攻势中，德国人对法国人和英国人铁路线和补给中心的轰炸，也被当作另一个成功使用轰炸机的战例得到了讨论。[17] 将速度较慢的重型轰炸机用于给战线后方的己方军队提供直接战术支援被认为是不可能的。因为在 1918 年一些国家的军队尝试这样做时，他们的轰炸机损失惨重。全金属装甲的地面攻击机被认为更加适合执行战线支援的特殊任务。[18] 在战后德军的研究中，重型轰炸机被界定为集团军和集团军群的支援兵器，对敌军后方用于联络的军事目标实施打击，由此造成的扰乱将直接而且迅速地影响敌军前线部队的作战效能。德国空军痛苦地意识到了 1917 年至 1918 年战略轰炸作战并未给敌军造成重大损失，在 1920 年至 1921 年间就明确决定，不把针对敌军国内的战略轰炸作为严肃考虑的军事选择。尽管 20 年代和 30 年代的后续研究稍微缓解了德军对战略轰炸的敌意，但战后早期关于战略轰炸的研究还是成为主流观点。德军仍然会给予重型轰炸机一席之地，但仅仅将其作为陆军支配下的支援兵器。

　　第一次世界大战期间，德国空军在作战战术上优于其对手，战后也想方设法改进了作战部队的组织和战术，为下一场战争做准备。埃尔哈特·米尔希（Erhard Milch）是未来的德国空军元帅，在第一次世界大战期间出任过战斗和观察中队的中队长。他现在是负责研究争夺制空权委员会的指导军官。[19] 在 1920 年 1 月至 2 月间撰写的《争夺制空权》报告中，他强调道，战斗机应该在未来战争中拥有飞机生产的最高优先权，其次的优先权应给予观察和支援飞机。[20]

　　1920 年 10 月，由 11 名战时战斗机中队指挥官组成的委员会向部队局 T-4（空军处）提出了他们关于未来战斗机部队组织的建议方案。战斗机组织委员会是一个极为卓越而且富有经验的团队，其中有三位获得"功勋勋章"的飞行员——博勒（Bolle）中尉、雅各布（Jakobs）和德格罗夫（Degelow）少尉；还有未来的空军将领，如施佩勒上尉、斯图登特上尉、威尔贝格上尉。[21]

战斗机部队委员会建议编组大规模的飞行大队，由六个中队组成；但他们还一致认为可以采用几个大队组成飞行联队的做法。作为战术组织，这其实是不切实际的。委员会的多数成员建议，战斗机大队要同时采用单座和双座战斗机。在出现一些异议和争论之后，委员会的大多数人得出结论：多个战斗机中队在战役中可由一名指挥官指挥。然而，要想实现这种高度复杂的空中协同，就必须改良空对空无线电通信技术。委员会还一致提出其他建议：中队指挥官应该同属下一起飞行，不能在地面指挥；战斗机机场应该尽可能靠近前线。[22]第一次世界大战时期的经验告诉德国空军，战斗机的集中使用和指挥是取得空战胜利的首要战术要求。

冯·塞克特和魏玛国防军的空军

《凡尔赛和约》命令德国解散空军，禁止德国拥有任何飞行兵器。这对于德国的军事荣誉是一个严重打击，因为不像陆军，该国空军直到最后都是一支有效的作战部队，可以说他们在战斗中从未被真正击败。1918年11月11日，德国空军在前线拥有2570架现代化军用飞机和4500名官兵。同年11月，德方的军事飞行器总储备大概为15000架飞机，它们都作为实现和平进程的一部分被移交给了协约国。[23]

自然，德军总参谋部希望保留这支优势部队。作为参加凡尔赛和平会议的总参谋部代表，冯·塞克特将军竭力争取让德国保留一支拥有1800架飞机、10000名相关人员的空军。[24]冯·塞克特十分清楚空军的重要性，认为禁止德国拥有空军是《凡尔赛和约》最不可接受的部分。[25]他不断付出努力，就该和约有关本国空军的条款进行谈判；然而到1920年5月，在协约国方面的压力下，德国空军被迫正式解散。[26]魏玛国防军随后试图以装备军事飞行器的"警察"飞行中队的名义保留空军部分实力，且这支部队属于德国各邦。但在1920—1921年间，即便是规模这么小的一支部队也被勒令解散。[27]

在德国空军军官眼中，冯·塞克特是他们这一军种的有力支持者——他支持将空军发展成一支独立于陆军的军种，与陆军和海军并驾齐驱。[28] 成为德军总司令后，冯·塞克特在军队人事局为魏玛国防军争取了 180 名飞行员的名额。当时许多人认为，德国既然未获允许拥有空军，这 180 个名额其实毫无必要。[29] 但这至少说明冯·塞克特在同官僚主义进行的斗争中取得了胜利。他确保一个精挑细选的空军军官团队在魏玛国防军的框架内被保留下来，为后来德国空军的复兴奠定了基础。冯·塞克特在总司令部内创建了一个小规模的空军参谋部，并且着手为魏玛国防军组建一支小规模的秘密空军，这支空军还拥有一套针对飞行员和空勤人员的训练计划。所有这一切都要求获得秘密的政府资金和援助，而冯·塞克特成功了。用德·弗里格尔·威廉·威默（der Flieger Wilhelm Wimmer）的话来说："冯·塞克特调动他的全部影响力和能力，保护了他的飞行员团队免遭来自各方，甚至是内阁层面的攻击。"[30]

到 1920 年 3 月，尽管德国空军被解散，冯·塞克特还是在部队局和国防军总司令部内打造了一支"影子空军部队"。这支影子空军最重要的中心机构就是空军组织办，又称"TA–L"（L 代表德语 luft，航空之意），它隶属部队局的组织处。空军组织办的主任是新晋升少校的赫尔穆特·威尔贝格。从表面上看，威尔贝格不过是组织处的一个参谋军官；但他实际上是负责空军计划和训练的首席军官，直接向部队局局长负责。[31] 部队局的 T–3（情报处）还有另一名空军军官，他负责收集外军空军的情报。武器署也有几名空军军官任职，他们在那里创建了一个空军技术办公室。这个机构负责战斗机的研发、测试和采购。在 1920 年，这个办公室由富有技术头脑的总参谋部军官兼经验丰富的飞行员库尔特·斯图登特上尉领导。[32]

整个 20 年代里，影子空军都在国防军总司令部得到了很好的领导。1927 年，赫尔穆特·威尔贝格成为部队局局长助理，战斗机军官少校（后来晋升元帅）施佩勒和上尉莱尼克（Reinicke）则进入 T–2（组织处）的空军组织办，上校冯·德·哈根（von dem Hagen）是 T–3（情报处）的空军军官。[33] 影子空军在国防军总司令部内部最强大的代表团体位于武器署——该机构大约有 60 名委任军官，其中有 6 人来自空军。[34] 正如魏玛国防军本身，德国的影子空军规模也很小，但其组织内的成员完全胜任空军的计划、训练和研究任务。通过这些空军人员，冯·塞克特为将来空军的重建预留了一个基本框架。

　　冯·塞克特坚持认为，作为一支现代野战部队，魏玛国防军应该拥有"空军意识"。因此，通常由三名飞行员军官组成的空军小组会被派往总共七个军区司令部。这些小组的职责是确保空军战术和技术在全军得到研究，并且让空军参加所有军事训练。模拟的空军进攻和空中观察被空军小组发展为标准的指挥演习和师级演习的一部分。[35]冯·塞克特还下达命令，将180名飞行员军官分散到魏玛国防军全军。例如1927年的军官值勤名单就揭示出有作战经验的飞行员军官——在军官的授勋名单中被标注为拥有帝国的飞行员和空军观察员证章的人——在军队几乎每个团中都有分布。飞行员军官在双重指挥体系下接受指挥，在各自部队中执行日常军事任务，但也会被指派参加影子空军司令部的飞行课程。[36]

　　那些被指派参加苏俄境内飞行任务的军官，在执行任务期间会正式从国防军退伍，只有在完成任务返回时，才重新被批准恢复原来的（国防军）军衔和晋升年限。[37]1927年的军官执勤表显示，只有134名拥有第一次世界大战作战经验的飞行员军官于该年正式在魏玛国防军服役。即便考虑到退休和死亡，这个数字还是比1920年国防军吸收的180名飞行员军官少很多。20年代在苏俄境内进行的空军训练为这一数字提供了解释。同一年代晚期，每年都有多达32名有经验的飞行员在苏俄服役。[38]20年代的军官执勤表还表明，不成比例的、大量有经验的飞行员被委派给国防军的三个骑兵师，而骑兵师只占全军15%的战力。1927年是典型的一年，有超过20%的飞行员被派到骑兵部队服役。[39]由于同其他兵种相比，魏玛国防军骑兵师的一大特点便是"军官比例过高"，骑兵很可能（通过这一特点）被用来为飞行员军官保存编制。如此一来，空军组织办也能更容易地抽调他们（空军军官）出来执行任务。[40]

　　尽管冯·塞克特巧妙地组建并隐藏了一支秘密空军部队，但他并没有对德国空军的军事理论做出什么贡献。他承认大规模空军部队作为战术武器的重要性，这是协同己方（地面）作战部队的重要前提条件，用来支援地面力量取得胜利。这个观点是1918年总参谋部大多数军官所持的一般见解。在其本人的著述中，冯·塞克特强调通过一开始就集中空军兵力进攻敌军机场，从而获得制空权的重要性。[41]夺取制空权后，空军就需要分散执行主要战术任务，最紧迫的任务是扰乱敌军的动员和攻击补给中心。[42]为支援地面部队而实施远距离空中侦察，这也是空军的一项重要任务。[43]不过，冯·塞克特从未对战略空中战争或是轰炸敌人的城市表达出丝毫兴趣。

冯·塞克特认识到，自己并非空军战略家或战术家，但他能够仔细倾听属下空军军官的意见，给予他们充分尊重，同时为他们争取利益。威尔贝格上尉在1919 年担任冯·塞克特的空军参谋，他制定了重建一支拥有 1800 架飞机的空军的计划。冯·塞克特非常钦佩威尔贝格的工作能力，并且几乎原封不动地将这个计划提交给协约国方面谈判者，争取让他们接受该计划。[44]

冯·塞克特在视察魏玛国防军各部队和野战演习期间经常提醒军队的高级军官，要求他们清楚认识空军的重要性。在他每年发布的《总司令致全军训话》中，冯·塞克特将整整一章，通常是 20 页里的 2 页用来谈论空军防务，并且对德军取得的进展发布犀利评论和建议。[45] 在 1923 年的报告中，他下令空军在军队训练里必须得到更多锻炼机会，并推荐采用新的战术手册《指挥与作战》，作为模拟空军作战的指南。[46]

冯·塞克特为未来空军的重建奠定的最重要成就是 20 年代民用飞机的军事化，这一事业几乎将全部航空工业和民用航线转化成了军事预备力量。由于德国被禁止拥有武装的空军，冯·塞克特就利用他相当杰出的政治手腕确保民用航空能够在前飞行员军官的控制之下，这些军官都是国防军的热忱合作者。第一次世界大战后，德国最重要的民航岗位是帝国运输部民航局局长。冯·塞克特安排恩斯特·布兰登堡出任这一职务，他是德军最优秀的飞行员之一，在一战中担任轰炸机联队指挥官。不过，这一任命同样引起了一些政治家不满。因为布兰登堡指挥过轰炸英国的战役，他出任民航局长也可能引发外国的抗议。[47] 布兰登堡在 1924 年至1933 年间一直担任这一职务，同冯·塞克特密切合作，确保民航的发展与本国军事路线合拍。[48]

埃尔哈特·米尔希是另外一名国防军上尉和战时中队指挥官，他在第一次世界大战期间被吸收为总参谋部军官团成员，于 1920 年从军队退役进入民航。他在航空制造业领域表现出了过人的才华和商业头脑。到 1924 年，他已是德国民航业的领袖之一。1925 年时，布兰登堡控制了政府对民航业的补贴，以推进航空工业建设；他命令两家主要的民航公司，容克斯和劳埃航空合并为一家大规模的国有航空公司：德意志汉莎航空。[49] 米尔希不仅致力于民航，而且热心于军事航空的发展。威尔贝格是他的好友，也是一名战时指挥官。两人就 20 年代军事航空的发展进行了话题广泛的通信。[50]

　　总而言之，德国前空军飞行员在民航领域取得了支配地位。弗里茨·西贝尔（Fritz Sibel）是战时飞行员军官，战后成为飞机制造商，从布兰登堡的办公室获得补贴，在1924年创建运动航空集团。运动航空从外表上看是一家民用飞行员训练学校，实际上被用来训练空军飞行员，并且逐渐成长为遍布德国的飞行员学校体系，拥有十家分校。[51] 对于魏玛国防军有用的其他飞行员学校和航空公司，同样能从运输部获得政府补助。[52] 民航局局长也根据本国军队提出的要求，开展了航空领域的研究。[53] 在布兰登堡、米尔希，以及其他在民航体系占据关键岗位的前军官的影响下，20年代的德国民航彻底军事化。就他国而言，只有在苏俄才能看到与军事关系如此密切的民航体系。汉莎航空事实上已经成为德国空军的预备队。所有这些发展都源自冯·塞克特精明的判断：他认识到了民航对于魏玛国防军空军发展的重要性，并确保布兰登堡被任命为民航局局长。

赫尔穆特·威尔贝格与魏玛国防军空军理论的创立

　　20世纪20年代至30年代，赫尔穆特·威尔贝格是国防军内部的首席空军理论家。威尔贝格官拜上尉，是总参谋部军官团成员；1920年3月，他被任命为空军组织办的第一任主任，直到1927年卸任。[54] 空军组织办是主管国防军内部一切空军事务的核心机构。[55] 威尔贝格作为飞行家的经验及战时取得的成绩都十分卓越。他是德国军队的第一名飞行员，1910年9月26日就获得民航飞行员执照。[56] 第一次世界大战爆发前，他在德军的航空监督办工作。[57] 一战期间，他指挥本国空军部队支援第1、第4集团军。[58] 在战争前半期，威尔贝格与冯·塞克特共事，担任南方集团军群的空军参谋军官，参加了马其顿战役。[59] 1919年时，他是空军司令汤姆森将军的副官之一；在普鲁士陆军部，威尔贝格又和塞克特共事，担任他的空军顾问，协助他进行《凡尔赛和约》的谈判。[60] 根据历史学家马修·库珀（Mathew Cooper）的说法，冯·塞克特对威尔贝格就战后空军提出的设想十分感兴趣，所以在1919年将他提拔为部队局的空军总长。[61] 因此，尽管空军组织办主任的职位直到1920年3月才正式设立，但威尔贝格早已在1919年成为部队局的空军专家。

　　在1919年和1920年，威尔贝格是空军组织办所提交一系列研究论文和委员会报告的主编，这些研究都是为了总结第一次世界大战的教训。[62] 威尔贝格也就战术空军[63]和空军的后勤体制等问题撰写了专门研究报告。[64]在有关后一种问题的研究中，威尔贝格承认，协约国的航空工业要比德国更有效，但直到战争结束，德国的制造商和后勤体制同样在寻找替代材料方面取得了很大成就。他否认1918年德军攻势的失败是由于缺少飞机。给当时造成某些不便，补给物资方面的最大短缺在于汽油。威尔贝格断言，1918年德国空军的主要问题是缺少飞行员和空勤人员。相应人员的补充工作在全年里都显得困难重重，这导致德国空军不论在作战部队还是空勤人员方面，人数都明显少于协约国军队。此外，威尔贝格还认为，德国空军直到1918年停战时仍然是一股强大的力量。[65]

第一次世界大战结束后，威尔贝格被普遍视为德国第一流的空军战术家。将军冯·比洛男爵 (Freiherr von Bülow) 称他为"精力充沛、头脑敏锐的军官"。在1917年弗兰德斯战役的关键时期，威尔贝格被任命为第4集团军的空军指挥官。[66]马克斯·施瓦特在他1922年出版的关于第一次世界大战时期的德军历史著作中，也称威尔贝格在弗兰德斯战役中的表现是"空军组织、技术和战术发展的高峰"，对他的指挥称赞有加。[67]为反击英军的进攻，威尔贝格将第4集团军的空军部队进行重组，试图创建大规模的战术编队。在1917年至1918年的某些时期，他指挥了多个中队。[68]威尔贝格是第一个组织和使用整个空军大队，支援地面进攻的德军空军指挥官。他被德军视为地面支援战术的先驱者之一。[69]

出任空军组织办主任后，威尔贝格的首要职责是记录前空军的人员、民航设施、飞机和材料，以便战时实施动员。威尔贝格编制了第一次世界大战时期空军所有飞行员、观察员、空勤人员的履历表，通过德意志飞行团——这是一个国防军发起的退役空军老兵协会，主席为西格特上校——与他们保持联系。[70]威尔贝格的文件是现存魏玛国防军文献汇编中最为详细的，包含了国防军在紧急时刻能够调动的航空设施、飞机、人员的详细记录。[71]

威尔贝格的战时动员准备也导致他在工业计划方面投入了大量精力。[72]在这一领域，他得到了航空制造业执行官——他们大多是前军官——提供的协助；这些人与威尔贝格的通信表明了空军内部存在着牢固的纽带。米尔希和威尔贝格是战时袍泽（后者曾任命前者担任中队指挥官），米尔希会定期给威尔贝格写信，详细介绍航空工业内部的技术问题，并提供汉莎航空在远距离航空方面所取得大量经验的报告。[73]另外一些公司同样非常愿意同德国空军组织办分享情报。[74]

作为魏玛国防军的首席空军军官，威尔贝格也延续了总参谋部定期分派特定战术和历史研究的传统。他担任空军组织办主任期间提交的一些报告包括关于轰炸模式和精度的详细技术报告[75]，还有关于 1918 年战术空军支援的研究[76]，以及对夜间战斗机战术展开的研究。[77]

担任空军组织办主任期间，威尔贝格还出版了一系列战术空军手册，将它们分发给国防军的空军军官。为欺骗协约国军事管制委员会，这些小册子（被称为"绿色邮件"，因为封皮呈绿色）通常标题为"外军空军资料集"。事实上，这些文件代表了部队局内部的空军理论。其中一份复本，题为"一名军官关于空军武器及其运用的研究"，其实是关于集团军级战术空中支援的组织和运用指南。"绿色邮件"都未标明日期，但一些内部证据表明，它们出版于 1925 年至 1926 年间。[78] 这些手册包含了关于战术空中支援的完整编制表。每个师都分配了一个由九架飞机组成的观察中队，每个军有一个由六架远距离侦察飞机、六架炮兵观察飞机组成的小规模中队。集团军指挥部将拥有六架远距离侦察飞机和六架夜间侦察飞机。[79]

为影子空军打造的战术手册还规定，轰炸机、战斗机和地面支援飞机都要组成旅，或者说是联队；每个联队有两个飞行大队，每个大队有三个中队。一个联队应该拥有 94 架双座战斗机。单座和双座战斗机的混编联队需要配备相同数额飞机。夜间战斗机联队应该拥有 60 架飞机，昼间轰炸机联队则是 68 架（夜间轰炸机联队为 38 架）。[80] 手册列举了集团军级的战术空军作战原则，包括解释了师级和集团军级侦察是如何进行[81]，以及战斗机和轰炸机的作用。威尔贝格的战时经验在手册中得到了鲜明体现。战斗机的作用首先仍然是为轰炸机护航和防空。手册还提醒不要让战斗机过于深入敌军防空区域，因为进攻性的空战会造成巨大损失。只有在能够取得决定性战果时，战斗机才可以深入敌后。[82]

轰炸机部队也被分配到了战术应用中："（轰炸机的）战术任务就是进攻敌军部队和敌人经济方面的重要资源。"[83] 不过，该部队的战略任务遭到了贬低："分配给野战军的轰炸机部队的首要任务，是对敌军部队及其后勤补给体系实施打击。"[84] 针对少数目标进行集中轰炸，这要比针对多数目标好。德军关于轰炸的研究认为，昼间轰炸机联队负载应该是中等距离（200 ~ 300 公里）20 吨，夜间轰炸机联队则是 36 吨。[85] 手册还建议，战斗机基地应该位于战线后方 20 ~ 40 公里处，昼间轰炸机基地则是 40 ~ 60 公里处。空军设施的建设，以及最佳逃生路线选择也都得到了详细说明。[86]

　　事实上，这一手册反映了一种讲究实际和均衡的方法，强调空军的战术使用。它提醒注意组织空中支援来遂行各种特殊任务的重要性，在任何时候都强调创建合理编成的混合编队。

　　魏玛国防军的基本战术条令《合成兵种的指挥与作战》也有几章聚焦于空军的使用。其中列举的空军组织和战斗战术是 1919 年至 1920 年空军开展的各项研究的结果，具体内容由威尔贝格编定。《指挥与作战》的第一部分出版于 1921 年，包括两章关于空中侦察和空中支援的内容。[87] 空、地之间持续保持联络的重要性得到了通篇强调。重型轰炸机被建议用来对地面部队进行战术支援，进攻己方火炮射程以外的敌军目标。由于德军认为轰炸机对于敌军战斗机缺乏防御，战术手册还建议这类武器应该仅限于夜间使用。[88] 敌军的铁路枢纽和补给点被视为重型轰炸机首要的目标。[89]《指挥与作战》第一部分的空军内容反映了德国空军在 1917 年至 1918 年间获得的经验，除了一个观点——这很可能是塞克特加入的——也就是战斗机应该对敌军战线展开进攻，以便夺取制空权。[90]

　　《指挥与作战》第二部分出版于 1923 年，包含了更多的防空和空军战术内容（33页）。对地面部队实施的战术支援仍然得到强调。战斗机作战的基本原则获得了更详细的说明。比如集中大规模的战斗机大队（这一原则）得到了肯定。[91] 手册还提醒飞行员，优势的角度和方向（例如从太阳方向飞出）是取得空战胜利的关键。[92] 地面部队被建议时刻防备敌人的空军。大规模的伪装、持续变更阵地和其他消极防御措施也得到描述。[93]《指挥与作战》探讨了空军战争中几乎每个方面，从对运动战的支援，到军队转入防御时期的战术。与法军在第一次世界大战后的第一本战术手册《使用大型部队的战术条令》（1921 年出版）相比，德军的思路显得更令人震撼。[94] 比起法军的手册，德军的战术手册更多集中于战术空军的运用，空军在战争中发挥的作用也得到了更多强调。

对外军空军理论的研究

　　在 20 年代，英军、美军和意大利军队的空军理论，就演化进程而言与魏玛国防军的空军理论大相径庭。这些协约国军队的空军理论吸收了那些主张进行更大规模战略轰炸的理论家所持观点。英国皇家空军第一个将战略轰炸确立为空军理论的基本信条。1918 年 4 月，由于受到德军对伦敦发起的轰炸的刺激（其实轰炸很快就结束了），英国内阁推动议会通过一项法律，将皇家飞行军改组为皇家空军，其地位与英国陆军和海军不相上下。英国的政治家，包括劳埃·乔治和温斯顿·丘吉尔，还有陆军元帅史末资 (Jan Smuts) 等军事领导人都希望看到德国遭受猛烈轰炸。1918 年 6 月，皇家空军的休·特伦查德将军组织了一支独立的空军，这是一支战略轰炸部队，他宣称能够借此瘫痪德国的军工生产。[95] 但英军针对德国发起的轰炸战役，正如德军对英国的轰炸那样，最终成效甚微。在 1918 年战役中，英国皇家空军一共损失 352 架轰炸机，这对本国造成的经济损失远远大于英方轰炸给德国造成的整体损失。[96] 尽管独立空军的表现不佳，指挥官特伦查德将军还是坚信战略轰炸能取得不俗成效，并继续担任战后英军的空军参谋长，直到 1929 年才卸任。

特伦查德的个性也主导了皇家空军的发展初期，他给新成立的空军灌输了非常糟糕的空战理论。特伦查德将军对于空战持有一个非常不切实际的看法：他相信单凭大规模的战略空军就能够赢得战争 [97]，并且皇家空军将会成为一支战略进攻部队。1922 年时，他建议皇家空军的本土部队应拥有 24 个昼间轰炸机中队、15 个夜间轰炸机中队、13 个战斗机中队，轰炸机和战斗机的比例为 3 比 1。[98]

对于特伦查德来说，进攻是空战的最佳形式。这与皇家空军的第一次世界大战传统合拍。从 1916 年到战争结束，这个传统一直促使英国空军不顾损失，同德军展开空战。特伦查德的观点同时也是皇家空军关于攻势战争的理论——与其说这是对战时经验的系统分析，还不如说它类似一种宗教信仰。事实上，第一次世界大战时期，英国的空军理论对于本国飞行员来说是一种大屠杀。英国空军在与德国空军战斗中遭受的伤亡，基本与德国空军同其他所有敌国空军作战遭受的伤亡持平。[99] 可就算伤亡数字骇人，特伦查德和他的幕僚依然对皇家空军的攻势教条深信不疑。

20 年代，皇家空军对伊拉克和阿富汗的部落民众进行轰炸，逼迫他们投降，从而获得了一些实战经验。从这些针对手无寸铁的部落民众的小规模战役中，英军居然得出了堪称宏大的军事结论：轰炸敌方平民是有效的，己方飞机所实施轰炸的精度也是有效的。[100] 有趣的是，皇家空军在战后并未对 1918 年轰炸战役进行彻底研究，尽管这种研究才是建立更加坚实的空军理论的基础。[101] 特伦查德留给皇家空军的遗产就是他对于战略轰炸毫不动摇的信念。即便在 30 年代后期，皇家空军还是选择将大部分资源投给轰炸机司令部。不过，在 1936 年至 1937 年间，英国政府强迫皇家空军将资源倾斜给了战斗机司令部。这一决定违背了空军参谋部大多数人的意见，但确实会在 1940 年拯救英国。[102]

当特伦查德给皇家空军灌输战略空战理论时，美国陆军航空队许多军官也正在走向同一条路。第一次世界大战结束后几年里，美军倾向于一种均衡的空军学说。1923 年，他们的空军手册给了战略轰炸一席之地，但将大部分注意力放在了对地面部队进行战术空中支援方面。[103] 不过到 1926 年，军事理论的一个重要部分已经在美国陆军航空队中出现。1926 年的《TR440-15：运用空军的基本原则》一书由该国陆军航空队总长批准下发，是该部队的基本手册。它反映了 1923 年手册对空战的战术强调。[104] 然而，由数名军官共同起草，出版于 1926 年的空军战术学校的初级教材却强调了由独立的轰炸机部队进行战略轰炸，对于在战争中取胜的意义。[105] 战术学校的教材题为"合成空军的运用"，它主张摧毁敌军的士气和抵抗意志，并将这一点视为进行战争的首要目标。它还主张在战争初期对敌国平民实施轰炸，宣称这是取得胜利的有效手段。[106] 以上两大思路在美国陆军航空队中并驾齐驱，直到第二次世界大战爆发。

美军对于陆军航空队的战略作用的大部分强调应该归功于威廉·米切尔（William Mitchell）准将。米切尔是 1918 年时，美国陆军航空队在西线的战术部队司令。第一次世界大战期间，米切尔展现出了他是一名优秀的空军指挥官和战术家；在圣米歇尔，他曾组织超过 1700 架飞机对美军的地面进攻实施支援。这是有史以来最大规模的空中编队。[107] 战后，米切尔创建了美国陆军航空队的战术学说，对于战略轰炸持有日益热衷的态度。1920 年时，他这样预言，未来空中力量的主要价值就在于"在战争初期打击敌军的神经中枢，最大限度瘫痪敌军"。[108] 若干年后，他又评论说："我敢肯定，如果战争持续打下去，决定最终胜负的就是空军。"[109]

米切尔在 1925 年受到军事法庭审判，因为他对当时陆军和海军有关陆军航空队的政策提出了尖锐鞭挞。他于 1926 年退休。在退休前和退休后，米切尔撰写了大量文章和论著，表达了自己认为空中力量在现代战争中具有决定性作用的观点。二战爆发前，米切尔在美国陆军航空队中享有"陆军航空队的先知"和"陆军航空队事业的殉道者"之名。[110]

第一次世界大战之后的岁月里，最著名也最激进的空军理论家是意大利军官杜黑（Douhet）。1921 年，杜黑在他的《制空权》（1927 年时有所修订）一书中宣称战略轰炸是对于空军最有效的使用。[111] 装备了重火力和重装甲的轰炸机总是可以对更快速的歼击机取得优势。[112] 他还提出一个空战理论，那就是轰炸机永远可以突破空防；而对于大规模的轰炸机编队，敌方没有有效的反制措施。[113] 杜黑的基本结论是，空军，特别是战略轰炸机部队已经成为战争中最重要的因素。尽管《制空权》直到 20 年代后期才从意大利文翻译成其他语言，但这个基本结论在美国陆军航空队和英国皇家空军中可谓人尽皆知。无论如何，对于美国陆军航空队和英国皇家空军来说，杜黑的观点——就两国空军 / 陆军航空队中业已流行的战略轰炸论而言——不过是推波助澜，而非 "始作俑者"。

对德国军队来说，本国的影子空军对于外军的理论和技术发展已十分熟悉。威尔贝格和魏玛国防军空军的其他人员都投入了大量精力，及时掌握外军的技术动态。从 1919 年开始，魏玛国防军空军参谋部就为军官定期出版一种时事通讯，题为 "空军新闻"。其第一期在 1919 年 8 月出版，提供了各国大小空军的各种信息，特别强调技术情报。[114] 另外一种时事通讯，《技术空军报告》由部队局的空军军官出版，第一期在 1920 年发布。[115] 空军组织办同样订阅了大量的外军空军刊物，包括美军的《空军杂志》。[116]

米切尔将军的观点在魏玛国防军中也很知名。比如 1920 年，米切尔在纽约飞行俱乐部举办的关于空中力量技术的演讲就在同年 7 月 1 日那一期的国防军《空军新闻》上得到了翻译介绍。[117] 德军军官尊重米切尔在圣米歇尔作为陆军航空队战术指挥官取得的成绩，因此，他的大部分文章和讲座内容都在《军事周刊》上得到了及时翻译和出版。[118] 德军同样熟悉特伦查德的理论。军事评论家兼前总参谋部军官汉斯·利特在《空中战争》（1926 年）中就讨论过特伦查德的空军理论。[119] 在他本人的书中，利特评了米切尔将军、富勒将军，甚至提到了罗伯特·戈达德（Robert H Goddard）教授的火箭试验——这再度表明，德军究竟是如何密切关注外军的军事动态。杜黑的著作稍后亦被翻译成德语，在 20 年代国防军空军组织办的报告里也有提及。[120]

德国的影子空军在部队局的 T-3（情报处）至少安插了一名军官。20 年代，空军情报官竭力收集和分析了有关外国空军及其所用技术的各种情报。完成于 1926 年的一份空军情报办公室档案多达数百页，内容包括关于世界各主要空军的实力、组织和装备的最新表格，以及文字概述[121]；另外还有对主要军用飞机型号进行的分析。[122] 除了收集国外出版物，空军情报官还要求访问海外的德军军官提交关于外国空军的报告。1925 年，威尔贝格少校访问美国，随后汇报了自己对美军的观察见闻。冯·德·哈根，部队局情报处的高级空军军官，在 1928 年也曾访问美国，随后提交了一份关于美国陆军航空队的详细报告。[123]

《凡尔赛和约》禁止德国派遣驻外武官。不过，到 20 年代后期，魏玛国防军已经可以派军官出访外军。这其实是武官体系的一种代替。1929 年，德国外交部成功安排上尉沃尔弗拉姆·冯·里希特霍芬男爵（Freiherr von Richthofen），在意大利空军进行了六个月的访问。[124] 同一年里，国防军安排瓦利蒙特上尉 (Walther Warlimont) 和斯派德尔（Speidel）上尉前往美国，在美军的学校求学。斯派德尔被分给美国陆军航空队，这是战后第一个获准进入美军的德国人。[125] 这名德国军人在美国陆军航空队的战术学校、工程兵学校、初级和高级飞行学校进行了两至六周的学习，同时也在观察、进攻、轰炸、战斗飞行中队做了见习。斯派德尔不仅给本国空军组织办寄回几大箱子手册和书籍，还试飞过好几种美国陆军航空队的飞机。[126]

获得了关于外军实力、观念和技术的大量情报后，魏玛国防军的空军军官得以对外军的理论和效能进行合理的批判及分析。他们重点批判了那些战略轰炸理论家的观点。20 年代时，施瓦尔特将军（已退休）是一个多产的军事作家；当时有一大帮退休将军在战后岁月投身撰写战史和军事评论，他就是其中之一。[127]1928年，施瓦尔特对外国战略轰炸理论家的狂热感到印象深刻，就战略轰炸理论做了公开讲座，认为德国人民和德国工业，在法国、比利时、捷克斯洛伐克和波兰这几个邻国面前十分脆弱。施瓦尔特认定，这些敌国拥有 14000 架最新式的飞机，其中 60% 属于轰炸机，每架轰炸机可以携带 2000 千克炸弹。[128] 空军组织办对他的观点进行了研究，可能是为了回应陷于恐慌的政治家，得出的结论是施瓦尔特关于敌军战略轰炸威胁的言论完全言过其实。根据魏玛国防军空军军官的看法，法国、比利时、捷克斯洛伐克和波兰总共拥有不到 6300 架飞机，而且这个数字仍属高估。此外，这一数字包括了各种型号的飞机，例如非战斗用途的初级训练飞机，而且外军飞机中的很大一部分都属于完全过时的型号。空军组织办提供了校正后的飞机数量和型号占比。波兰空军中（轻型和重型）轰炸机的占比最大，有 30% 是该类型飞机。至于载弹量，空军组织办认为 1000 千克至 1500 千克是实际最大载弹重量，而且仅有少部分最重型轰炸机达到了这个限度。[129]

1928 年前后，苏俄境内的利佩茨克，影子空军的福克 D XIII 型战斗机正在进行对地攻击演习。感谢美国空军历史研究处（位于马克斯韦尔空军基地，阿拉巴马）提供此图

训练魏玛国防军的空勤人员

1924 年，在魏玛国防军规模达到《凡尔赛和约》的限度后，部队局的空军组织办也开始创设一套系统的飞行员和空勤人员训练项目。1924 年，运动飞行公司在创立的过程中大规模接受了帝国运输部的资助，这家公司在全德设立了十家飞行学校。为逃避协约国军事管制委员会的监督，这一民用飞行学校体系的官方名称有过多次更新。它为魏玛国防军飞行员军官和前德国空军成员（许多是秘密后备部队成员）提供了进修课程和额外的训练。[130] 为确保课程符合军事需要，威尔贝格和部队局的其他空军军官直接干涉了学校的事务。此外，既然协约国军事管制委员会一直在密切监视任何破坏《凡尔赛和约》的活动，魏玛国防军便转而依靠滑翔运动，作为在德国年轻人中公开鼓励航空兴趣的合法手段，同时协助训练未来的飞行员。德国的罗讷河地区成了世界上最著名的滑翔运动圣地。[131] 威尔贝格甚至鼓励德国军官参加这项运动。库尔特·斯图登特成为滑翔运动的热烈爱

1924 年至 1927 年间，在第 6 骑兵师和第 3 骑兵师演习期间，空军军官释放气球来表示飞机

好者，甚至塞克特将军也曾出席滑翔运动比赛。许多研究纳粹空军的历史学家都同意的是，滑翔运动项目在激励两次世界大战之间的航空热情和相应研究方面发挥了重要作用。

冯·塞克特一手促成的德国和苏俄签订的秘密协定，作为 1922 年《拉帕洛协定》的一部分，在奠定德国空军重建基础方面发挥了关键作用。对于魏玛国防军而言，协定中最重要的部分就是在利佩茨克建立飞行员学校和飞机试验中心，此地距离莫斯科 220 英里。[132] 魏玛国防军投入上百万马克，建设了现代的空军设施，包括两条跑道、大量机库、修理车间，以及航空设施中的一切必要设备，甚至包括军营和一个军官食堂。魏玛国防军在德国国内资助的民用飞行学校也可以提供基础的单引擎和多引擎飞机飞行课程。训练战斗机飞行员需要现代的战斗机，但在德国国内显然无法隐藏一个飞行大队。苏俄境内的广阔土地和苏俄方面热衷于合作的态度提供了解决方案。俄国人从这一安排中受益匪浅，因为德国人为红军空军成员提供了极佳的训练。

魏玛国防军还从德国军队的老朋友安东尼·福克（Anthony Fokker）那里获得了 15 架福克 D XIII 型战斗机。D XIII 型战斗机为单座双发，是那个时代最先进的战斗机。从 1924 年第一次试飞开始，截至 1925 年，该型号一共创造了五项世界速度纪录。[133] 这 15 架飞机和利佩茨克的基地在 1925 年就可以接收第一批学员。在初期，利佩茨克为参加过第一次世界大战的飞行员提供进修课程。但在 1925 年之后，德方决定将训练重点转移到为新招募的没有经验的国防军飞行员提供训练。这些年轻军官先在本土的民用飞行学校接受训练。然后，最优秀的飞行员将被选中参加利佩茨克的高级训练。战斗机飞行员的课程在夏季举行，为期 22 周。在此期间，飞行员将接受从单机飞行到模拟整个中队的对抗的各种训练。值得一提的是，福克 D XIII 型战斗机还装备有炸弹，飞行员因此也接受地面攻击训练。[134] 利佩茨克的基地开放时期，1925 年至 1933 年间，平均每年有 200 名到 300 名德国人在此作为学员、教练、地勤人员和试飞员。[135] 除了 D XIII 型战斗机，飞行员还可以驾驶其他各种型号飞机，包括老式 D VII 型战斗机，以及新式的亨克尔 HD-17、亨克尔 HD-21 和"信天翁"L-69。[136]

1928 年至 1931 年，一个观察员训练计划同样在利佩茨克开展。[137] 魏玛国防军如今有了一个十分全面的空勤人员训练计划。战斗机飞行员在空战的大部分领域都接受训练，包括先进的战斗机战术、对地攻击、轰炸演练。仪表飞行同样是课程的一部分。[138] 观察员训练计划持续 18 周，共有 90 个飞行日。[139] 观察员也会参加战术演习、实弹射击和地面演习。[140]

　　威尔贝格设计的训练计划规避了《凡尔赛和约》在飞行员训练方面的大部分限制。由于 1926 年的《巴黎空军协定》禁止国防军一年训练超过 8 名飞行员，威尔贝格设计了一个项目，每年可训练 40 名军官候补生作为民用飞行员。然而，区区 40 个名额竟收到了大量申请。[141] 到 1933 年，从 20 年代中期开始的全面训练计划已经打造了一个核心团队，包括大约 500 名训练有素的空勤人员：120 名在利佩茨克训练的战斗机飞行员，100 名在利佩茨克训练的观察员，还有 100 名在不伦瑞克训练的观察员，200 名在民用学校作为观察员和侦察机飞行员训练的人员。[142] 此外，汉莎航空和商业飞行学校也提供了轰炸机和运输机飞行员的后备力量。[143]

1927 年，第 7 步兵师在瑙姆贝格附近演习期间，一挺马克沁 08/18 型机枪正以对空角度待命

训练空军参谋军官

鉴于空勤人员的训练计划已经稳步推进，空军组织办同样制定了一项训练空军参谋军官的计划。在 20 年代中期，部队局重启了原总参谋部进行兵棋推演的传统。在冬季，老式的总参谋部经常进行各种情景的兵棋推演，由军官组队展开对抗。兵棋推演持续多天，最后还要进行仔细的检讨。1926 年 11 月，部队局安排了一系列新式兵棋推演，从次年的 1 月到 3 月，在柏林举行。1 月的兵棋推演将专门为空军军官设计，部队局的作战主任冯·弗里契中校、空军组织办的主任威尔贝格中校会担任指导教官。来自各军区的 32 名国防军军官（大多数是飞行员），还有 6 名海军军官奉命前往柏林，参加 1 月的兵棋推演。[144] 整个部队局都会参加的 2 月和 3 月兵棋推演，空军也有相当高的参与程度：15 名指导组军官中的 3 名来自空军；各队伍有 17 ~ 25 名军官，每支队伍中包括 2 ~ 3 名有经验的飞行员军官。[145]

关于为高级军官举行的空军兵棋推演的详细描述来自国防军上尉马丁·费比希（Martin Fiebig）。他是国防军 20 年代中期作为教练和顾问，被派到苏俄空军的七名空军军官之一。[146] 在 1925 年至 1926 年间，费比希上尉是莫斯科空军指挥学院的顾问，这是一所专门训练苏联空军高级参谋军官的学校，他在该校教授空军理论。1926 年，费比希为苏俄空军参谋军官组织了一次兵棋推演，假想情景为苏联对抗波兰、罗马尼亚，这是一个非常有真实感的假设。幸运的是，这次兵棋推演的一份报告复本被留存下来，若以费比希的评论和报告加以补充，就可以深入研究当时魏玛国防军的空军理论，以及 1927 年 1 月的部队局推演中讨论的各种问题。[147] 在费比希就苏联军队如何进行推演的评论中，他断定空军的一项首要任务就是对敌军实施奇袭，破坏敌军的动员和行动计划。[148] 费比希上尉还同苏俄军官讨论了战略轰炸的问题，教导他们这是一个可行的空战选择，但建议他们不要尝试向对手发起任何战略空中进攻，而是将苏俄的轰炸机局限于进攻战术目标，例如敌军机场。战略轰炸，只有大型的、训练有素的轰炸机部队，且装备最先进的飞机，才有条件实施。弱小的苏俄轰炸机部队在面对敌人坚实的防空体系时有很大可能不堪一击。[149]

1926 年时，魏玛国防军空军对于战略轰炸持有的看法要比第一次世界大战结束后不久那段时期积极一些。但总的来说，他们对于战略轰炸仍然持谨慎态度。在 1934 年重建后的纳粹空军组织的两次重要兵棋推演中，瓦尔特·韦弗尔（Walter

Wever）将军——新任空军总参谋长——尽管没有飞行经验，但他还是打算将德军的轰炸机部队投入针对法国的战略空中进攻。鉴于德军的轰炸机型号在当时是火力不足、速度缓慢的容克斯 Ju–52，全部有经验的空军军官都反对这一决定，他们认为如果发起战略战役，德军轰炸机部队在与法国战斗机部队的对抗中将损失80% 的兵力。[150]

在 20 年代，魏玛国防军总参谋部定期举行的兵棋推演和空战讲座构成了那个年代空军军官能够获得的仅有的专业化课程。直到 30 年代中期，纳粹空军才创建自己的参谋学校。不过，空战兵棋推演的制度至少给了更多高级空军军官讨论空战战略的机会。1929 年，最有经验的战斗机飞行员教官都被指派撰写关于空战战术、内容无所不包的手册。这些军官编写出了一本全新的战术和作战手册——例如射靶记录相机现在在空战战术教学中被视作一种基本道具。[151] 魏玛国防军的飞行员不仅编制战术手册，还参与编写完整的战斗机飞行员训练日程，草拟编队飞行、高空飞行和轰炸演练的条例。[152] 对于一支缺少正规的空军参谋或空军司令部的空中力量而言，魏玛国防军的空军在 20 年代还是能实施高质量的参谋作业，这在整个世界范围内也是相当少有的。

训练陆军

不管怎样，1920 年入编的 180 名空军军官成功在陆军中培育出了空军意识，并且（这些空军军官）能够理解空地协同、空中侦察和战术对地支援。炮兵军官和士官接受了关于火炮弹着技术、释读航空地图等方面的广泛训练。1925 年后，在茹特堡的炮兵学校的军官骨干登上了飞机，开始学习观测定向。[153]

1926 年，美国驻德武官参观了一次魏玛国防军的师级规模演习，后来他评论说："敌军和友军的空军同时在场的假设贯穿了当年每一场演习。演习裁判从未忘记提醒各级军官这一演习假设，不断向他们提供模拟的空战形势——位于空中的敌方和友方观察机、战斗机或轰炸机……在任何情况下，每个军官脑子里的第一个念头就是避开头顶的侦察。"[154]

空中观察在 1924 年的演习中也得到了模拟："一名军官，身上戴着特殊标志，一般是飞行员出身，被允许毫无阻碍地穿过和绕过双方的阵地。返回后，他会向指定的演习裁判汇报模拟的空中侦察的结果——裁判，正如真实的航空飞行那样，允许许多甚至全部的报告内容提交给派出飞行员的指挥官。"[155] 当时，魏玛国防军也会通过安排商业飞机在特定时刻飞过演习场上空，模拟敌军的空中观察，增加演习的逼真程度。[156]

发展航空技术

在《凡尔赛和约》中，协约国方面不仅解散德国空军，还力图打击德国的航空工业。1921 年，德国的全部航空生产都在六个月内被协约国关闭，该国民用飞机的性能指标同样受到了严格限制。直到 1926 年，这些限制才被《巴黎空军协定》取消。尽管存在这些问题，德国的飞机制造——到 1918 年仍很稳定——还是拒绝被判死刑。在德国境内，飞机制造厂躲避了协约国的各种监督小组。20 年代时，一些飞机制造厂干脆选择将部分机构迁往国外。容克斯公司在瑞典、苏俄和土耳其都建立了分公司，福克公司则搬迁到荷兰，罗尔巴赫公司在丹麦设厂，多尼尔公司在瑞士和意大利生产飞机。[157] 到 20 年代中期，德国的飞机工业已经在民用飞机制造领域蔚然成军，容克斯、罗尔巴赫、亨克尔、信天翁、福克－沃尔夫各家公司均能在德国境内生产各种不同型号的训练、体育、载客飞机。[158] 一些德国民用飞机，例如容克斯 F-13 货运和客运飞机，就是 1918 年时全金属战斗机的衍生品，而且在 20 年代成为全世界青睐的民用飞机。

20 年代，魏玛国防军在飞机研发上投入了大量精力。1920 年，魏玛国防军部队局组建后，一个由六名熟悉技术的飞行员组成的小组（由库尔特·斯图登特率领），被派往武器署的航空处。这个团队计划与德国生产商合作研发军用飞机。斯图登特找到恩斯特·亨克尔，他（后者）是一名优秀的飞机设计师，并向他提供了国防军的秘密合同，希望订制轻型侦察机。最终结果就是亨克尔 HD-17 型飞机，其性能堪称卓越。亨克尔接着为国防军设计了多款飞机，其中不少型号性能极佳，甚至被日本、瑞典及芬兰的空军和海军使用。[159]

1925 年至 1933 年，武器署的航空处获得了平均每年一千万马克的资助，用于飞机研究、测试和装备采购。[160] 航空处的首要目标是紧跟协约国方面空军的发展，开发那种一旦重整军备，就可以进行大批量生产的现代飞机型号。尽管资金有限，武器署的航空处还是协助研发和测试了多种型号的飞机，从观察机到轰炸机不等。20 年代后期，飞行测试成了利佩茨克空军中心的核心任务。1929 年至 1932 年间，至少有 20 种不同型号飞机的原型机（通常是每种机型两三架）在当地进行试飞。福克 – 沃尔夫轻型侦察机经过测试后，被认为不可采用。亨克尔、阿拉多和容克斯设计的飞机也经过了测试，多尼尔和罗尔巴赫提供了轰炸机原型机。[161]

到 30 年代早期，魏玛国防军的航空研究计划已经研发出例如多尼尔 Do–11 轰炸机，阿拉多 Ar–64、亨克尔 He–51 战斗机，以及亨克尔 He–45 和 He–46 侦察机，这些飞机共同构成了 1934 年至 1935 年间复兴的纳粹空军的基础力量。尽管这些飞机中的任何一型在航空技术方面都不是特别先进，但根据研究纳粹空军的历史学家马修·库珀和汉弗里德·施里普哈克（Hanfried Schliephake）的说法，国防军的航空计划生产出的飞机，与他们的外军同侪装备的型号至少不相上下。[162] 国防军的目的就是紧跟外国军事技术的步伐，如此看来，20 年代的影子空军部队至少有效地达成了这一目标。

结论

1933 年至 1934 年，当德国开始重整军备时，魏玛国防军的空军部队已经发展出了一套广泛的空军理论，强调空军支援地面部队的战术作用。战略轰炸尽管没有被完全排除，但显然其重要性远不及战术空中支援。甚至在纳粹空军单独成军后，绝大多数军官还是习惯于认为空军主要是一种协同作战力量，大部分纳粹空军军官也都接受这一观念。

1934 年，新成立的航空部组建了威尔贝格（此时已晋升将军）领导下的特别参谋部，为纳粹空军制定作战手册。其结果就是纳粹空军第 16 号条令《空中作战指导》，于 1935 年下发。这是纳粹空军有关第二次世界大战的作战理论的最初表达。[163] 其内容包含以下六点：一、实施为了达成和维持空中优势的战斗行动；二、支援地面部队的战斗和其他行动；三、支援海军的战斗和其他行动；四、切断敌通讯和补给行动；五、针对敌军资源展开战略行动；六、针对城市目标——即政府管理和控制中心——进行攻击。[164] 战略轰炸不仅在纳粹空军的任务中优先权十分低微，而且第 16 号条令中还包括对城市发起恐怖袭击的禁令，尽管纳粹空军确实保留有发起复仇袭击的权利。[165]

空军第 16 号条令大体说来表达了威尔贝格有关空军理论的折衷思想。当纳粹空军创建后，威尔贝格作为魏玛国防军的首席空军战略家，自然是第一任空军参谋长的最佳人选。[166] 不过，因为拥有犹太血统，威尔贝格失去了资格。作为一名职业军人，他对政治和政客均持轻蔑态度。当然，纳粹空军还是挽留了威尔贝格。他先后出任多个要职，包括 1935 年担任军事学院院长，1936 年任派驻西班牙德军部队参谋长。1938 年，他以空军上将军衔退休。[167]

纳粹空军的第一任参谋长是瓦尔特·韦弗尔将军。尽管他是德军中最能干的军官之一，却不是飞行员，也不是空军指挥官。1933 年进入航空部时，韦弗尔是战略轰炸的狂热拥护者。他希望组建一支远距离的战略轰炸部队，因此，其推动的第一个项目就是重型四引擎战略轰炸机的研发，外号"乌拉尔轰炸机"。[168] 韦弗尔显然不赞成大多数空军军官的看法，后者们虽然官阶低微，但拥有丰富的空战经验。[169] 纳粹空军的大部分早期高级军官，例如威尔贝格、米尔希、耶许尼克、斯图登特、斯派德尔和里希特霍芬男爵都是战斗机飞行员或前战斗机部队指挥官。战略轰炸理论认为"轰炸机永远可以突破"，但这一点与战斗机飞行员的经验格格不入。事实上，第一次世界大战时期德军空军的经验告诉他们，轰炸机永远无法突破（敌方战斗机、防空火力等）。

另外一些纳粹空军的高级军官，例如保罗·戴希曼（Paul Deichmann）、胡果·施佩勒都是一战时期的空中观察员，而卡尔·德鲁姆（Karl Drum）是侦察机飞行员。大部分早期纳粹空军领导人的背景经历都确保了德国空军能够朝着战术空军理论的方向发展。1933 年到 1935 年，只有少数的空军高级军官，如弗里茨·洛伦茨（Fritz Lorenz），后来成为空军总监，属于轰炸机飞行员。这与英军和美军形成了鲜明对比——在英美两国空军 / 陆军航空队中，第一次世界大战时期的轰炸机领袖，例如特伦查德和米切尔及其追随者，在两次世界大战的中间期空中力量领导层中有着较大影响力。于是，英国和美国空中力量理论的后续发展也自然是沿着战略轰炸的路线了。

韦弗尔将军 1936 年遭遇空难去世后，纳粹空军再度回到战术空中支援的老路上，这种倾向自第一次世界大战以来便在空军人员的心中根深蒂固。乌拉尔轰炸机项目很快就被取消。德国人用以进行第二次世界大战的空军，正好是 20 年代魏玛国防军所期待的那种军队。

第八章
魏玛国防军羽翼已成

到 20 年代中期，魏玛国防军早已符合冯·塞克特的期待：一支卓越的基干军队，可以用来打造一支大规模的现代化军队。当冯·塞克特在 1926 年作为陆军总司令退休后，魏玛国防军已经羽翼丰满。一套有效的新体制早就从废墟上拔地而起。旧体制中许多最好的部分，例如总参谋部也得到保留。但总的来说，军队已经经历了全面改革。空军和陆军的战术理论得到认真分析，并建起了现代的理论体系。士兵和军官的训练项目也得到确定，而且比旧式帝国军队充分得多。这些项目有效地为魏玛国防军采用新的战术打下了基础。军队在技术上更加先进，还启动了相应的军工项目，以制造适用于其自身战术理论的武器。

作为一支成熟的军队，魏玛国防军有能力进行长期规划，并开始为大规模战争做准备。就在冯·塞克特离开军队前，国防军已经开始通过多个师的联合演习，做好了进行大规模战争的准备。基本的制度现已建设完成，国防军正好可以借此检验自己的组织、装备、战术理论，使其进一步完善。冯·塞克特的继承者，那些受他提携的人都成了前者所推行体制的忠实维护者，并将沿着 20 年代早期的路线，继续推进军队现代化。当然，军事体制和思想并非存在于真空之中。自身所处的战略处境在现代魏玛国防军的演化过程中起到了重要作用。魏玛国防军很清楚谁是德国的敌人，以及自己将在什么地区同什么军队交战。

20年代的魏玛国防军战略

当魏玛国防军于1919年组建时，他们面临着堪称绝望的战略处境。当时，不仅是德国濒临内战，协约国也在莱茵地区驻扎了大量部队，一旦德国拒绝接受《凡尔赛和约》，他们就准备发起进攻。[1] 德国签订《凡尔赛和约》后，英美军队不再对德国构成军事或战略威胁。美国人很快就将占领军撤回国内，单独签订了和约；英国人则忙于帝国内部的事务，很快就解除动员，只留下一支象征性的占领军。不过，德国人仍然面临四个国家的战略或军事威胁：法国、比利时、捷克斯洛伐克和波兰。一些德国将领认为，布尔什维克统治下的俄国也是威胁之一，但冯·塞克特对于这一观点置之不理。早在1919年，他就开始寻求与俄国靠近。冯·塞克特将德军撤出了波罗的海国家，之前他们是同布尔什维克军队交战；另外，他发起了一些外交试探。德国和苏俄都受到协约国和波兰的威胁，1919年时，两国也都属于被排挤的对象。两者共同的敌人和相同的处境，为它们之间的政治和军事谅解奠定了基础。[2]

1922年，德苏两方的接近通过签订《拉帕洛条约》而大功告成。这一条约在两国间建起了外交和商贸关系。在魏玛国防军敦促下，两国军队也开始了秘密军事合作，这种合作对于双方都至关重要。德国人将提供资金、技术专家和军事训练；俄国人则提供秘密训练基地、建厂地域，以便德国人制造《凡尔赛和约》禁止的军备。这是一种对双方而言均有利的关系。[3]

法国、比利时、捷克斯洛伐克和波兰在整个两次世界大战之间，仍然是德国的军事假想敌。长期以来，法国由于它庞大的陆军、发达的工业和莱茵河地理位置，当然还有对德国的强烈敌意，一直是德国最危险的敌人。通过为比利时、捷克斯洛伐克和波兰提供军事援助，法国围绕德国建立起了一个同盟包围圈。德国对比利时抱有敌意，因为这个国家是法国忠实的盟友。1919年至1920年间，捷克亦被认为是危险的敌人，有可能侵略德国并蚕食其领土。[4]

短期而言，波兰是德国最大的威胁。在巴黎和会上，新生的波兰国家认为有权获得德国领土。最初，波兰要求恢复1772年的国界。但由于这一国界遗漏了西里西亚，波兰又要求获得该地区，外加但泽、东普鲁士大部和波美拉尼亚部分领土作为补偿。在和会上，劳埃·乔治这样指出："没人比波兰人更能制造麻烦。"[5] 不过波兰的大部分主张都获得了协约国批准。但泽成了一个"自由市"，波兹南、西普鲁士大部和东普鲁士部分领土、上西里西亚都被割让给了波兰。德国割让的领土相当于它在第一次世界大战前领土的 13%，还损失了一战前 12% 的人口。这些领土和人口大多由波兰获得。[6]1919 年，德国志愿军团和波兰军队在德波边境不宣而战。[7]1921 年，上西里西亚全民公决期间，两国军队又爆发了战斗。由协约国主持的选举中，有 61% 的人口投票赞成留在德国，但不成比例的大量领土反而被协约国送给了波兰。[8]

在西线，法国军队占领了莱茵兰。尽管法国试图挑起分裂运动，但这个地区仍然属于德国。德国在西边的领土损失还包括将阿尔萨斯、洛林交给法国。德国人大概从未真正将这两个省份视为帝国领土，因为两省在 1913 年就实现过部分自治。因此，就算丢掉这两个地区，德方也并不心疼。但东边的省份就是另外一回事了。德国拒绝丧失数百年来已成为本国领土一部分的地方，例如但泽。冯·塞克特曾公开宣称，波兰军队有朝一日必定会被摧毁，这也是国防军和德国最高级别政府官员普遍持有的看法。[9]在一份 1922 年时提交政府的备忘录中，冯·塞克特宣称："波兰的存在是不可接受的，它与德国的生存格格不入。它必须消失，而且是因为它内部的虚弱，以及俄国而消失——当然，是在我们的协助下……波兰一旦灭亡，这个国家作为《凡尔赛和约》最坚固的支柱之一、法国的坚定拥护者也就倒下了。"[10]

除了 1923 年的鲁尔危机（当时法国军队占领了鲁尔区和德国西部其他地区），魏玛国防军和政府军事计划的首要目标便是同波兰人进行战争。20 年代，波兰在和平时期拥有陆军 30 万人，预备役部队人员多达 120 万。[11]1923 年后，法国已不太可能发动对德国的进攻，但来自波兰的威胁反而加剧。1926 年，约瑟夫·毕苏斯基（Jozef Pilsudski）元帅夺取政权，更加激化了德波矛盾；到 1927 年，战争阴云早已密布。[12]尽管德国不打算发起攻势战争，来自波兰的敌意却促使国防军发展出了一套防御战略。

考虑到德国在 20 年代面临的绝望战略困境，魏玛国防军，尤其是冯·塞克特展现出了应对危机的卓越能力。与苏俄的合作政策最初是由国防军提出，但德国的平民政治家也选择接受，这对于备受孤立和打击的德国而言是一招绝妙的战略好棋。这种军事合作将为重建德国军事力量提供重要助力，同时在波兰发起进攻时提供一个有用的盟友。德苏协定的坚实基础就是波兰：俄国人和德国人一样，急于摧毁波兰这个国家。[13]在有关苏俄政府的政策和交易中，魏玛国防军的领导层展现出了伟大的远见和政治手腕，比第一次世界大战前和一战时期的总参谋部高明许多。

战争计划

20 年代初期的各种危机、德国国内的政治动荡，以及魏玛国防军早期的混乱处境使得任何严肃的战争计划（的拟定）变得不可能。1919 年至 1923 年间，各种类型的战争计划基本上都是临时根据特殊情况制定。比如在 1919 年至 1920 年，与捷克的战争一触即发之时，各地的司令部制定了一些计划，以确保东萨克森免遭入侵。不过，德方可调动的小规模部队——一个加强旅和一些炮兵、摩托化兵部队——只能够迟滞（而非阻止）捷克军队的进攻。[14]

1923 年鲁尔危机期间，位于柏林的魏玛国防军司令部制定了一些计划，防范法军从鲁尔进一步向柏林挺进。但就算是国防军司令部的计划，它们至多也是一些临时应付之作——制定动员次序，组建预备役部队，储备武器，以及制定防守威悉河的计划。国家荣誉和信用要求一旦法军继续前进，德军就必须抵抗。但在 5 月，冯·塞克特告诉本国总理古诺，该年年末又告诉新任总理古斯塔夫·施特雷泽曼：不要指望击败法国人，甚至是守住一条防线。[15] 总的来说，冯·塞克特一边在准备武装抵抗，一边支持以外交手段解决军事危机。

尽管国防军 20 年代最首要的战略是避免战争——因为打起仗来他们必然战败——德国军队却被迫制定长期的计划，建立一支基干队伍，为大规模重整军备奠定基础。1922 年，冯·塞克特告知政府，完全听从协约国的要求无异于坐等国防军末日降临，本国军队将沦为一支边境警察部队，而德国相当于完全不设防。[16] 国民政府同意了这一观点。因此，从 1922 年开始，政府一直支持国防军的秘密武装政策。1923 年的危机和德苏合作的成功，也只是更加坚定了政府的决心。[17]

魏玛国防军的长期战略以四个规划为基础：（1）创建一支强有力的基干军队；（2）准备一支预备役部队；（3）为扩军制造足够的武器，准备好工业方面的战时动员；（4）协助训练和装备苏俄军队。所有这四个规划都取得了一定成功。德国人在创建一支强有力的基干军队方面获得了最大的成功，在设立预备役部队方面成效最小。从 1922 年直到魏玛共和国寿终正寝，通过同时且不断推进这几项措施（即规划），国防军的军事实力得到了不断巩固，德国在欧洲的处境也不断改善。但不能说魏玛国防军对魏玛共和政权持友善态度。事实上，军队成了"国中之国"。不过，德国政治家中的佼佼者（特别是施特雷泽曼）认识到了本国的国际威望和影响力在很大程度上取决于军事实力，因此支持国防军的扩军和提升战力计划。1926年末，冯·塞克特离开舞台，威廉·海耶（Wilhelm Heye）将军接手指挥国防军；1928年，威廉·格勒纳 (Wilhelm Groener) 被任命为国防部长，政军双方实施的合作也比之前更可靠了。[18]

　　长期的战略计划要求一个稳定的政府，以及纪律严明、政治忠诚的军队。但直到鲁尔危机之后，在1924年，德国才真正获得政治和经济的稳定。如今，国防军才真正可以说是一支纪律严明、组织得当且训练有素的军队。在魏玛共和国的战后和平岁月之初，德国的战争计划最终摒弃了之前带有即兴色彩的手段，而变得更加完善和实际。到20年代中期，国防军作为一支军事力量才算是羽翼丰满。

　　尽管国防军设想中的战争基本上都是防御性的，但它对波兰的战争计划带有机动防御的色彩，强调反击，因为国防军相信进攻是一种优势作战方式，同时这也是因为受到协约国对德国方面永备防御工事的限制。根据1923年之后冯·塞克特针对波兰的战争计划，德军将集中兵力，力图通过一次大的钳形攻势包围任何进入德国的波兰军队。[19]1914年，德军在坦能堡战役中以少胜多，成功包围和击溃了俄国第2集团军。这是魏玛国防军最喜欢研究的战例，主要是因为这场战争的经验可以原封不动应用到波兰对德国的入侵战争中。协约国也迫使德国采取机动防御，因为他们禁止德军在东部边境筑垒，只允许德方维持东普鲁士柯尼斯堡附近少数老旧的要塞。[20]如果1919年之后，德国被允许在边境筑垒，大量资金和主要的军事资源就很可能会投入针对最令德国人憎恶的波兰方向的防线修筑中。德国也可能因此发展出一条"马奇诺防线"，作为自身战略和战术。最终，德国确实在东普鲁士建造了一些混凝土要塞和阵地，但这些要塞更多地适用于为机动防御提供支持，与法国式的防线存在明显不同。[21]

　　20世纪20年代针对波兰的战争计划表明了德军对于进攻意识的明显青睐。部队局中有些军官甚至认为，冯·塞克特制定的对波战争计划——也就是打一场机动的坦能堡战役——太过保守。部队局局长冯·哈瑟（Von Hasse）少将相信，最佳的军事解决方式是进攻波兰。[22]但1928年冬季的兵棋推演提供了一个悲观的前景，在这次推演中，德军面对波兰人的进攻，最终丢失了领土。[23]另一方面，1928

年在东普鲁士进行的集团军演习却取得了成功，入侵的波兰军队在德军的运动战役中被包围歼灭。[24]1928 年，部队局下令与海军联合开展一项研究，考虑在战争时期对波兰的格丁尼亚港口发动进攻。[25]部队局人员和海军军官围绕这项研究产生了激烈的争论，多数人都认为这种进攻代价惨重。[26]不过，既然下令进行这项研究，也就证明了国防军司令部正在考虑对波兰采取更加积极的攻势策略。

相反，直到 30 年代后期，德国针对法国的军事计划几乎完全是防御性质。除了控制萨尔兰和莱茵兰，德国在西边没有领土野心。另外，对法军这个装备更好的庞然大物发起进攻，德军认为这无异于自寻死路。因此，涉及法国的一切军事计划都强调机动迟滞战斗，目的在于迟滞法国人的进攻，并最大限度造成法军伤亡。德国人希望这个计划能够为本国军队在东线击败波兰，并且为寻求外交解决赢得时间。[27]

动员计划

从 1924 年开始，德国便制定了一个正规的长期计划，旨在创建一支规模有所扩大并重新进行武装，能打现代战争的魏玛国防军。部队局的作战处和组织处都奉命制定一个广泛的动员计划。到 1924 年末或 1925 年初，扩军计划的第一个草案——长达数百页——已经完成。[28]1924—1925 年的动员计划遵循了冯·塞克特 1919 年的设想，也就是组建一支精锐、装备一流的野战军，由携带轻型装备、训练水平较差的民兵提供支援，具体是进行边境防御。在后方，德国人将创建补充军（Ersatzherr）来训练新兵，并作为紧急预备队使用。

这个计划设想的军队在规模上相当于 35 个师。魏玛国防军的 7 个步兵师将扩编三倍，组成 21 个师。其中，有 14 个师的部队将配备 1 个重型火炮团、1 个高射炮营和 1 个坦克营。加上魏玛国防军的 3 个骑兵师，新组建的野战军将由 17 个师组成，这足以进行攻势作战。7 个装备相对轻型的扩编步兵师将负责边境防御，并得到相当于 4 个轻装边防师的支援。德国国内会成立补充军，共有 63 个步兵营和 21 个炮兵营，大致等于 7 个师；这些师只有最低限度的装备，将会给野战军训练补充兵员。补充军将不被用于作战，除非遭遇紧急事态。

1924 年至 1925 年的动员计划为所有部队提供了装备表和编制表。从计划中可以发现国防军早期对于摩托化开展的研究的结果。1924 年至 1925 年，国防军本质上还是一支步兵军队，依靠马匹和铁路进行补给和运输。不过，德国人给予了一些兵种、单位在摩托化方面极高的优先权——高射炮营就是完全摩托化的，司令部实现了摩托化，大部分炮兵和工兵部队也都如此。通信兵部队的摩托化程度尤其高，拥有 268 辆卡车和 87 辆汽车。[29] 此外，步兵得到了额外的摩托化支援：主要是配备给野战部队的五个新的卡车团。[30]

这一系列 1924—1925 年的动员计划同样遵循了冯·塞克特的分批次动员理念。第一批次是装备和训练水平都最好的部队，能够作为野战军迅速转入进攻。第二批次是装备和训练较差的部队，他们与野战军同时动员，但进驻边境防御阵地。最后一个批次是补充军，在前两批次部队完成动员后才开始动员。1924 年至 1925 年的动员计划有两个目的：其一，这是魏玛国防军在遭到进攻的情况下采用的紧急扩军计划；其二，这也是长期的扩军战略计划的基础。

第一次世界大战教会了德国人为军事动员制订计划。当然这同样意味着需要实施工业动员，因为即便是 1924 年至 1925 年的动员计划所要求最低限度的重整军备，也需要大量的工业准备。为此，部队局在 1924 年设立了一个特别处，专门负责工业计划相关事务。最初，这个机构被称为后勤处，1929 年后改称经济处。首批在后勤处服役的三名军官是埃里希·索勒丹（Erich Soldan）少校、鲁道夫·杨森（Rudolf Jansen）少校和赫尔曼·冯·汉尼根（Hermann von Hanneken）上尉。这三人后来都晋升为将军，30 年代到 40 年代继续在总参谋部作为工业和经济专家工作。1927 年，路德维希·托马斯调任后勤处，他作为总参谋部的首席工业军事经济计划专家，直到 1943 年才离开该单位。[31]1926 年时，七大军区都已配备经济事务军官。这类军官负责与政府和工业领导人联络，准备工业储备和地区动员计划。经济事务军官需要向后勤处汇报工作。[32] 国防军和本国工业体系的关系非常密切，特别是在鲁尔危机期间，当时主要的工业巨头都为国防军的重整军备提供了资助。从 1924 年开始，两者的关系逐渐实现了制度化和体系化。1925 年，一群工业界的领袖——其中许多人都接受了国防军的秘密订单——创建统计学学会（STEGA），这个团体成了国防军和工业体系之间的纽带。[33] 后勤处、经济事务军官及统计学学会三者出现后，军事工业计划的一个有效体系最终在 1926 年完成准备。[34]

德军还在鲁尔危机期间制定了一些混乱的紧急扩军计划。因为已经有 1924—1925 年的动员计划作为基本框架，又得益于后勤处和统计学学会的创建，德军才有可能开始制订一个广泛的长期的重整军备计划。20 年代早期和中期，德国人在增加本国军队的装备储备方面获得了长足进步。1927 年初，国防军总司令海耶将军通知政府，国防军已经秘密储备 350000 支步枪、12000 挺轻重机枪、400 门迫击炮、600 门轻型火炮和 75 门重型火炮。[35]

因为引发政治争议，冯·塞克特在 1926 年 10 月被解除国防军总司令职务——他邀请了德皇威廉二世的嫡长孙威廉亲王参加秋季演习。为确保自己的政策能够持续下去，塞克特安排了海耶将军（当时的部队局局长，前者所推行政策的支持者）出任总司令。这一措施阻止了沃尔特·莱因哈特将军获得军队的掌控权，他是塞克特当时在军内最大的对头，也是塞克特战术和战略政策的反对者。如果莱因哈特成为总司令，德军的战争计划、组织理念和战术理论就很可能走往完全不同的发展方向。莱因哈特青睐防御，不喜欢进攻；此外，他倾向于传统的大规模陆军，而不喜欢塞克特式的精英化专业化军队。不过，新的总司令海耶继续遵循着由塞克特奠定的理论和政策。海耶的继任者库尔特·冯·汉默斯坦–埃克沃德（Kurt von Hammerstein-Equord）将军，于 1930—1934 年间出任总司令，也依据塞克特定下的长期目标发展军队。历任总司令都不曾对 1924 年至 1925 年的动员计划实施重大调整。值得一提的是，这些计划在第三帝国时期仍然是动员和组织计划的基础。

不过，在如何具体实施这些计划方面，德军后来做了大量修订和补充。由于计划的核心是将魏玛国防军的 7 个步兵师扩充三倍，人们因此也将其称为 "21 师国防军" 计划。1925 年，武器署建议把骑兵师从 3 个增加到 5 个。但这个建议被部队局驳回。[36]1927 年，协约国军事管制委员会撤出德国后，德军就获得更多机会来生产军备和进行训练。他们制定了一个将 "21 师国防军" 计划部分实施的计划。1928 年，政府批准了为 16 个师的 "紧急部队"（又称 A 军）提供装备和征集人员的财政计划。1932 年，德国人又制定为其他部队提供有限的装备和人员的计划。[37] 主要是受到世界范围内大萧条的影响，国防军在 1932 年没有获得足够武装 21 个师的装备，只能装备 16 个师，且相应计划原本预计在 1930 年做好准备。因此，德国人在 1932 年又启动另一个重整军备计划，打算装备 21 个师，包括一支拥有 150 架飞机的小型空军、拥有 55 辆坦克的装甲部队，以及高射炮和反坦克炮部队。[38]

创建预备役部队

在组织了一支强有力的常备军后，魏玛国防军接下来的重点——比储存现代化装备更加重要——就是创建一支训练有素的预备役部队。《凡尔赛和约》禁止德军征兵，并将德军限制为一支长期的小规模部队，这意味着受训的合格后备兵员人数必须逐年减少。国防军的服役期为 12 年，到 1932 年，有 10 万名年龄在 20 岁到 35 岁之间的德国人应该接受军事训练，而这些人实际上对飞机、坦克、重炮等一无所知。法国人尤其赞同将国防军的服役期保持为 12 年，从而使德军无法拥有预备役部队，确保德国军队只是一个空壳，没有任何梯队纵深。[39] 因此，如何创建一支训练有素的预备役部队作为防御性的民兵，装备最低限度的现代武器，能够作为一支有效力量投入使用或许就是国防军最大的烦恼。如果没有后备军，仅有 10 个师的精英国防军也难以在短期内重整军备和扩大规模。

在战后的动荡岁月中，各种形式的准军事组织如雨后春笋在德国各地涌现；有一些得到国防军的支持，有一些是由州政府或地方政府组织。1919 年，萨克森组建了志愿边防团，守卫捷克方向的边境。由于只存在短短数月，有些志愿者后来进入魏玛国防军，有些被改组成边境警察，还有些转入了预备役部队——民兵（Volkswehr）。[40] 各种地方性质的民兵部队也纷纷成立。萨克森组建过国内防卫军，但该部随后遭到解散。[41] 在东普鲁士这个遭受入侵威胁最大的地区，德国人组建了公民武装（Einwohnerwehr），然而只拥有最低限度的装备和组织。巴伐利亚在战后很快组建民兵。1919 年 4 月 25 日，一项全国性法律将民兵系统扩散到了德国的所有城镇。协约国军事管制委员会的法国将军诺勒（Nollet）估计，战后德国各地的民兵组织总共拥有一百万人。[42] 这个估计数可能有所夸大，但在魏玛共和国早期，民兵组织相对不明的情况导致今天的我们只能大体猜测其人数。

1919 年之后，大部分德国民兵组织都被解散，政府命令他们交出武器。冯·塞克特也支持解散并解除其武装，因为这些民兵组织过于脱离军方的指挥和控制。尽管许多装备良好，而且完全由军人组成的志愿军团和民族主义组织在鲁尔危机期间表示愿意协助国防军，冯·塞克特还是没有忘记卡普政变的教训，非常怀疑这些团体的纪律，最终选择拒绝。1923 年，国防军做出决定，如果要创建后备军，那么该部也应由军方装备和训练，并且彻底处在军方指挥之下；最好是拥有一支可靠的小规模后备军，而非一群政治信仰各异的乌合之众。

国防军长期维持的唯一一支民兵就是边境警察部队，他们组建于德国东部边境。由波兰造成的严重战争威胁使得这类民兵的存在成为必要。1920 年 8 月，德国人在东普鲁士组建了一支本地防卫部队（Ortswehr），该部队吸收了当地的一些民兵组织。普鲁士州政府支持普鲁士民兵，一套复杂的地方委员会体系亦被创设出来管理这些民兵。[43] 当然，常备军不可避免会怀疑这些民兵的战斗力和纪律，而且后者装备的轻型武器使他们战力低下。[44] 东普鲁士的本地防卫部队在 20 年代后期正式解散，但一些部队被吸收合并到了边境警察。

整个魏玛共和国时期，国防军——在萨克森和普鲁士政府的协助下——都会保持一支规模可观的边境警察部队。尽管我们没有掌握确凿数据，但国防军曾在 1930 年估计，他们（边境警察）的规模是现有 7 个正规步兵师的两倍。从纸面上看，边境警察部队大概拥有 7 万人到 8 万人。[45] 事实上，该部队的有效兵力不足 4 万人。

魏玛国防军最有效的预备役部队当属治安警察。该组织成立于第一次世界大战之后，是个军事组织——警察屯驻在军营里，长官是前军队的士官或军官，普通成员也是从志愿军团和短暂存在的国防军中招募。治安警察接受军事化训练，装备步枪、机枪和装甲车。协约国方面意识到这支部队的军事性质，不断要求德国解散这支部队。最终，协约国还是容忍了该部队的存在，但坚持将"警察军营"中的人数限制在 32000 人以内。由于（协约国方面）对警察的监督不及军队那么严格，据估计，20 年代的德国治安警察人数接近 70000。[46]

关于治安警察及该部同国防军的关系，有一个非常形象的说明——出现在未出版的第 65 步兵团第 1 营战史中，由一名德国军官于 1937 年至 1938 年间撰写。这份手稿（战史）详细说明了不来梅的治安警察是如何多次规避《凡尔赛和约》；值得一提的是，不来梅是第 16 步兵团，也就是后来第 65 步兵团的驻地。[47]

1919 年秋，在不来梅，治安警察就是由卡斯帕里志愿军团的士兵组建而成；后一个组织的成员来自原先的第 75 步兵团。卡斯帕里（Caspari）少校是一名职业军官，被任命为不来梅治安警察的总长，这支警察部队起初拥有 12 个警察连、2 个技术连、1 个装甲车中队、1 个骑兵连。[48] 治安警察的摩托化程度相当高，装备也很充足，包括轻机枪和重机枪。标准的警察武器是军用 98 式毛瑟步枪的一种卡宾枪型号。

协约国提出抗议后，治安警察的武装受到了限制。不来梅警察只被允许拥有 3

辆装甲车、少数步枪和机枪，军事训练同样被叫停。1922 年，不来梅警察已经缩编到 900 人，组成 12 个连、1 个装甲车排和 1 个骑兵连。为取悦协约国的监察官，治安警察的钢盔亦被秘密储藏起来，人员改用檐帽。军用野战厨房、军事通信设备、武器、弹药储备都不再使用。治安警察仍然接受基本的军事训练，但训练的实施比以前更加小心。不过在 1923 年之后，治安警察就改为按照国防军的军事标准进行训练。[49] 在整个 20 年代，警察都会参加大小规模的军事演习，包括实弹射击演习。作为预备役部队，不来梅的治安警察必须在接到 8 小时动员令后，进驻西部边境防线。1934 年至 1935 年的大扩军时期，单是不来梅治安警察就足以组建 2 ～ 3 个营。由于纪律严明和训练有素，治安警察能很快并入军队。总的来说，治安警察项目是魏玛国防军最成功的快速扩军措施之一。

国防军还有其他经过训练的预备役部队可以为新招募的军队提供基干人员，或是在紧急时刻组成扩大的军事组织的核心。正如前文第七章所提及内容，空军组织办同样保留着一份可以随时征召的前空军人员执勤名单。此外，汉莎航空在一定意义上也是为了给空军提供后备力量而成立，在危急时刻可以迅速转变为军事力量。

第一次世界大战结束后不久，德国军队就建起了复员组织，这一组织事实上是一个登记可能入伍的年轻人和老兵的体系。该组织由于太过庞大，很快就引起协约国方面的注意，在 1921 年被迫解散。[50] 登记老兵和年轻人的行政职能后来被养老金中心小心翼翼地接了过去。冯·塞克特也努力确保前军官被任命为区特派员，这一职务的职责非常模糊，但一般说来就是通过体育运动和对年轻人进行训练，保持尚武精神。戈登·克雷就将区特派员称为"边防部队，甚至是稍晚的后备军的预备军官团的雏形"。[51]

尽管魏玛国防军征召的普通兵员应该服役 12 年，军官服役 25 年，但服役期满之前就复员士兵和军官的常规项目也早已设立。这个项目将帮助国防军打造一支训练有素的士兵和军官预备役部队，这支预备役部队的可靠程度毋庸置疑。到 1926 年，年度兵员复员率已从 13% 上升到 25%。[52] 军官同样被允许离开岗位，进入预备役。库尔特·黑塞在 1929 年从国防军复员，成为军队的平民教官；但从个人履历上看，他当时进入的就是预备役。[53]

20 年代，德国人将大量精力放在了复兴沙恩霍斯特（Scharnhorst）将军在 19

世纪早期创立的短期预备役（Krümper）制度上。1807 年，普鲁士在拿破仑手下战败后，普鲁士军队根据条约，被法方缩减为 42000 人。但沙恩霍斯特通过征召大规模的预备役人员进入军队，给他们提供短期军事训练，从而规避了这一约束。通过轮流征召年轻人进行为期几个月的训练课程，到 1813 年普法再次交战时，短期预备役制度创造了 15 万人的预备役部队。[54] 鲁尔危机期间，德国政府批准重新建立这一制度，允许国防军征召所谓的劳工大军。这些劳工兵役实际上是伪装的、接受短期训练的志愿兵（"黑色国家防御军"）。1923 年，成千上万的年轻人接受了征召和训练。1923 年之后，这一制度还在继续生效。1929 年的一份来自英国的报告表明，国防军中进行额外训练的人员多达 7000。[55]

黑色国家防御军的预备役军人经常被组织成为边防军队。这一体系提供的对预备役人员的指挥和控制程度远高于志愿军团或其他民族主义组织。不过，即便是黑色国家防御军内部也存在严重的违纪问题。一些成员建立了自己的秘密军事法庭，迫害那些谴责国防军秘密扩军行为的德国人或是左翼团体。[56] 尽管有些成员的行为显得过火，但德国国内对于这种全国性民兵的感情仍很强烈。比如在 1923 年危机中，柏林大学、耶拿大学、莱比锡大学和哈勒大学的很多学生都志愿参加军事训练，而且校方非常支持他们。[57]

1928 年，在新任国防部长格勒纳的领导下，预备役体系得到重组。由于获得政府的支持，秘密预备役部队被置于国防军的严格控制之下。一个创建和装备大规模预备役部队的计划以国土防卫的名义被建立起来。此外，边防军部队和短期军队志愿者的训练照常进行。[58] 格勒纳将军被全国性民兵的热情所鼓舞，早在 1930 年，他和本国政府便开始就创建一支瑞士模式的全国性民兵进行商谈。[59] 格勒纳希望公开复兴短期预备役制度：在每个季度，有 40000 名预备役兵员将接受为期三个月的军事训练；由此，每年可以为国防军组建 160000 人的预备役部队。格勒纳计划在 1932 年的裁军会议上公开提出这一制度，但很快就被其他国家否决。[60]

国防军内部还存在一些关于边防军和黑色国家防御军的价值的讨论。恩斯特·柯斯特林将军在 1927 年评论说，当他出任一个骑兵团团长时，团里就有一份秘密军火储备，他必须不让协约国的监察官发现。柯斯特林认为，鉴于这些军火储备的军事价值有限，他不明白协约国为何对此大惊小怪。为打赢一场现代战争，国防军需要"大量的预备役兵员和物资"。只给予年轻人一个季度的军事训练，无法让他们适应真正的战争。[61]埃里希·冯·曼施坦因在部队局的作战处任职数年，积极参与了预备役部队训练计划的制定。在自己的回忆录中，他评论说，边防军部队不仅装备的武器太轻型，而且成员要么年龄偏大，要么就是只接受过最低限度训练的愣头青。边防军部队在边境的部署太过分散，平均每公里只有12人，而且缺乏运输工具，这样一来他们只能"勉强应对波兰的非正规军"。要想对付敌方正规军，边防军最多可以实施迟滞作战。[62]曼施坦因还指出，国防军计划在紧急状态下征召的预备役师装备水平很差，或许只能用来"增加敌军的战俘数量"。[63]另外一名总参谋部军官济格弗里德·威斯特法尔认为，通过增加一部分短期受训者而扩大军队的想法是好的，但在1923年危机期间，黑色国家防御军的有效人数太少——在柏林就只有1000人；因此，他们的军事价值其实很低。[64]

总的说来，20年代参与预备役部队的训练和计划制定的国防军军官，对于预备役部队军事效能的评价都不高。部队局军官，例如曼施坦因并不反对创建预备役部队。但国防军总司令部内部的一致意见是，只经过三个月训练的军队并不适合在战场上执行任务。短期预备役体制对于1813年的简单战争而言确实适用，但现代战争的复杂性弱化了这一体制的效果。当1934年至1935年的重整军备开始后，国防军决定创建一支作为新兵，服役两到三年的预备役部队。30年代的预备役师在装备方面与正规军相差无几。从本质上看，在尝试短期预备役体制后，国防军回到了第一次世界大战之前的理念，也就是只有经过两三年严格训练的兵员才能成为合格的预备役士兵。

国防军保留预备役军官名单和创建一支空军预备役的举动要成功一些。创建治安警察作为预备役是规避《凡尔赛条约》的所有项目中最成功的。这一部分额外的训练有素的军官和士兵将在30年代的扩军中发挥重要作用。黑色国家防御军和边防军部队——包括整个边防军项目——是国防军的败笔。这些20年代和30年代的预备役部队充其量只能在波兰人发起进攻的情形下，提供有限的额外保障。边防军项目带来的唯一一个好处是，通过在20年代尝试创建有效的预备役体制并且遭遇失败，在即将到来的大规模扩军之前，国防军及时将错误局限在了最低程度。

1928 年国防军演习期间，冯·塞克特（中）正与兴登堡总统交谈。图片来自弗里德里希·冯·拉比瑙：《塞克特：他的生平（1918 年至 1936 年）》（莱比锡：哈瑟－科勒出版社，1941 年）

军和集团军的训练

到 1925 年，魏玛国防军已经从上到下得到了相当充分的训练。军队现已完成连和营一级训练，并在 1923 年至 1925 年间着手团和师一级的训练。1926 年，国防军成熟到了如下程度：军队大部分部队都已通过当年包含多个师的协同演习。这一年举行了两次主要演习，在两大集群地区各举行一次（国防军的所有十个师被分为两个集群）。第一集群位于东普鲁士和东德，第二集群在西德和南德。

第一次世界大战爆发前，德军在采用大规模演习训练士兵和指挥参谋方面，就已是举世闻名的大师。国防军的演习方针是使用师和集群演习作为测试新式装备和战术思想的手段，同时训练士兵和军官。每年的演习都要进行严格观察和检讨，不仅由集群指挥官及其幕僚实施，全军指挥官同样会参加。兴登堡总统身穿陆军元帅制服，亲临现场视察。国防部长同样会出席。总统和国防部长的出席证明了演习在政府首脑的心目中也非常重要。

　　20年代后期，国防军进行了诸多规划、部队调动、编制齐全的师和军级部队作战方面的实践，并根据演习结果调整自身的战术理论。集群演习得到精心策划。尽管假想情景保证了一系列战术处境都会出现，但指挥官本人依然拥有相当广泛的决策余地。通过训练有素的裁判，演习会尽可能贴近现实。魏玛时期的美国驻德武官特鲁曼·史密斯（Truman Smith）上校曾在他关于1924年德军师级演习的报告中，这样描述裁判的工作：

　　　裁判工作进行得非常彻底，下至连一级的各支部队都陪同有一名可靠的军士，担任助理裁判，他接受过相关训练，并且可以根据情况进行判断。规模大一些的部队甚至有裁判军官，包括以将军作为裁判……演习开始前，裁判会在柏林根据地图，一同研究地形和演习问题……德方裁判工作对我造成的影响十分深刻，这些裁判很称职且高效，他们作出判决非常迅速而且审慎。[65]

　　史密斯对德军的演习方式推崇备至，并指出美军与德军相反，没有关于演习裁判的战地手册或指南，也没有德军那样严格的裁判训练。[66]

　　在德军七个步兵师中，有四个师的全体官兵，以及两个师部分官兵参加了1926年的演习。来自三个骑兵师的部队对步兵进行支援，有一整个骑兵旅还参加了第一集群的演习。[67]美国观察家所写报告，加上一份来自瑞士军事杂志的报告都注意到了上述演习中国防军展现出的战术创新。[68]这些演习与第一次世界大战中的阵地战毫无关系。德军强调战术移动和行进，对于将高度机动化的部队协同起来（这种做法）也进行了尝试。1926年9月，第二集群演习中，第5步兵师的先锋是一支骑兵部队，这支骑兵得到了火炮和额外机枪火力的支援（与一支模拟的坦克部队混编）。[69]另一个创新就是骑兵角色的改变。尽管骑兵在国防军中所占比重最大，但第二集群的演习中只有少数骑兵中队参加。此外，这些骑兵部队并没有试图以密集队伍行进，而是分散成小股兵力充当掩护部队，遇到敌军则下马作战。[70]炮兵施放烟幕，掩护和支援某一点的坦克进攻，这正是第一次世界大战中协约国军队的战术，德军则是首次将其应用于演习。[71] 与第一次世界大战战术不同的变化还包括分散和伪装火炮，给敌军观察和反制己方炮火造成困难。不过，这也给炮兵连的指挥，以及集中火力制造了障碍。[72]

国防军的加速摩托化同样吸引了外界注意。为瑞士军事刊物撰文的博勒克（Boelcke）上校评论说，魏玛国防军的摩托化部队作战高效。[73] 美国某观察家评论说："德军拥有各种类型摩托化运输工具提供的充分支援。"他还称赞德方指挥部的摩托化。他们（德军摩托化部队）使用特别设计的卡车，"非常实用且有效"。[74] 这名美国军官（观察家）另外补充说："自上次世界大战以来，我还是首次见到有军队大规模使用摩托车。"装甲部队是由国防军的装甲车连和模拟坦克部队代表，在 1926 年的演习中经常出现。演习的对抗双方都很注意坦克防御，因此他们设置了大量坦克陷阱和障碍。装甲车和模拟坦克首先会被用于侦察和支援任务。[75]

1926 年演习还进行了夜袭及渡河作战。德军采用了一种新战术，使用机枪作为间接火力进行支援：从己方前进部队的头顶射过去。[76] 在 1926 年的两次演习中，模拟运用飞机进行侦察、观测和地面攻击也得到了强调。国防军各部队经常采用伪装和分散作为消极的防空手段。[77] 国防军最有意思的战术创新是，起初被美国军官视为拙劣的战术活动——德方并不在意保持一条连续的战线。相反，他们的部队大胆挺进，不会顾及侧翼的友军："各营和营下属的各连一直向前挺进，挺进，不在乎他们左右侧翼是否有友军提供掩护，直到遭遇敌军才停止前进。"[78] 美国人还补充说：

"起初，我方觉得这些前进中的非常规现象主要源自这样一个事实，那就是德军还不习惯大规模的军事演习，在实现作战意图和上级命令时犯下了一系列错误。后来我们才知道，这是有意为之。德军的条令要求各部队不断推进自己的作战力量，尽一切可能争夺有利位置，而不需要考虑侧翼部队是否成功跟上。同时，在各自为战的情形下，只要某部判断自身正处于可以帮助友军前进的位置，就总是可以看到他们彼此之间的全力配合。"[79]

我们完全可以怀疑的是，不论协约国各国军队，或者苏联军队、波兰军队，他们是否有能力在 1926 年这样的师级演习中展现出如此高超的战术素养。德军的

"克虏伯拖拉机"的测试底盘。这也是 Pz-1 型坦克的基础，1932 年前后，该型坦克在苏俄进行了测试（感谢马里兰州阿伯丁试验场的美国火炮博物馆提供此图）

战术素养让美国观察家叹为观止。德国人不断训练远距离（徒步）行军，因为行军在 20 年代仍然是步兵进行移动的常规手段。在 1926 年的演习中，步兵被要求昼夜不断行军。一些营在投入战斗前要行进 45 公里。美国武官评论说，德军在经历这些行军之后锐气丝毫未减。[80]

1926 年的演习证明了国防军已经成功摒弃第一次世界大战中的阵地战思想，开始掌握通过协调不同器武器装备，进行现代机动战争的技术。在 30 年代，国防军还会对全军大部分官兵，继续推行师级规模的年度集群演习。事实上，秋季演习是全军军事训练的高潮部分。当纳粹夺权后，魏玛国防军被改组成纳粹国防军，但师级和集群训练甚至得到了加强。

20 年代德军司令部的演习报告表明，国防军指挥官对部队的训练状况，以及演习作战中的战术感到满意。但就算这样，每次演习结束后德方还是会完善和改进战术。1927 年，第 3 骑兵师在结束师级演习后向总司令部提交了如下报告："没有坦克的战斗是落伍的战斗。目前在兵种学校教授的，向获得坦克协同作战的部队发送指令的方式令人不太满意。"[81] 第 3 骑兵师注意到，模拟的坦克位置经常靠后，因为其越野性能不足。骑兵师建议说，快速的哈诺马克车辆可用作坦克底盘——就

1926—1928 年间一次演习中，一些步兵正在支援一支模拟的坦克部队（感谢马里兰州阿伯丁试验场的美国火炮博物馆提供此图）

越野能力而言，这是当时唯一与骑兵相近的车辆。骑兵师还建议设立更多的装甲车训练基地。很难想象的是，所有这些建议都来自一支在几个月前才放弃使用长矛的部队。[82] 确实如此，虽然这一过程长达数年，但德军骑兵部队最终还是成功摒弃了其保守思想。

莱因哈特将军（第二集群司令官）在 1927 年报告说，当年的演习表明德军已经领会快速机动的要义，但军官们还需要更多技术经验。[83] 同年，德军司令部要求第二集群的演习包含使用摩托化步兵团与骑兵师配合作战的环节。演习结束后，莱因哈特建议军队练习远距离的摩托化行进，并且应向摩托化部队提供越野性能更好的车辆。[84]

20 年代后期和 30 年代初期的大规模军事演习展现出了德军不断努力改进装备

和摩托化理念的趋势。[85] 集群演习中，国防军总司令部会强调在机动性、进攻战术、迂回及合围等方面的训练。摩托化部队及其装备的表现同样在不断获得肯定。美国武官评价德军在30年代的演习时曾这样报告，德军车辆非常耐用，卡车和摩托车的性能也非常好。[86]1932年，魏玛时期的最后一次集群演习表现出了德军各步兵师和骑兵师新的组织特征。一个主要的改变就是组建摩托化侦察营，将其作为师的制式编制。新的摩托化侦察营是一个均衡的组织结构，包括一个摩托化指挥部、一个通信排、一个装甲车排、一个反坦克排、一个机枪队、一个自行车连和一支骑兵队。[87]

通过组织兵棋推演，魏玛国防军获得了大规模现代战争中有关战术和指挥问题的丰富经验。由于认识到通讯在运动战中的重要性，1928年，部队局组织一次大型通讯演习，此次演习覆盖了所有的师级和集群指挥部。[88] 部队局也通过兵器演习，试验摩托化战争计划和战术。1926年至1927年的冬季兵棋推演一共有40多名柏林的总参谋部军官和各地司令部成员参加。部队局提供的演习情境是，一支拥有7个步兵师、1个骑兵师、1个摩托化步兵师的红方部队，对阵下辖3个步兵师、1个骑兵旅，外加1个摩托化步兵师和1个摩托化步兵旅作为支援的蓝方。[89] 在上述兵棋推演中，敌对双方都拥有大规模空军。

在1926年的设想里，1个摩托化步兵师的编制以3个摩托化步兵团为基础，每个团有1个摩托化通信分队和1个摩托化步炮连（见附录表格）。师一级的侦察部队也几乎为团规模，包括1个指挥部、2个摩托化反坦克炮兵队（各有3门炮）、2个装甲车连（每连12辆装甲车）、1个摩托车连、1个自行车营和1个搭乘半履带车辆的步兵连。师属坦克连也被算入侦察部队。这支部队（师侦察部队）拥有强大的火力和机动能力，不仅可以执行侦察任务，还能作为高度机动性的装甲部队投入战斗；该部拥有的30多辆装甲车足以进行突破作战。[90]1926年的摩托化师大量使用履带式牵引设备来移动火炮。[91] 补给纵队大量使用半履带车辆，两个补给营总吨量的一半都是通过这类车辆运输。

1926年至1927年兵棋推演的一个重要特征就是将很大一部分内容设定为空战。发动进攻的红方部队拥有一支主要由重型轰炸机组成的空军。防守的蓝方部队下辖一支构成更加均衡的空军——两个战斗机大队、两个夜间轰炸机大队、一个昼间轰炸机大队、一个夜间战斗机大队。尽管空军部队拥有独立的联合指挥体系,总司令部仍可对其下达战术指令。由于进攻的红方拥有一支大规模轰炸机部队,防守的蓝方空军非常强调使用高射炮来应对这一威胁。[92]

集群演习、通讯演习和部队局的年度兵棋推演都可以证明,到 20 年代后期,魏玛国防军已倾向于从常规部队、机动和摩托化三个角度来看待现代战争。在上述推演中,德国人对于使用民兵或非常规手段（例如游击战）进行防御没有予以重视。尽管德军一直致力于创建一支可靠的民兵部队,国防部长格勒纳对于组建一支全国范围的民兵部队也很感兴趣,但部队局在对军官和士兵进行战略和战术训练时基本上无视民兵。同样,第一次世界大战时期连绵不断的战线堑壕战也没有得到重视。1926 年至 1927 年的演习情境表明,部队局判断——未来战争将取决于大规模、相对机动化的常规部队打一场运动战（的结果）。到 20 年代中期,这已是国防军着手准备的唯一一种战争。这与法国形成了鲜明对比,法军的思维仍然局限于连绵不断的战线。至于英军和美军,他们在这一时期似乎完全没有大规模战争的清晰理论。德国人对下一场战争已经有了清醒认识,并且一心一意地为之苦苦训练。

这一清晰认识和相应的执着努力导致国防军各师拥有很高的训练水平。美国武官观察德方 1924 年的师级演习后报告说:"根据我们的标准,这支军队在训练、纪律和战斗素质方面高于平均水平。在决策、参谋业务和高级指挥方面的优势更是明显。"[93]1926 年时,美国武官是获准参加第一集群和第二集群演习的唯一外国观察员。当年,该武官汇报说:"德军似乎已经达到很高的训练标准,不论军官还是士兵。"[94]他并没有嘲讽德军的模拟坦克和火炮,而是认为在经费有限和装备不足的情况下,这不失为一种训练军队的明智举措。他甚至向美军推荐这一创新。[95]

在装备有现代武器的大规模部队的训练和运用等方面,德军取得了明显进步,胜利的协约国军队则止步不前。第一次世界大战之后,法军所举行首次多个师参加的演习是在 1922 年。规模庞大的法军中仅有几个师参加,而且法军总司令部的表现遭到了德国观察员的批评。德国人认为,法军总参学院展露出了"对堑壕战的明显钟爱"。[96]德国人还报告,法军战术毫无创造力,完全是"本本主义",而这一点经常遭到德军总参谋部的批判。[97]1924 年里,法军只举行过三个师参加的大型演习。当年,德国观察员认为,法军 18 个月的服役期并不能训练出足以遂行现代诸兵种合同战斗的士兵。[98]

第 4 师部队在演习中进行化学战训练，1927 年

英军直到 1924 年才举行战后首轮大规模演习。在这些演习中，伦敦《泰晤士报》将本国 1914 年的军队与当前军队进行了一番苦涩的比较。《泰晤士报》评论说，1914 年的英国远征军（BEF）兵力只相当于当前英国国内军队的三分之一，而十年前的这支军队在训练和备战状态上远比现在强。[99] 在训练方面，美军是列强军队中表现最差的。第一次世界大战到 1941 年间，美军连一次多个师参加的演习都没举行过。美国军官理论上能够获得大规模战争训练的唯一机会，就是一年一度的陆军指挥参谋学院（位于利文沃斯堡——Leavenworth fort）课程中的兵棋推演。特鲁曼·史密斯观察了（20 世纪）20 年代的德军，然后进入美国陆军参谋学院学习；他将利文沃斯堡的训练描述成"过时的东西"，说这是一种将战争视为"一系列代数方程"的观念。[100]

德军装甲部队的演化

尽管魏玛国防军在发展自己的装甲兵学说方面取得了长足进步，但到 20 年代中期，德军装甲兵的演化——正如空军的演化那样——还是紧密依赖进行于苏俄的测试和训练项目。喀山的装甲训练项目规模要比利佩茨克的飞行员训练项目小得多，而且持续时间较短——从 1929 年到 1933 年。不过，它仍然在德国装甲兵学说的演化上发挥了重要作用，因为该项目帮助德军进行了一次平稳过渡，从 20 年代中期开始，当时国防军的装甲理论家汲取了第一次世界大战的教训；持续到 30 年代早期，此时德军已经开始打造一支作为主力的装甲部队。装甲训练和测试项目因此是国防军秘密项目中最重要的一个。如果没有机会在苏俄进行真实、亲自经历的训练，国防军就会因为没有及时更新装甲经验，在重整军备时遭遇困难。

从 1925 年以来，德国装甲车辆项目便拥有高度优先级别。1927 年春天，魏玛国防军取得了重大外交胜利：与苏俄政府缔结一项协定，在苏俄腹地喀山开设装甲训练和测试中心。自从德苏军事合作在 1922 年开始后，德国人就迫切希望建立这样一个中心。但苏俄一方的疑虑，以及来自苏俄政府和红军内部的异议使得整个项目进展缓慢。[101] 布罗姆贝格（Blomberg）将军，时任部队局局长，认为在建立坦克学校方面的拖延确实太严重，以至于在 1928 年亲自找苏联国防人民委员伏罗希洛夫商谈。谈话是在伏罗希洛夫访问柏林期间，以及布罗姆贝格视察在苏俄的德军基地时进行。[102] 喀山基地，正如利佩茨克的影子空军驻地那样，是由大量车间和设施组成，还包括一个舒适的军营和敞亮的军官食堂。[103] 在喀山，国防军可以支配大片开阔地，这是装甲车进行训练和测试的理想场所。[104]

喀山的第一次训练课程开始于 1929 年春天。开设学校的延迟主要由使用船舶运送德国坦克成品和装甲车原型车的困难导致。[105] 喀山中心的官方名称是重型车辆测试基地，位于摩托化兵总监处的直接控制下。[106] 第一任基地司令官是马尔布兰特（Malbrandt）中将；测试中心的第一任主任是皮尔内少校，他还是武器署的坦克设计师。[107] 第一批课程的负责人是弗里德里希·库恩（Friedrich Kühn），他在 1940 年继续出任装甲兵学校校长。火炮射击教官是包姆加特（Baumgart）前上尉，他在 1934 年又回到了陆军。工程兵教官是工程师瓦尔特，来自克虏伯。[108] 装甲课程每年会训练 10 ~ 11 名学员。[109]

这一课程大约持续一年，最初是在柏林的摩托化兵学校进行 4 ~ 5 个月的技术和战术教学。在春季，德国军官会前往喀山进行装甲车方面的训练，直到秋季。在喀山，训练的重点是连和营规模的装甲作战。[110] 装甲兵学校的目标就是为国防军训练出具备完全资格的装甲兵教官。每名军官都要精通坦克作战、坦克火炮瞄准、坦克机枪操作和无线电操作技术。野战战术训练也是课程的主要部分。[111] 装甲兵学校一共有五个系：训练、测试、技术测试、后勤补给和管理。[112]

喀山中心的创建与苏联红军创设自己的第一个机械化团几乎是同时进行。1929 年，红军组建了机械化第 1 团，该团有一个坦克营、一个装甲车营、一个摩托化步兵营、一个炮兵连。[113] 当时，红军只有 200 辆坦克和装甲车，且大多数都已过时。[114] 因此，在喀山中心 1929 年创办之际，不论德国人还是俄国人都只有一小部分装甲车可用于训练。不过，俄国人在这一年刚开始大批量生产现代坦克，他们和德国人都受益于英国政府在 1930 年初的决定，那就是允许俄方购买现代化的英制坦克。那一年里，俄国人获得了 15 辆维克斯 II 中型坦克、26 辆卡尔登罗伊德 IV 型超轻型坦克、8 辆卡尔登罗伊德坦克和 15 辆维克斯 – 阿姆斯特朗 6 吨坦克，还有一些其他车辆。[115] 魏玛国防军因此有机会对一些最新式的英制装甲车进行评估。[116]

尽管有些红军军官参加了喀山基地的装甲课程，但基地中的大多数军官还是德国人。[117] 伏罗希洛夫将喀山称为"德国学校"，他更愿意在新成立的沃罗涅日（Voronezh）红军装甲兵中心训练本国装甲军官。[118] 德军与红军的合作关系本身也充满了对于彼此的不信任。两名顶尖的红军坦克指挥官——波利亚科夫（Polyakov）和耶罗申科（Yeroshenko）——却与他们的德国同侪在技术和训练事务上合作很愉快。[119] 德军和红军的交流项目对双方而言都很重要。1926 年，有 13 名红军军官进入国防军，或参加了他们的演习；1927 年，有 14 名红军军官在国防军中服役。这两年里，有 39 名国防军军官在红军中见习。[120]

根据历史学家约翰·埃里克森（John Erickson）的说法，喀山的装甲兵中心有三个主要功能：（1）训练军官；（2）测试德军的装甲原型车；（3）对外军装甲车进行比较测试。[121] 时至今日，德国军事档案馆仍然保存着大量武器署关于喀山的德军装甲测试项目的档案。但在装甲训练计划和外军武器测试方面，德方并没有什么档案保存至今。除非苏联保存的档案可以查阅，否则，关于喀山装甲兵学校的第一手资料便仍然是《德国装甲兵战史》，这是一本由瓦尔特·内林将军撰写的德国装甲兵战史，他曾是装甲兵课程的学员。另可参阅沃尔特·斯皮尔伯格论述国防军摩托化历史的《德国国防军的摩托化》，尤其是书中关于喀山学校的照片集。[122]

尽管文献不足，但我们还是可以重构 1929 年在喀山开设的装甲战术课程的部分面貌。有这样一本战术教材——《指挥和作战指南》，作者是国防军的西贝尔特（Siebert）少校，出版于 1929 年——书中包括了 20 年代后期德国装甲兵战术的一个详细回顾。西贝尔特的教材实质上是对国防军标准的、大部队战术理论的一个概述，附有许多大比例尺地图、图表和一份从各种战术手册里摘引的注释。其中，装甲战得到了充分关注。坦克部队——与空军中队和重炮兵团一起——被描述为集团军级的支援部队，应该大规模使用并将其用于决定性地点。[123] 装甲车被视为一种骑兵武器，装甲骑兵部队被描述为一种混编部队，包含了骑兵中队、装甲车部队、摩托化炮兵和工程兵、自行车或摩托车步兵，用来执行各种侦察任务。[124] 如果骑兵需要重型火力支援，以占领某个阵地，来等待行进中的步兵师，坦克部队也可以隶属骑兵，从而组建一支摩托化的"特种部队"。[125] 陆军的重型坦克部队被描述为特别适用于突破作战，针对敌军阵地发起进攻，然后做 90 度旋转迂回到敌军侧翼。[126] 在一次重要攻势中，可以使用重型坦克打头阵，削弱敌军的防御，为轻型坦克开路，后者（轻型坦克）由步兵伴随，会迅速突击敌军后方。

西贝尔特建议野战军维持一支相当规模的坦克预备队，用来支援进攻中的己方部队，只要他们能前进到（己方）炮火支援的距离之外。[127] 当军队在运动战中转入防御时，坦克部队就可以在步兵和炮兵支援下，作为预备队发起反突击。[128] 坦克也被视为一种重要的反坦克武器，前提是敌军坦克达成突破。[129] 此外，坦克部队并不会一直大规模集中使用。进攻城市时，西贝尔特就建议将坦克分散到突击步兵分队中。[130] 在整部教材里，他都强调坦克和摩托化部队、空军之间的协同。

如果把西贝尔特少校的教材视为 1929 年国防军坦克理论的标准表述，那么德国人对于装甲战的战术理解就与当时别国军队的标准坦克战术相差无几。在 1929 年，正如一战中那样，坦克主要被认为是一种步兵支援武器，以及一种进攻突破武器。对机动性更强的轻型坦克的大规模运用，是协约国军队在第一次世界大战末期发展出来的战术。这种战术强调坦克作为反突击和反坦克武器，我们也可以看出德国对第一次世界大战中对抗协约国坦克的战斗经验的分析。将装甲车作为

步兵支援武器用于巷战，是 1929 年德军独特的战术，这显然来自德军从 1919 年
至 1923 年使用装甲车，偶尔也使用坦克镇压城市暴动的经验。[131]

　　到 1930 年，德军在喀山的装甲兵中心共拥有 10 辆德制坦克（6 辆"大型拖拉
机"和 4 辆"轻型拖拉机"），还有一些戴勒姆和布兴制造的装甲车原型车。[132] 截
至 1930 年，俄国人也提供了 30 辆苏制坦克，用于学校的训练。[133] 于是，德军在
喀山就有了足够坦克进行连一级和营一级的演习。更重要的是，德国人还有机会
与俄国人一起观察和参与大规模装甲兵演习。[134]1929 年时，有三名德军军官进入
红军总参谋部，检阅红军新式装甲部队。同年，国防军总司令部的军官，包括冯·汉

1927 年，冯·塞克特理念的继承者海耶将军（左）、国防部长格斯勒（Gessler）博士（中）和海军总司令岑克
尔（Zenker，右）上将视察第 6 步兵师和第 3 骑兵师在威斯特伐利亚的演习

默斯坦－埃克沃德（von Hammerstein–Equord）将军受邀观摩红军演习。[135]1931 年，红军装甲部队和使用苏制装备的德军军官在喀山进行了几次联合演习。[136] 总的来说，在 1929 年至 1931 年间，国防军既能获得第一手的红军装甲兵相关经验，又能获得英军最新装备的信息。

到喀山装甲兵中心在 1933 年夏关闭时，国防军已经培训出 50 多名训练有素的装甲战专家作为基干力量。1929 年到 1932 年间，有 30 名德军军官完成装甲兵课程。[137] 超过 20 名德军军官要么在苏俄参与教授课程，要么参加过装甲原型车的测试项目。此外，所有参与装甲车辆生产的德国公司——戴勒姆、莱茵钢铁、布兴和马基路斯——在喀山都维持着由工程师、工人和技术专家组成的团队，因此打造了一股熟悉装甲战的技术和支援领域的基干力量。国防军的平民军官和士官也曾进入喀山学校，但人数不详。[138] 西奥·克雷奇默（Theo Kretschmer）是参与喀山课程的一名军官，后来晋升为少将；据他说，课程允许参加军官"成为经过彻底训练的装甲军人"。[139] 克雷奇默还提到，喀山项目为后续德军装甲兵的发展带来了非凡裨益。[140] 国防军只培养了一小部分装甲战专家，但到 30 年代早期，这支军队培养出的装甲军官人数基本上与世界其他国家的军队不相上下。这些军官不仅受到了彻底的技术训练，还能与红军一起参加大规模的装甲演习。装甲中心的许多毕业生在 20 世纪 30 年代和 40 年代都成了一流的德军装甲兵教官。1934 年成立的坦克射击学校第一批三名指挥官——包姆加特中校、克莱贝上校、博纳茨中校均在喀山接受过训练。[141] 福尔克海姆也是喀山毕业生，且奉命撰写 30 年代的装甲战手册。[142] 冯·拉德梅尔（Radlmaier）和哈佩（Harpe）上校都曾作为教官在喀山服役，后来成为装甲兵学校的教官。[143] 其他在喀山受训的军官后来也成了德国装甲兵的重要指挥官，包括内林将军，他是二战时期的军长；还有莱因哈特将军，他曾在 1940 年的法国战役中指挥第 41 装甲军。

苏俄的装甲兵训练和测试同样影响了国防军的理念。到 20 年代后期，这些理念可以得到更加公开的讨论，因为《凡尔赛和约》的军备限制条款不再生效。国防军能够更公开地讨论军队现代化。国防部长格勒纳对于装甲兵的发展也十分熟悉。在 1929 年至 1930 年间的一次讲座中，他提到需要发展重型反坦克炮（口径为 47 毫米），还需要将反坦克部队摩托化，另外应当发展 13 ～ 20 毫米口径的自动武器。[144] 格勒纳并没有提到国防军在苏俄的测试项目，但这样告诉他的听众，他认为7.5吨重的轻型坦克和15吨重的中型坦克是未来战争中支援步兵、骑兵的必要武器，当然也可以展开独立的作战行动。[145] 值得一提的是，这些坦克恰恰是当时在苏俄接受测试的型号。

20年代末，与装甲部队相关的主要议题就是在将骑兵摩托化的过程中，"装甲"将发挥什么作用。格勒纳在1929年至1930年的讲座中明确表示，骑兵将在接下来十年中逐步摩托化。他还提到了坦克所起的作用："坦克要么会成为骑兵王国的一部分，要么会作为独立兵种战斗。"[146] 决定将骑兵摩托化以后，（格勒纳认为）骑兵将会更加适应使用装甲力量。恩斯特·卡比施（Ernst Kabisch）是一名退休中将，曾为《科隆日报》撰写军事文章。[147] 卡比施在1932年10月写信给格勒纳，描述了当年秋季的演习。他（前者）解释说，这次演习与一战后不久举行的那些演习有很大不同，尤其是骑兵经历了巨大改变。卡比施描述了第1骑兵师如何在一支模拟坦克营和附属步兵的支援下，对第9步兵团发起进攻——这支部队达成突破，并且深深楔入了敌军后方。[148]

在苏俄开展的训练和德国本土进行的大规模演习，为国防军军官提供了充分信心来撰写关于装甲战的论著。到30年代初期，国防军骑兵军官也在思考大规模摩托化装甲部队的问题。其中一个广为流传的观点是将骑兵改造成轻型师——即一种结合了骑兵和摩托化兵的师级编制，拥有装甲部队作为支援。[149] 结束在喀山的训练后不久，1932年至1934年间，内林少校就被派到训练处，负责撰写"骑兵军框架下的装甲师战术"。[150]

结论

在《闪击战战术的起源》一书中，罗伯特·奇蒂诺宣称，国防军"感觉到波兰人的威胁，这是闪击战战术发展的首要原因"。[151] 尽管波兰人被视为主要威胁，奇蒂诺却过于高估了这一点。没有任何文字证据能够证明，德军为了有关波兰的战役而特意发展自己的战术。国防军第二集群的各师驻扎在西德，应对法军可能的进攻，与第一集群各师接受的训练并无差别。与对付波兰人一样，国防军的运动战战术似乎也适合用来对付更加危险的法国人。关于国防军组建特别的部队和战术来适应特定的战略处境，唯一的明确证据（或者说例子）是组织了第7步兵师的一个营和一些炮兵部队，作为特别训练和装备的山地营。[152] 山地部队驻扎在西里西亚，靠近捷克边境。由于捷克斯洛伐克也被视为（对德国）抱有敌意，国防军认为有必要保持一支特殊部队，并训练该部适应在该国展开的山地作战。

从20年代中期到30年代初期，德军在摩托化、大规模战争的战术上已经表现得越来越娴熟。极具讽刺意义的一个情况是，规模小、装备不全的德国国防军成了当时世界上为大规模作战而训练得最好的军队。发展一种摩托化机动战术的决定早在一战结束后就已做出，具体是因为德军对战争进行了经验总结，从而做出这一决定（见前文第二章）。德军战术的演化很大程度上取决于演习和兵棋推演的成功，在这两个方面，德国人都尝试了新的理念。一种势不可挡的趋势已经在德国战术理论中成型。到国防军羽翼大成时，军官团早已对运动战的效果深信不疑。即便是骑兵——陆军中最保守的兵种——也急于进行摩托化和机械化。到30年代初期，德军甚至已经不可能再走防御战争的回头路。

很难对国防军总司令部在20年代的战术和大战略政策进行（单纯某一方面态度的）评论。鉴于德国当时身处难以想象的不利战略处境，国防军发展出了谨慎的长期战争计划和动员战略，为将来重整军备奠定了坚实基础。国防军清晰和坚定地发扬了塞克特的运动战思想。海耶将军和汉默斯坦－埃克沃德将军继承了塞克特战术思想和训练策略中最精华的部分，改善了国防军与政府的关系。国防军在20年代唯一、真正的失败在于创建一支强大的预备役部队的方案。但作为一支成熟的军队，国防军在战术理论和训练方面都在不断领会那些将在第二次世界大战中帮助他们大获全胜的方法。

第九章
尾声

　　1939 年和 1940 年"闪击战"采用的大部分战术都直接来源于冯·塞克特和总参谋部委员会在第一次世界大战之后发展出来的战术，这些战术在 1921 年和 1923 年发布的国防军第 487 号条令《合成兵种的指挥与作战》中得到了清晰表述。1939 年和 1940 年德军挺进波兰及法国（这两大行动），与国防军在 20 年代早期的计划非常相似。1939 年型德国步兵师的编成其实也早已发布——后来几乎未作更改——就在 1923 年版《合成兵种的指挥与作战》第二卷中。[1]

　　第 487 号条令的逻辑和战术将在整个 30 年代和第二次世界大战中不断深刻影响德军。在 30 年代早期，发展迅速的技术革命使得条令的某些部分已经过时；于是，1931—1932 年间，一个由贝克将军领导的委员会开始制定新的战术理论手册。该手册发布于 1933 年，成为第 300 号军队条令《作战指挥》①。[2] 直到 1945 年，这一条令一直是军队战术思想的官方表述。贝克将军通常被视为《作战指挥》的第一作者，许多军史学家都对他在条令中表述的战术和领导哲学称赞有加。[3] 然而，贝克那些受到高度评价的战术和领导哲学，也就是他在《作战指挥》序言中加以完美诠释的东西，有很多不过是部队局的训练处在 1921 年编写、塞克特签发的《指挥与作战》的翻版而已。贝克将军的写作风格清晰而优美，对于《指挥与作战》是一大改善，

---

① 译者注：该书已经引进中文版，读者可比照本书相关内容进行阅读。

但很多时候他的整段话都是从 1921 年那个早期版本中搬来。例如，《作战指挥》中"关于战时指挥的教育，不可能单纯在条令中得到归纳"这类评论 [4]，其实就是《指挥与作战》的原话。[5]《作战指挥》强调军队领导的责任，领导人在战地树立榜样，在战术上要有弹性，要关注士兵，在每个层级都要实施独立指挥和行动（而不是笼统下达范围太大、内容太复杂的命令）等内容，在 1921 年早期条令中都有表述。[6]《作战指挥》的基本战术原则相较《指挥与作战》也没有什么不同：实施进攻的重要性，找出决定点（比如关键地域），采用迟滞战术为发起攻势争取时间，等等。

《作战指挥》和《指挥与作战》的主要区别在于前者更加强调摩托化战争，当然这并不出人意料。《作战指挥》对于摩托化战争的设想，比 1921 年和 1923 年条令更加宏大。《作战指挥》确实没有提到过装甲师，而是提及大规模的"装甲司令部"，包括坦克团、摩托化步兵和其他编制。[7] 这部最新的条令还介绍了大规模"轻型司令部"——包括搭乘越野车辆的摩托化步兵、摩托化炮兵和支援部队。[8] 尽管《作战指挥》中可以看到战术的特殊演化，但该条令大部分内容，包括文本的编写形式，都基本上原封不动继承了《指挥与作战》。

1933 年至 1934 年国防军的最初一轮扩充非常符合他们 1928 年以后制定的扩军计划。希特勒命令扩军和重整军备加快速度——这超出了军队的想象。扩军当然会远远超出当年国防军的认知范围。[9] 精英军队的理念，也就是一支小规模的职业军队将为更大规模军队（的组建）提供基础，确实证明了其价值。从 1930 年 7 月 30 日希特勒上台后，直到 1939 年 9 月 1 日闪击波兰，十万国防军连同极少数预备役，就扩充成了拥有 3737104 名军人（包括野战军和预备役共 2741064 人，外加候补兵 996040 人）。[10] 德国空军从一支仅有几百名军官和士官的小部队，扩编成了一支拥有 550000 人员的大军。[11] 但哪怕是在这样剧烈的扩张中，冯·塞克特在 20 年代制定的许多计划也被纳入了 30 年代的重整军备进程，比如由前军人作为新兵组成预备役部队。到 1939 年，德国人已经创建四个批次的部队。第一批次是获得充足训练和装备的野战军，有 51 个现役师，其中 15 个是摩托化和装甲师；这些师当中有相当比例的现役军官和士官。第二批次为 17 个预备役步兵师，组建于 1939 年，每个师下辖不到 2000 名士兵，其中只有一小部分现役军人（约占 6%），装备水平比第一批次差。第三批次是年龄更大的预备役，不包含现役人员，补给纵列主要由马匹而不是卡车组成；该批次人员将组建 20 个边防师，被认为只能用于防御作战。第四批次是 14 个后备军训练师。[12] 因此，到 1939 年，德军已经准备好了投入战争和持续动员。

　　保持高水准的军官素质是魏玛国防军另外一项重要政策，也被 30 年代扩军后的纳粹国防军继承。国防军官团占全军人数的 4%，这刚好达到一支战斗力军队应有的水平。陆军和空军因快速扩充导致了严重的军官短缺问题。有 1500 名魏玛国防军高级士官被征召入伍，2400 名军官从治安警察被转入军队。[13] 基干军官计划同样进行了扩充，但（军官的）教育水平仍然得到保障。尽管军官的占比跌到了 2.5%，但 20 年代整整四年制的军官培训计划直到 1937 年仍然没有发生改变。即便到那时，当军官课程的时间缩减到两年，对于任职的严格要求也不曾变化。当德国投入战争时，军官所占百分比已经上升到了全军的 3% 以上。[14] 正如之前的魏玛国防军，纳粹国防军也学到了如何利用人数较少的军官并依靠专业的士官团来加强基层指挥。从 1939 年直到整个第二次世界大战结束，军士长出任排长都相当常见。与军官的情况相似，扩军后的德军同样不曾降低士官的标准，魏玛国防军训练的士官在整个二战期间仍然是德军的主心骨。这也解释了为什么直到第二次世界大战结束，德军小部队一直都能保持很强的凝聚力。[15]

　　弗里多·冯·森格尔－艾特林（Frido von Senger und Etterlin）① 被认为是二战德军最优秀的战术家之一，他认为塞克特的运动战思想，以及在总体军事力量中创建一支精英野战军（职业军队），对于 1939 年至 1940 年成功实施的战术有着重要启发。在总结 1940 年的法国战役时，他评论说：

　　"如果我们回顾迄今为止的战争进程，便会想起睿智的冯·塞克特将军的思想。他的理念被当时的军队认为是错误的，并加以拒绝。塞克特认为未来的战争样式是小型职业军队之间的战争，由交战双方民族的精英共同完成：'斯图卡'（俯冲轰炸机）、装甲军团、空降兵。在这支军队身边，大型常规军队（主要由步兵组成）只是起次要作用。如今战争的教训告诉我们，塞克特是正确的。没有人能够预见现代武器的巧妙结合可以如此迅速地取得战果，这是以往任何战争经验不曾证明的。"[16]

---

① 译者注：艾特林将军最著名的事迹是指挥卡西诺山攻防战。

闪击战的许多特殊战术都发源于 20 年代。在那个年代的演习中，德军——与其他西方国家军队相反——学到了要忽视连贯的战线。国防军部队会迅速挺进，不顾侧翼（见前文第八章）。冯·塞克特一定会对波兰战役感到满意，因为纳粹空军在 1939 年 9 月的战术，正是他空战理念的直接体现。德军首先集中战斗机对波兰空军实施打击，夺得了制空权。一旦获得制空权，纳粹空军就集中一半力量扰乱波兰的战争动员，其他兵力则直接支援地面部队。[17] 此外，德国人在二战期间使用的战术中，极少数并不源于 20 年代的战术之一就是运用装甲师。装甲师的编成是古德里安将军在 30 年代中期所独创。装甲师是一种独创理念，这并不是因为它包含了大量坦克，而是因为它结合坦克兵、步兵、炮兵、工兵和后勤部队，将这些要素打造成一股极为均衡、自足的机动力量。装甲师之所以有效，完全因为它是一种诸兵种合成部队，使用全部武器，不仅仅是坦克，以达到最佳效果。

尽管装甲师是古德里安在 1935 年的独创，但这依然是 20 年代国防军战术自然发展的结果，而不是一次飞跃。使用合成兵种一直是魏玛国防军的核心原则。在 20 年代，不论是塞克特制定的基干军官培训还是总参谋部的培训，两者都强调某兵种与其他兵种协同，要求熟悉和使用军队各兵种的武器和战术（见前文第四章）。冯·塞克特强调合成兵种到了如下程度：他甚至命令步兵军官必须有能力指挥一支炮兵部队。由于这种极度强调合成兵种的大环境，比起英军或法军，德军反而更加容易发展出能够结合坦克和其他兵种的师级部队。英军和法军的军事传统并不强调不同兵种之间的协同，他们的装甲理论家重视坦克而忽视了其他兵种。

二战时，多米尼克·格拉罕（Dominick Graham）在德军的北非军团作战，他认为理解北非德军战术优势的关键就在于德军的合成兵种战术。德国人实施的机动和战斗能确保一切兵种——火炮部队、坦克部队和摩托化步兵——最大限度地支援彼此。截至阿拉曼战役，英军在非洲的惨败，在德国人看来主要便是因为英国人战术拙劣，总是将坦克部署到远离步兵和炮火支援的位置。直到 1942 年后期，英军往往还是没有能力像德军那样，娴熟地将不同兵种结合为一支有战斗力的部队。[18] 此外，格拉罕否认了如下观点：德军的成功在于他们采用一战前英军装甲理论家的战术。格拉罕这样认为，英军的战术错误之一就是遵循了这些理论家的观点，他们强调分散使用装甲部队。德军战术则完全相反：通常集中使用机动部队，至少比英军集中得多，由此导致的结果就是英方经常不敌德方。[19]

可以这么说，1940 年德军对阵英军和法军取得的辉煌胜利，绝对无法通过德军的武器优势或人数优势加以解释。在 1940 年 5 月 10 日德军发动攻势之初，交战双方的兵力数几乎相等，武器质量也差不多。德军 136 个师对阵法军 94 个师、英军 10 个师、比利时军队 22 个师和丹麦军队 10 个师，总共 136 支盟军师级部队，当然这是在东北前线[①]。[20] 英军和法军一共有 22 个装甲和摩托化师，对阵相同数量的德军装甲和摩托化师。[21] 盟军在 1940 年甚至拥有坦克方面的优势，大约准备 3000 辆坦克，而德军只有 2200 辆至 2800 辆。[22] 德军坦克中的一半都是轻型的 I 号和 II 号坦克，只有 627 辆 III 号和 IV 号战斗坦克。[23] 另一方面，法军拥有当时火力最猛、装甲最厚的坦克——他们有 1800 辆重型坦克，例如装备 47 毫米炮塔火炮的索玛坦克；还有披挂重装甲，装备一门 75 毫米车身炮、一门 47 毫米炮塔火炮的夏尔 B1 坦克，它也许是 1940 年最好的坦克。[24] 此外，法军在 1940 年还拥有 11200 门野战炮，德军只有 7710 门。然而这一优势在很大程度上被法军弱小的高射炮部队所抵消。法国人的高射炮部队只有 1500 门各种类型火炮；相反，德国人有 2600 门性能优越的 88 毫米高射炮和 6700 门轻型高射炮。[25]

1940 年交战双方的兵力、装甲师和装备水平既然相差无几，那么德军的辉煌胜利就只能通过以下两个要素进行解释：更好的战术和更好的训练。德军在这两方面的明显优势要追溯到 20 年代的魏玛国防军，并在第二次世界大战中一直保持。想要说明这一点的最佳方式就是比较两次世界大战期间的德军和英法联军。

两次世界大战期间，英军似乎模糊地认为下一场战争同 1918 年结束的那场战争没有什么不同。一战之后，英军的步兵战术得到改写，汲取了 1918 年的经验；但除此之外，军队高层对为下一场战争进行准备丝毫没有兴趣。20 年代的英军举行过几次大规模军事演习，对机械化部队也做过一些试验，然而军队高层的目标是守卫英国海外殖民地，对付爱尔兰，仅仅满足于维持低预算时代的军队规模。[26] 英军在这一时期提出了许多有关装甲战的设想。富勒、里德尔·哈特和马特尔等人都致力于撰写机械化战争的著述，但这些理论著述无法代替实际训练。[27] 蒙哥马利元

---

① 译者注：此处指的是法国、比利时、荷兰、卢森堡同德国的边界，且法军没有算入在法国内地和法意边境的部队。

帅就 1939 年英国远征军的状态做过如下评论："在战争爆发之前几年里，英军已经有一段时间没有进行过任何大规模军事演习。"[28] 蒙哥马利还宣称，由于缺乏训练，"整个远征军没有任何共同的政策和战术理论。如果产生分歧，只能听之任之。高层无法施加有力的控制"。[29] 英军现已不习惯大规模的军事演习了。1939 年 9 月至 1940 年 5 月，位于法国的英国远征军不仅没有举行规模达多个师的军事演习，而且没有进行任何参谋人员参加的兵棋推演，或是通讯演习。[30] 当蒙哥马利带领他的第 3 师进行一系列师级演习时，竟被认为是罕见而且革命性的事件；甚至连远征军司令官阿兰·布鲁克（Alan Brooke）将军都认为，这些演习"令人大开眼界"。[31]

与英军相反，法军确实有明确的战术理论。但不幸的是，他们关于大规模战争的战术还停留在 1918 年。两次世界大战期间最有影响力的法军军官——菲利普·贝当（Philippe Pétain）元帅是 1920 年陆军高等会议的副主席（主席则是战争部长）。作为副主席，贝当是当时法军中最重要的军官，可以在战时指挥法军。在这个职位上（贝当一直担任到 1931 年），他开始推行自己的国防力量政策。[32] 贝当思想的一个重要方面就是强调筑垒阵地的重要性，从这一理论演化出来的便是 1926 年开始建造的马奇诺防线。[33] 许多军官，特别是福煦（Ferdinand Foch）元帅主张法军采用更具攻势色彩的战术。[34] 另一些军官，如戴高乐在 30 年代提倡机动战术，但这些观念都遭到了一心只想着防御的军官驳斥，例如纳尔西塞·肖维诺（Narcisse Chauvineau）将军。他（最后者）撰写了大量军事评论文章和一本书（出版于 1939 年），主张同时维持连贯的作战正面和机动性是不可行的，并且支持法军的连续战线战术和马奇诺防线。[35]

两次世界大战期间的法军训练状态比起他们的战术理论还要糟糕。正如我（本书作者）已经指出的那样，只有一小部分法军在 20 年代参加过规模达多个师的演习。1927 年至 1928 年间，其训练水平更是下滑，当时新兵服役的期限被缩短为一年。[36] 这就意味着新兵只有六个月的基础训练期，另外六个月在野战部队见习，通常是在马奇诺防线中的某个要塞服役。[37] 一年服役期只够训练出在要塞中服役的士兵，却无法让他适应运动战的复杂情况。即便在 30 年代，法军的兵役延长，军队开始列装新装备，但少数几次演习仍然聚焦于静态的防御性质战术。[38]1939 年 9 月至 1940 年 5 月，法军总司令部没有做出任何努力，为军队提供大规模作战训练；相反，第二次世界大战之前八个半月，法军一直待在他们的营房和要塞里。[39]

训练要素在 1940 年被证明是决定性的。由于国防军出色的训练计划，还有德军对多个师规模演习不懈的强调，在 1940 年，德军一个普通的上尉或少校甚至比英军和法军的将军参加大规模演习的次数都多。德军训练的质量对于他们在第二次世界大战中展现出的持续作战优势至关重要。按照特雷弗·杜派上校的计算，德军在 1943 年至 1944 年的作战效率要比盟军高出 20% ~ 30%。[40] 训练——只有在基于清晰的理论和战术体系之上——才能大获成功。这就应该追溯到 1919 年至 1920 年，冯·塞克特将军和总参谋部提出的战争设想上。与其他国家军队形成鲜明对比的是，只有德军对一战的教训进行了系统剖析。在列强军队中，也只有德军正确判断了未来战争的进程和取得成功需要实施的战术。从 20 年代早期开始，德军就逐步制定出了为 1939 年和 1940 年的胜利创造条件的训练计划。

从 20 年代起提出的
国防军编制和装备表

1919 年《凡尔赛和约》规定的一个国防军步兵师

师指挥部

3 个步兵团[1]	1 个骑兵连	1 个工程兵营	1 个炮兵团[2]	支援部队[3]

资料来源：Heeresdienstvorschrift 487, Führung und Gefecht der verbundenen Waffen (Berlin: Verlag Offene Worte, 1921, 1923, 1925)。

注释 1：每团 3 个营。
注释 2：共 3 个营，各配备 1 个中型炮兵连和 2 个轻型炮兵连，9 个炮兵连中有一个是摩托化（炮兵）连。
注释 3：包括医疗营、通信营、卡车营和马车营。

1919 年《凡尔赛和约》规定的一个国防军骑兵师

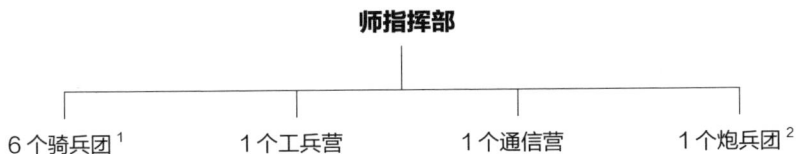

师指挥部

6 个骑兵团[1]	1 个工兵营	1 个通信营	1 个炮兵团[2]

资料来源：Heeresdienstvorschrift 487, Führung und Gefecht der verbundenen Waffen (Berlin: Verlag Offene Worte, 1921, 1923, 1925)。

注释 1：每团 4 个骑兵连、1 个通信排和 1 个机枪连。
注释 2：含 3 个马拉轻炮连。

1923 年军队第 487 号条令规定的一个"现代步兵师"

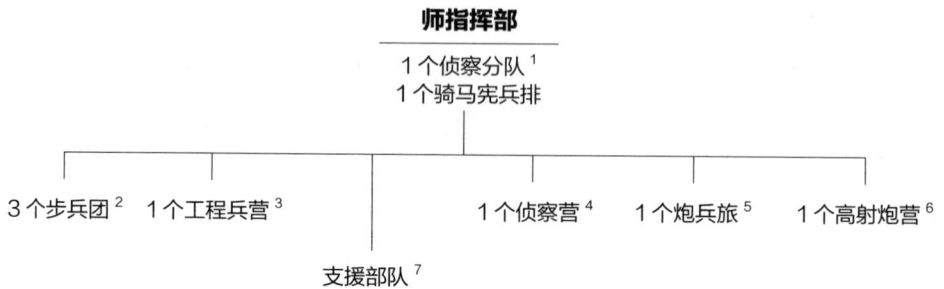

师指挥部

1 个侦察分队 [1]
1 个骑马宪兵排

3 个步兵团 [2]　1 个工程兵营 [3]　　　1 个侦察营 [4]　　1 个炮兵旅 [5]　　1 个高射炮营 [6]

支援部队 [7]

资料来源：Heeresdienstvorschrift 487, Führung und Gefecht der verbundenen Waffen (Berlin: Verlag Offene Worte, 1921, 1923, 1925)。

注释 1：共 12 架飞机。
注释 2：每团 3 个营，以及 1 个拥有 6 门炮的炮兵连。
注释 3：1 个舟桥连和 1 个工兵连。
注释 4：2 个骑兵连、1 个自行车连、1 个装甲车连。
注释 5：2 个炮兵团。第 1 团 3 个营，每营重炮连、轻炮连各 1 个；第 2 团有 1 个摩托化营（下辖 3 个中型火炮连）、1 个摩托化反坦克营、1 个轻炮营。
注释 6：1 个摩托化重炮连、2 个摩托化轻炮连。
注释 7：包含通信营、医疗营、卡车营、马车营、兽医分部。

1923 年军队第 487 号条令规定的一个"现代骑兵师"

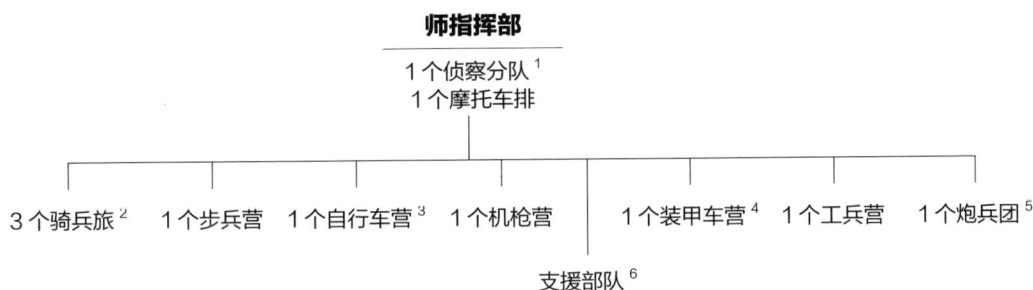

师指挥部

1 个侦察分队[1]
1 个摩托车排

3 个骑兵旅[2]　1 个步兵营　1 个自行车营[3]　1 个机枪营　1 个装甲车营[4]　1 个工兵营　1 个炮兵团[5]

支援部队[6]

资料来源：Heeresdienstvorschrift 487, Führung und Gefecht der verbundenen Waffen (Berlin: Verlag Offene Worte, 1921,1923,1925)。

注释 1：12 架飞机。
注释 2：每旅 2 个团。每团 4 个（骑兵）连、1 个机枪连、1 个装备 2 门炮的炮兵队。
注释 3：3 个自行车连、2 个摩托化反坦克炮兵连（装备 3 门火炮）。
注释 4：12 辆装甲车。
注释 5：1 个营，下辖 3 个马拉轻型炮兵连；1 个摩托化炮兵营，下辖 2 个中型榴弹炮连和 1 个反坦克炮连；1 个摩托化高射炮兵营，下辖 1 个重型高射炮连和 2 个轻型高射炮连。
注释 6：包含通信营、医疗营、卡车营、马车营、兽医分部。

1925 年前后部队局空军部门手册规定的一个空军师

4 个战斗机联队
每个联队含 2 个双座战斗机大队，
每个大队 3 个中队（各 15 架飞机）

2 个混合战斗机联队
每个联队含 1 个双座战斗机大队，
每个大队 3 个中队（各 15 架飞机）；
外加 1 个单座战斗机大队，每个大队
3 个中队（各 15 架飞机）

7 个夜间战斗机联队
每个联队含 2 个夜间战斗机大队，
每个大队 3 个中队（各 10 架飞机）

5 个昼间轰炸机联队
每个联队含 2 个昼间轰炸机大队，
每个大队 3 个中队（各 11 架飞机）

2 个夜间轰炸机联队
每个联队含 2 个轰炸机大队，
每个大队 3 个中队（各 6 架飞机）

1926 年至 1927 年国防军冬季演习中一个摩托化师的编制

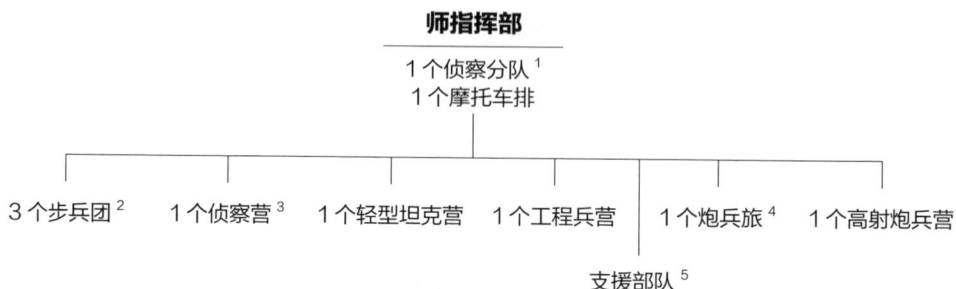

师指挥部

1 个侦察分队 [1]
1 个摩托车排

| 3 个步兵团 [2] | 1 个侦察营 [3] | 1 个轻型坦克营 | 1 个工程兵营 | 1 个炮兵旅 [4] | 1 个高射炮兵营 |

支援部队 [5]

资料来源：部队局训练处，兵棋推演，1926 年至 1927 年，第 RH2/2822 号文件。联邦档案馆 / 军事档案馆，位于布雷斯高的弗莱堡。

注释 1：6 架飞机。
注释 2：每团 3 个卡车营、1 个通信连、1 个卡车牵引炮兵连（拥有 6 门火炮）。
注释 3：2 个装甲车连（各 12 辆车）、1 个轻型卡车连、1 个摩托车连、1 个自行车连、1 个半履带车辆步兵连、2 个摩托化反坦克兵连。
注释 4：第 1 团辖 2 个摩托化营，每营 2 个中型火炮连、1 个重型火炮连。第 2 团有 1 个摩托化营，下辖 2 个中型火炮连、1 个重型火炮连；外加 1 个摩托化反坦克炮兵营（3 个连）。
注释 5：含 2 个营的卡车团，以及医疗营、通信营、宪兵营、补给营。

1926 年至 1927 年国防军冬季演习中一个摩托化旅的编制

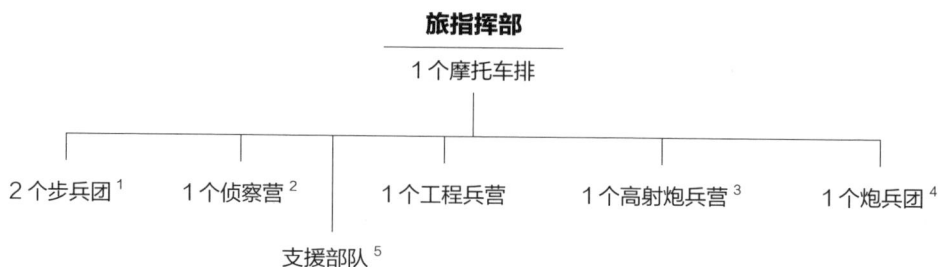

旅指挥部

1 个摩托车排

| 2 个步兵团 [1] | 1 个侦察营 [2] | 1 个工程兵营 | 1 个高射炮兵营 [3] | 1 个炮兵团 [4] |

支援部队 [5]

资料来源：部队局训练处，兵棋推演，1926 年至 1927 年，第 RH2/2822 号文件。联邦档案馆 / 军事档案馆，位于布雷斯高的弗莱堡。

注释 1：每团 3 个摩托化营、1 个摩托化炮兵连（拥有 6 门火炮）。
注释 2：2 个装甲车连（各 12 辆车）、1 个摩托车连、1 个摩托化步兵连、1 个反坦克炮兵分队。
注释 3：2 个炮兵连、1 个探照灯连。
注释 4：2 个摩托化营，各辖 2 个 105 毫米炮兵连、1 个重型榴弹炮连。
注释 5：含 2 个营的卡车团，以及医疗分队、通信营、宪兵分队。

注释

第一章 第一次世界大战的经验教训

1. 有关施里芬计划实际作战的概况，见 Corelli Barnett, The Swordbearers (London: Eyre and Spottiswoode, 1963), 13–106。

2. Jehuda L. Wallach, The Dogma of the Battle of Annibilation (Westport, Conn.: Greenwood Press, 1986), 213–219.

3. Col. Gen. Wilhelm Groener, Das Testament des Grafen Schlieffen (Berlin: E.Mittler und Sohn, 1927), and Der Feldherr wider Willen: Operative Studien über den Weltkrieg (Berlin: E. Mittler und Sohn, 1931), especially 6–9.

4. Walter Görliz, History of the German General Staff, 1657–1945 (New York: Praeger, 1953), 170.

5. Hans Meier–Welcker, Seeckt (Frankfurt am Main: Bernard und Graefe Verlag, 1967), 76.

6. Anthony Livesey, Great Battles of world War I (New York: Macmillan, 1989), 77.

7. Col. Max Bauer, Der Grosse Krieg in Feld und Heimat (Tübingen: Osiander Verlag, 1921), 103–104.

8. Barnett, Swordbearers, 302.

9. Görliz, History of the German General Staff, 195.

10. 同上，第103页。

11. Col. Gen. Wilhelm Groener, Lebenserinnerungen: Jugend, Generalstab, Weltkrieg (Göttingen: Vandenhoeck und Ruprecht, 1957), 429–431.

12. 魏采尔 1919 年 7 月 24 日给冯·塞克特的信，华盛顿特区美国国家档案馆（以下简称 NA），Von Seeckt Papers, File M-132, Roll 20, Item 90。

13. 德国国会，Die Ursacben des deutschen Zusammenbruchs im Jabre 1918, 8 vols. (Berlin: Deutsche Verlagsgesellschaft für Politik und Geschichte, 1928)。

14. 同上，第 6 卷，第 323—337 页。

15. Gordon Craig, The Politics of the Prussian Army, 1640-1945 (Oxford: Clarendon Press, 1955), 337-338.

16. Bruce Gudmundson, Stormtroop Tactics: Innovation in the GermanArmy, 1914-1918 (New York: Praeger, 1989), 21-22.

17. Barnett, Swordbearers, 40.

18. Gudmundson, Stormtroop Tactics, 25; and Wallach, Battle of Annibilation, 79.

19. Gudmundson, Stormtroop Tactics, 25.

20. Barnett, Swordbearers, 41.

21. 引自 Martin van Creveld, Command in War (Cambridge, Mass: Harvard University Press, 1985), 170。

22. Alfred Knox, With the Russian Army, 1914-1917 (New York: Arno Press,1971), 283-284; and Norman Stone, The Eastern Front, 1914-1917 (New York: Charles Scribner' s Sons, 1975), 135 and 142-143.

23. 关于这场战役的完整说明，见 Capt. C. R. Kutz, War on Wheels (London: John Lane, 1941), Chapter 7。

24. 美国陆军骑兵学校，Cavalry Combat (Harrisburg, Penn.: U.S. Cavalry Association, 1937), 254-258。

25. Gudmundson, Stormtroop Tactics, 113-121, 该书概述了布鲁赫穆勒的方法和德军对里加的进攻。

26. 关于突击队战术的历史和详情，见 Timothy Lupfer, The Dynamics of Doctrine: Tbe Changes in German Tactical Doctrineduring the First World War, Leavenworth Paper 4 (Fort Leavenworth, Kans.: U.S.Army Command and General Staff College Press, July 1981); and Gudmundson,Stormtroop Tactics。

27. 1918 年德国步兵组织和战术的有关图表和说明，见 John A. English, On Infantry (New York:

Praeger, 1981), 20–21。

28. Rod Paschall, The Defeat of Imperial Germany, 1917–1918 (Chapel Hill, N.C.: Algonquin, 1989), 101.

29. 同上，第 124 页。有关德国在康布雷进行反击的详细分析，见 William Moore, A Wood Called Bourlon (London: Leo Cooper, 1988); and David Chandler, "Cambrai: The German Counterattack," in Tanks and Weapons of world War I, ed. Bernard Fitzsimons (London: Phoebus, 1973), 122–128。

30. Paschall, Defeat of Imperial Germany, 141.

31. 关于总司令部所认可的德国防御战术的最终演变，被概述在两本小册子中，并且转载于陆军元帅埃里希·冯·鲁登道夫所编的 Urkunden der Obersten Heeresleitung über ihre Tätigkeit, 1916/18 (Berlin: E. Mittler und Sohn, 1920), especially "Allgemeines über Stellungbau" (August 10, 1918), 594–604, and "Die Abwehr im Stellungskrieg," 604–640。

32. Barnett, Swordbearers, 208; and Paschall, Defeat of Imperial Germany, 46–48.

33. Barnett, Swordbearers, 298–299.

34. **Görlitz**, History of the German General Staff, 10.

35. Karl Demeter, Das Deutsche Offizierkorps in Gesellschaft und Staat, 1650–1945 (Frankfurt am Main: Bernard und Graefe Verlag, 1962), 89.

36. Martin van Creveld, The Training of Officers (New York: Free Press, 1990), 27.

37. 有关战前军事学院课程的详情，见上一条目所列著作，第 21—28 页。

38. Gudmundson, Stormtroop Tactics, 22–23.

39. 普鲁士王国国防部，Verordnung über die Ausbildung der Truppen für den Felddienst und über die grösseren Truppenübungen (Berlin: Königliche Hofdruckerei, June 1870)。

40. Ernst Jünger, The Storm of Steel (London: Chatto and Windus, 1929), 31, 64, and 120.

41. Holger Herwig, "The Dynamics of Necessity: German Military Policy during the First World War," in Military Effectiveness, vol. 1, ed. Allan Millett and Williamson Murray (Boston: Allen and Unwin, 1988), 101.

42. Gen. Erich von Ludendorff, Ludendorff's Own Story, vol. 2 (New York: Harper and Brothers, 1919), 206. 在 1917—1918 年间，有 6000 名炮兵军官和士官被派去参加新战术特别课程。见 Gudmundson, Stormtroop Tactics, 161–162。

43. Herwig, "Dynamics of Necessity," 101.

44. Jünger, Storm of Steel, 240.

45. Ludendorff, Ludendorff's Own Story, vol. 2:209. 关于步兵训练的范围，见 Paschall, Defeat of Imperial Germany, 113。

46. Oberste Heeresleitung, Kompagnie-Ausbildungsplan während einer Ruhezeit bis zu 14 Tagen, 2d ed. (Berlin: Reichsdruckerei, 1918).

47. 陆军总参谋长，Nahkampfmittel, Part 3 (Berlin:Reichsdruckerei, January1917)。

48. Georg Neumann, Die Deutschen Luftstreitkräfte im Weltkriege (Berlin: E.Mittler und Sohn, 1921), 268-269.

49. Richard Hallion, Rise of the Fighter Aircraft, 1914-1918 (Annapolis, Md.Nautical and Aviation Publishing Company of America, 1984), 72.

50. 同上，第72—73页和第160—161页。

51. Gen. Charles de Gaulle, The Army of the Future (London: Hutchinson1940), 47.

52. 来自德国国防部的军队手册，即 Anhaltspunkte für den Unterricht bei der Truppe über Luftfahrzeuge und deren Bekämpfung (Berlin:Reichsdruckerei, March 1913) 概述了战前的空军理论。手册中，德国空军主要的空中任务是侦察、联络和炮兵定位。只有一次提到将轰炸作为任务——很显然，这（实施轰炸）是齐柏林飞艇的次要任务。

53. Walter Musciano, Eagles of the Black Cross (New York: Ivan Obolensky,1965), 106.

54. John Morrow, German Air Power in World War I(Lincoln: University of Nebraska Press, 1982), 91.

55. David Divine, The Broken Wing: A Study in the British Exercise of Air Power (London: Hutchinson, 1966), 140-141.

56. Olaf Groehler,Geschichte des Luftkrieges 1910 bis 1980 (Berlin: Militar-verlag der Deutschen Demokratischen Republik, 1981), 58.

57. William Mitchell, Memoirs of world War I (New York: Random House,1960), 306; 最初发表于1926年的《自由》杂志。另见 Kommandierender General der Luftstreitkräfte, Weisungen für den Einsatz und die Verwendung von Fliegerverbänden innerhalb einer Armee (N.p.: Generalstab des Feldheeres, May 1917), paragraphs 104-106。

58. Hallion, Fighter Aircraft, 131.

59. 同上，第131—132页。关于容克斯 J-1 型和容克斯 CL-1 型，见 Bryan Philpott,The

Encyclopedia of German Military Aircraft (London: Bison, 1981), 53–54。

60. Groehler, Geschichte des Luftkrieges. 92.

61. Kommandierender General der Luftstreitkräfte, Hinweise für die Führung einer Fliegerabteilung in der Angriffschlacht und im Bewegungskrieg (N.p.: Generalstab des Feldheeres, February1918).

62. Luftstreitkräfte, Ausbildungsvorschrift der Infanterie Kommandos, January1918, 德国布雷斯劳弗莱堡地区的联邦档案馆 / 军事档案馆（以下简称 BA/MA），PH 17/98。

63. Reichsarchiv Abteilung B, Luftstreitkräfte Study, April 2, 1926, BA/MA, RH2/2195. 关于德军 1918 年春季攻势的空中支援计划，见第 6—19 页。

64. Divine, Broken Wing, 103.

65. Morrow, German Air Power, 116–117.

66. Raymond Fredette, Sky on Fire: The First Battle of Britain, 1917–1918, and the Birth of the Royal Air Force (New York: Holt, Rinehart, and Winston, 1966), Appendix, 263.

67. Groehler, Geschichte des Luftkrieges, 74.

68. 同上，第 85 页。

69. Fredette, Sky on Fire, 196.

70. Report of Major Freiherr von Bülow, 引自前文第 69 条注释列举书目，第 196 页。

71. 关于英军的战略，可参见 Joachim Kuropka, "Die britische Luftkriegskonzeption gegen Deutschland im Ersten Weltkrieg," Militärgeschichtlicbe Mitteilungen 27 (1980): especially 12–18。

72. Luftstreitkräfte, Bericht Hauptmann Hoth an Kommandierender der General der Luftstreitkräfte, August 7, 1918, BA/MA, PH 17/96.

73. 关于德国在第一次世界大战中的高炮防空作战，可见 Neumann, Die Deutscben Luftstreitkräfte, 275–286。

74. 见 Groehler, Geschichte des Luftkrieges, 81–85。该书对德军在第一次世界大战中的空中防御做了很好的考察。

75. Divine, Broken Wing, 142–143.

76. Air Organization Office, Letter by Truppenamt Luftreferant 4.2.27 记载了德国国内由于敌军轰炸而遭受的损失，February 4, 1927, BA/MA, RH 12–1/53。

77. Divine, Broken Wing, 143.

78. Richard Suchenwirth, The Development of the German Air Force,919-1939, USAF Historical Study 160 (New York: Arno Press, 1968), 2.

79. All the World's Aircraft, 1919 (London: Jane's, 1919), 291-293. 该书撰写于战争结束前，专门赞扬了福克 D. Ⅶ，尤其是它的设计。根据 1918 年停战协定，需要移交给协约国方面的德军装备中，福克 D. Ⅶ是唯一一款被指定的型号，见 Kenneth Munson, Aircraft of World War I (Garden City, N.Y: Doubleday, 1977),93. 理查德·哈里恩称福克 D. Ⅶ是"战争期间生产的最好的单座战斗机"，见 Hallion, Rise of the Figbter Aircraft, 1914-1918（Baltimore: Nautical and Aviation Publishing Company of America, 1984），152。

80. Mitchell, Memoirs of World War I, 268.

81. 帕夏尔认为，第一次世界大战的军事领导人在面对不可能解决的问题时通常很能干且富有创新精神(Defeat of Imperial Germany, Chapter 9）。与这种观点形成鲜明对比的是，巴西尔·H.里德尔·哈特对这些领导人进行了严厉批评，见 The Real War 1914-1918(Boston: Little, Brown, 1930)。

82. Ian Hogg, "Bolimow and the First Gas Attack," in Fitzsimons, ed., Tanks and Weapons of World War 1, 17-21.

83. 同上，见第 21 页。

84. 美国国家档案馆（20 世纪）20 年代一篇有关德国的论文包含了对战时毒气战术的研究，见 German Army Records, File T-78, Roll 18, File H 15/208。

85. 来源同上。

86. Holt Manufacturing Company, "The Caterpillar Track-Type Tractor in the World War," ca. 1919, 15 pages，美国陆军博物馆，阿伯丁试验场（战前和战争早期霍尔特拖拉机的简史）。

87. 关于法国的坦克，见 Richard M. Ogorkiewicz, "The French Tank Force," in Fitzsimons, ed., Tanks and Weapons of World War I, 95-101。关于英国的坦克，见 B. T. White, British Tanks and Fighting Vehicles, 1914-1945 (Shepperton,Surrey: Ian Allan, 1970); and Peter Chamberlain and Chris Ellis, Tanks of World War I: British and German (London: Arms and Armour Press, 1969). J. F. C.Fuller, Tanks in the Great War (London: John Murray, 1920)，这是一篇有关早期坦克的有用文献。

88. Fritz Heigl, Taschenbucb der Tanks, Vol. 3: Der Panzerkampf, ed. G. P.von Zezschwitz (Munich: J. F. Lehmanns Verlag, 1938), 6-8. 在 49 辆英国坦克中，只有 14 辆可以支援进攻，而其中又有 5 辆被敌方火炮炮弹击中。

89. 同上，第 10—17 页。

90. Ludendorff, Ludendorff's Own Story, 2:101.

91. Chamberlain and Ellis, Tanks of World War I, 60.

92. Ludendorff, Ludendorff's Own Story, 2:204.

93. 同上。

94. 关于 A7V 的技术数据，见 Chamberlain and Ellis, Tanks of WorlaWar 1, 59–64 and 76–77。

95. 同上，见第 69—70、第 76—77 页。

96. 同上，见第 63、第 67 及第 70 页。

97. 关于第一次世界大战期间的德国坦克军团，见 Ernst Volckheim, Deutsche Kampfwagen Greifen An!: Erlebnisse eines Kampfwagenführers an der Westfront, 1918 (Berlin: E. Mittler und Sohn, 1937)。

98. Paschall, Defeat of Imperial Germany, 115.

99. Liddell Hart, Real war, 429–438.

100. Bryan Perrett, A History of Blitzkrieg (New York: Stein and Day, 1983).

101. Richard M. Ogorkiewicz, Armoured Forces (New York: Arco, 1975), 147.

102. 同上，第 172 页。

103. Lt. Gen. a. D. W. von Balck, Entwicklung der Taktik im Weltkriege(Berlin: Verlag von R. Eisenschmidt, 1922), 138.

104. 同上，第 174 页。

105. Lt. Gen. Max Schwarte, Die Technik im Zukunftskriege (Berlin: Verlag Offene Worte, 1923), 190.

106. Reichstag Committee, "Untersuchungsausschuss des Deutschen Reichstages, 1919–1928," in Die Ursachen des Deutschen Zusammenbruches im Jabre 1918, vol. 3 (Berlin: Deutsche Verlagsgesellschaft für Politik und Geschichte, 1928), 81.

107. 同上，第 82—86 页。

108. 见 Jean Hallade, "Big Bertha Bombards Paris," in Fitzsimons, ed., Tanks and Weapons of World War I, 141–147, 这一作品详细介绍了"巴黎炮"的情况。

109. Fuller, Tanks in the Great War, 171.

110. Colonel Thorbeck, The Technical and Tactical Lessons of the World War, 德国各兵种总监处的报告，April 12, 1920, BA/MA, RH 12-2/94。

111. 同上，第 2—5 页。

112. 同上，第 16—17 页。

113. 同上，第 21 页。

114. Trevor N. Dupuy, A Genius for War: The German Army and General Staff, 1807–1945 (Englewood Cliffs, N.J.: Prentice-Hall, 1977), 177–178.

第二章 冯·塞克特和他对于战争的反思

1. 最好的冯·塞克特的生平传记，是由麦尔·维尔克撰写的《塞克特》。弗里德里希·冯·拉贝瑙中将把冯·塞克特的论文汇集成《我的生涯，1866—1918 年》(Leipzig: Hase-Koehler Verlag, 1938)，并且撰写了《塞克特：他的生涯，1918—1936 年》(Leipzig: Hase-Koehler Verlag, 1941)。它们都是（对读者而言）有用的著作，但缺点是成书于 30 年代，以至于冯·塞克特看上去会比实际上更加同情纳粹。

2. Meier-Welcker, Seeckt, 42.

3. 同上，见第 43 页。

4. 同上，见第 44 页。

5. 同上，见第 49—55 页。另可见 Liddell Hart, Real War, 131–132。

6. Liddell Hart, Real War, 132–134.

7. Meier-Welcker, Seeckt, Chapter 5.

8. 关于罗马尼亚战役和冯·塞克特，见上一条目所列著作，第 85—113 页。

9. von Seeckt, Aus meinem Leben, 308–309.

10. 汉斯·冯·塞克特 1916 年 8 月 4 日给约阿希姆·温特费尔特的信，NA, Von Seeckt Papers, File M-132, Item 90。

11. 引自 Eberhard Kaulbach, "Generaloberst Hans von Seeckt—Zur Persönlichkeit und zur Leistung," Wehrwissenschaftliche Rundschau 16, 11(1966): 673。

12. Von Seeckt, Aus meinem Leben, 624.

13. Hans von Seeckt, "Nachlass von Seeckt," a commentary by von Seeckt on "Bemerkungen zu Grundsätze für die Führung der Abwehrschlacht im Stellungskrieg" issued by the Oberste Heeresleitung, October 31, 1917, BA/MA, N 62/10.

14. Gen. Ernst Köstring, Der militäriscbe Mittler zwischen dem Deutschen Reich und der Sowjetunion,

1921–1941, ed. Hermann Teske (Frankfurt am Main: E. Mittler Verlag, 1966), 31.

15. 汉斯·冯·塞克特 1919 年 2 月 13 日给他夫人的信，BA/MA, N 62/12。

16.Görlitz, History of the German General Staff, 231.

17.Meier–Welcker, Seeckt, Chapter 9.

18. 同上，见第 217—232 页。

19.Waldemar Erfurth, Die Geschichte des deutschen Generalstabes von 1918 bis 1945, 2d ed.
(Göttingen: Masterschmidt Verlag, 1960), 51.

20. 汉斯·冯·塞克特 1919 年 2 月 18 日给军队总司令部的报告，NA, Von Seeckt Papers, File
M–132, Roll 21, Item 110。

21. 汉斯·冯·塞克特 1919 年 2 月 18 日给威廉·格勒纳中将的信，建议军队由 24 个师组成，
NA, Von Seeckt Papers, File M–132, Roll 21, Item 110, 3。

22. 同上。

23. 同上。

24. 同上，见第 4—5 页。

25.Hans von Seeckt, Thoughts of a Soldier, trans. Gilbert Waterhouse (London: Ernest Benn,
1930), 17.

26. 同上，见第 54—55 页。

27. 同上，第 62—63 页。

28. 同上，第 65 页。

29. 同上，第 62 页。

30.Meier–Welcker, Seeckt, 222.

31.Von Seeckt, Thoughts of a Soldier, 61–62.

32. 同上，第 83 页。

33. 同上，第 103—104 页。

34. 同上，第 104 页。

35. 同上，第 98—99 页。

36. 同上，第 84—85 页。

37. 同上，第 11 页。

38. 同上。

39. 冯·塞克特 1916 年 8 月 4 日给冯·温特费尔特的信，第 2 页。

40. 同上，第 1 页。

41. 汉斯·冯·塞克特 1919 年 2 月 17 日给威廉·格勒纳中将的信，NA, Von Seeckt Papers, File M-132, Roll 25, Item 126。

42. Von Seeckt, Tboughts of a Soldier, 59.

43. 关于马尔克尔的立场，见 Harold Gordon, The Reichswehr and the German Republic, 1919-1926 (Port Washington, N. Y.: Kennikat Press, 1957), 67. 关于莱因哈特与冯·塞克特的分歧，可见 Erfurth, Die Geschichte des deutschen Generalstabes, 59-61。

44. 汉斯·冯·塞克特 1919 年初给战争部的信，NA, Von Seeckt Papers, File M-132, Roll 25, Item 120。

45. F. L. Carsten, The Reicbswehr and Politics, 1918-1933 (Oxford: Clarendon Press, 1966), 55-56; 以及威廉·格勒纳中将 1924 年 8 月 24 日给冯·塞克特的信，NA, Von Seeckt Papers, File M-132, Roll 25, Item 111。

46. Meier-Welcker, Seeckt, 203. 哈罗德·戈登指出，"和许多'前线军官'相比，总参军官们总体上代表的是军队中的中庸观点"(Gordon, Reichswehr and the German Republic, 68)。

47. Rudolf Absolom, ed., Die Wehrmacbt im Dritten Reich, vol. 1 (Boppard am Rhein: Harald Boldt Verlag, 1969), 25-26.

48. Barton Whaley, Covert German Rearmament, 1919-1939: Deception and Misperception (Frederick, Md.: University Publications of America, 1984), 134-135.

49. Whaley, Covert German Rearmament, 137.

50. Craig, Politics of the Prussian Army, 362-363.

51. "Die Neuorganisation des Reichswehrministeriums für das Heer," Militär Wochenblatt 51 (October 25, 1919).

52. Erfurth, Die Geschichte des deutschen Generalstabes, 52-58.

53. Von Rabenau, Seeckt: Aus seinem Leben, 193.

54. 同上，第 194 页。

55. 部队局训练处，"Ausbildung der als Führergehilfen in Aussicht genommenen Offiziere," July 31, 1922, BA/MA, 12-21/94. 在这份官方文件中，第一页使用官方术语"军队高层领导的助手"。但在第二页，作者们开始使用"总参军官"。

56. 各个处规模的数据来自国防部军队人事局, Rangliste des Deutschen Reichsheeres (Berlin: E. Mit-ler und Sohn, 1924–1928)。

57. 埃里希·冯·曼施坦因 20 年代服役于 T-1；他详细介绍了该处的工作，可见 von Manstein, Aus einem Soldatenleben, 1887–1939 (Bonn: Athenäum Verlag, 1958), 105–129。雷纳·沃尔费尔概述了高级指挥机构及其 20 年代的各种变化，见 Wohlfeil, "Heer und Republik," in Handbuch zur deutschen Militärgeschichte, 1648–1939, vol. 6(Frankfurt am Main: Bernard und Graefe Verlag, 1970), 312–316。另见 Gordon, Reichswehr and the German Republic, 175–190。

58. 汉斯·冯·塞克特 1919 年 12 月 1 日给部队局等的信，BA/MA, RH 2/275。

59. 同上。

60. 同上。

61. 关于魏格纳上尉，见 Volckheim, Deutsche Kampfwagen Greifen An!Chapters 3 and 4。

62. 国防部军官通常人数的数据取自国防部 Rangliste des Deutscben Reichsheeres (1924)。

63. 部队局训练处 1919 年 12 月 1 日给部队局等的信，BA/MA, RH 2/2275, 2。

64. 军队总司令 1920 年 7 月 7 日给部队局训练处的信，BA/MA, RH 2/2275。

65. 武器署，"Kraeche" 签署于 1919 年 12 月 24 日，BA/MA, RH 2/2275。

66. 空军的这种努力将在本书第七章进行探讨。

67.Hans von seeckt, "Bearbeitung der Kriegserfahrungen," Directive of December 1, 1919, BA/MA, RH 2/2275, 33–38.

68.Brian Bond, Liddell Hart: A Study of His Military Thought (London: Cassell, 1977), 25–27. 另见 Basil H. Liddell Hart, The Memoirs of Captain Liddell Hart, vol. 1 (London: Cassell, 1965), 42–43。

69.Liddell Hart, Memoirs, 1:49.

70. 同上。

71. 部队局训练处，"Grundsätze für die Durchführung des hinhaltenden Gefechts," December 10, 1920, BA/MA, RH 2/2275 T-4, 187–193. Cf. Heeresdienstvorschrift 487, Fiihrung und Gefecht der verbundenen Waffen(Berlin: Verlag Offene Worte, 1921, 1923, 1925), Part 1, 226–228。

72.Heeresdienstvorschrift 487, Parts 1 and 2. 魏玛国防军通常将该条令简称为 "FuG"。

73. 同上，第一部分，第 3 页。

74. 同上。

75. 同上，第 9 页。

76. 同上，第 10 页。

77. 同上，第 140 页。

78. 同上，第 156 页。

79. 同上，第 131 页。

80. 同上，第 34—36 页。

81. 同上，第 145 页。

82.Heeresdienstvorschrift 487, Part 2. See Chapter 12 on aircraft and Chapter13 on tanks.

83.Heeresdienstvorschrift 487, Part 1, 47.

84. 同上，第 12 页。

85. 其中最重要的是魏玛国防军统帅部的 "Die Abwehr im Stellungskrieg"（September 20, 1918）; "Die Angriff im Stellungskrieg"（January 1, 1918）; "Ausbildungsvorschrift für die Fusstruppen im Kriege"（January 1918）; "Der Sturmangriff"（September 1917）。

86.Heeresdienstvorschrift 467, Ausbildungsvorschrift fiir Fabrtruppen(Berlin: Heeresleitung, 1923), 70-71.

87. 同上，第 71 页。

88. 同上，第 9 页。

89.1925 年发布的是第一册 Heeresdienstvorschrift 487, Führung und Gefecht der verbundenen Waffen。它主要由第 487 号军队条令的摘录组成，包括大量插图、地图和图表，以及基础的地图阅读和命令发布的章节。

90.F.H. Felddienst: Handbuch fiir Unterfiihrer aller Waffen (Berlin: Verlag Offene Worte, 1924), 7-9.

91.Whaley, Covert German Rearmament, 134.

92. 同上，第 135 页。组织和装备的完整表格由魏玛国防军统帅部详列，可见 Stärkenachweisung der Kommandobehörden und Truppen des Reichsheeres (Berlin: Reichswehrministerium, 1928)。

93.Heeresdienstvorschrift 487 p. 270，这部分内容对《凡尔赛和约》所规定的师和提议组建的师进行了比较。

94. 关于三角师的构成，见 S. J. Lewis, Forgotten Legions: German Army Infantry Policy, 1918-1941 (New York: Praeger, 1985), 8-10。战后，魏玛国防军仍保留了 "旅" 这个称谓，但它只是行政单位，涵盖一个师的所有步兵团。在魏玛国防军中，旅没有战术或指挥的职能。

95. 一个步兵连包括 3 名军官和 161 名士兵；一个机枪连包括 4 名军官和 126 名士兵；一个营包

括指挥部在内的 18 名军官和 658 名士兵。见 Wohlfeil, "Heer und Republik," 320。

96. 同上。

97.Heeresdienstvorschrift 487, Part 2, 270.

98. 同上。

99. 同上，第 271 页。

100.Whaley, Covert German Rearmament, 134.

101.1924 年至 1928 年的平均数来自国防部的 Rangliste des Deutschen Reichsheeres。这份清单相当准确地列明了德军所有的指挥部、参谋部和总司令部（相关数据）。

102.Martin van Creveld, Fighting Power (Westport, Conn.: Greenwood Press, 1982), 49–50.

103. 同上，第 52—53 页。

104.Van Creveld, Fighting Power; and Dupuy, Genius for War, 1–5 and 253–255.

105. 英国陆军总参谋部 , Handbook of the German Army, 1928, ed. E.T. Humphreys (London: War Office, 1928), 59–60。

106.Herbert Molloy Mason, The Rise of the Luftwaffe (New York: Ballantine, 1973), 73–74.

107. 见英国军队的 Handbook of the German Army, 1928, 59。另可见 Gordon, Reichswehr and the German Republic, 202–206, 它很好地概述了德国的士官体制。

108.Van Creveld, Fighting Power, 122.

109.Französische Truppenführung, Vorschrift für die taktische Verwendung der grossen Verbände, 译自 1921 年的法军作战手册 (Berlin: Werlag Offene Worte, 1937)，尤其是第 84—85 页。

110. 同上，第 130 页。

111. 同上，第 146—147 页。

112. 同上，第 149 页。

113. 同上，第 87 页。

114. 同上，第 13—17 页。法军手册委员会包括 11 名将军、3 名上校、1 名中校和 1 名少校。乔治将军担任主席。

115.Van Creveld, Figbting Power, Chapters 4 and 5.

116.Albrecht Kesselring, The Memoirs of Field Marshal Kesselring (Novato, Calif.: Presidio Press, 1989), 20.

第三章 魏玛国防军的内部辩论

1.Van Creveld, Fighting Power, 134.

2.Erfurth, Die Geschichte des deutschen Generalstabes, 148.

3. 同上。

4.Wallach, Dogma of the Battle of Annibilation, 210.

5. 同上，第 12 章。有关施里芬派著作的完整列表，书目同上，第 224—225 页。

6.Martin Kitchen, "Traditions of German Strategic Thought," International History Review, 1, 2 (April 1979): 172–173.

7. 冯·塞克特退休后撰写了一本关于毛奇、篇幅较短的书，题目是 "Moltke: Ein Vorbild (Berlin: Verlag für Kulterpolitik, 1930)"。

8. 与格勒纳将军的谈话记录，见 1919, NA, German Army Records, File T–78, Roll 25, Item 111。另可见 Carsten, Reichswehr and Politics, 56–57。

9. 威廉·格勒纳中将 1919 年 9 月到 10 月与汉斯·冯·塞克特的信件往来，见 NA, German Army Records, File T–78, Roll 25, Item 112。另可见 Craig, Politics of the Prussian Army, 383。

10. 引自 Carsten, Reichswehr and Politics, 30。

11.Edward Bennett, German Rearmament and the West, 1932–1933 (Princeton, N.J.: Princeton University Press, 1979), 17.

12.Herbert Rosinski, The German Army (London: Praeger, 1966), 218–219.

13. 同上，第 301 页。

14. 同上。

15.Görlitz, History of the German General Staff, 216; and Craig, Politics of the Prussian Army, 366.

16. 弗里德里希·冯·曼泰少将 1939 年 6 月 12 日给弗里德里希·冯·拉贝瑙的信，BA/MA, 62/7。

17.Carsten, Reichswehr and Politics, 107.

18. 引用书目同上，第 106 页和第 213 页。关于施图普纳格尔对冯·塞克特的批评，见 Friedrich von Rabenau, Commentary on Hans von Seeckt/Joachim von Stülpnagel Relationship, Letter Exchange, BA/MA, N 62/7, Part 1, 8。

19. 埃尔福特并不同意冯·塞克特不支持技术创新这一观点，可见 Die Geschichte des deutschen Generalstabes。关于冯·塞克特对机械化、新武器和军官技术教育的支持，引用书目同上，第 145 页。

20.Gen. M. Faber du Faur, Macht und Ohnmacbt (Hamburg: H. E. GüntherVerlag, 1953), 125–126 and 155–156.

21.冯·塞克特作为将军的能力甚至得到了他的敌人的认可, 尤其是鲁特维兹将军和埃尔哈特中尉。见 Harold Gordon, "The Character of Hans von Seeckt," Military Affairs 20 (1956): 97。

22. 同上, 第 101 页。

23.Gen. Guenther Blumentritt, Von Rundstedt: The Soldier and the Man(London: Odhams Press, 1952), 25.

24.Franz von Papen, Memoirs, trans. Brian Connell (London: André Deutsch, 1952), 117.

25.Gordon, Reichswehr and the German Republic, 444–445.

26. 沃尔特·莱因哈特 1872 年 3 月 24 日生于符腾堡, 1892 年在符腾堡军队中被任命为军官, 1900 年进入总参谋部军官团, 并从 1900 年到 1914 年担任指挥和参谋职务。战争期间, 他大部分时间都在西线服役。1915 年, 他担任第 13 军参谋长; 1916 年在凡尔登指挥第 118 步兵团; 1916 年索姆河战役时, 他是第 17 军参谋长; 曾任第 11 集团军参谋长; 1917 年担任西线第 7 集团军参谋长; 1918 年 11 月任普鲁士战争部长; 1919 年任军队总司令; 1920—1924 年担任第 5 师师长; 1924—1925 年担任第二集群司令; 1927 年退休。莱因哈特逝世于 1930 年 8 月 8 日。见 Gen.d. Inf. Walter Reinhardt, Wehrkraft und Wehrwille, ed. Lt. Gen. Ernst Reinhardt (Berlin: E. Mittler und Sohn, 1932), 1–26。

27. 同上。

28.Rosinski, German Army, 218–219.

29.Reinhardt, Wehrkraft und Wehrwille, 63–69.

30. 同上, 第 71—73 页。

31. 同上, 第 100 页。

32. 同上, 第 103—104 页。

33. 同上, 第 152—153 页。

34. 同上, 第 167 页。

35. 冯·塞克特保留传统总参谋部的意图受到了攻击, 其本人关于精英军队的概念也曾遭到反对。见 Reinhardt, Wehrkraft und Wehrwille, 51–52 and 167。

36. 赫尔曼·冯·库尔生于 1856 年, 1878 年获得博士学位, 曾任总参军官。1914 年进军法国期间, 他担任第 1 集团军参谋长; 他还是西线的高级参谋。他在 1919 年退休, 并于 1944 年逝世。作为总参谋部的前情报人员, 冯·库尔是研究法国军队的专家。见 Hans Meier–Welcker, "General der

Infanterie a.D. Dr. Hermann v. Kuhl," Wehrwissenschaftlicbe Rundschau, 6,11 (1956): 595–610。

37.关于冯·库尔的著作，见上条注释所列书目，第604—610页。

38.同上，第601页。

39.同上，第600页。

40.同上，第603页。

41.Faber du Faur, Macht und Obnmacht, 77 and 196. 另可见 Rosinski, German Army, 172 and 219。

42.George Soldan, "Bewegungskrieg oder Stellungskrieg?" Militär Wochenblatt 35 (1926).

43. "Feldherr und Masse," Militär Wochenblatt 19 (1925).

44.General von Taysen, "Die französische Infanterie," Militär Wochenblatt 20(1922).

45.Franz von Gaertner, Die Reichswehr in der Weimarer Republik: Erlebte Geschichte (Darmstadt: Fundus Verlag, 1969), 86.

46.关于恩斯特·荣格尔和他的著作,见Johannes Volmert, Ernst Jinger: In Stahlgewittern (Munich: Wilhelm Fink Verlag, 1985)。

47.Jünger, Storm of Steel, 202, and Copse 125 (London: Chatto and Windus,1930), 81–83.

48.Jünger, Storm of Steel, 316.

49.Jünger, Copse 125, 190–191.

50. 恩斯特·荣格尔1895年生于海德堡。1914年高中毕业后应征入伍；1915年被任命为中尉；1917年到1918年间在西线第73团担任连长。他曾负伤十次以上。1919年到1923年，他服役于志愿军团，后在第16步兵团担任中尉。1923年，他从魏玛国防军辞职。荣格尔更多的生平信息见 Military Records of Ernst Jünger, BA/MA。

51.Volmert, Jünger, 12.

52.Ernst Jünger, "Die Ausbildungsvorschrift für die Infanterie," Militär Wachenblatt 3(1923).

53. 魏采尔1926年晋升为中将。他在1914—1915年间担任冯·塞克特的首席参谋助理。

54.Maj. Gen. Georg Wetzell,"Die alte Armee und die junge Generation,"Militär Wachenblatt 2 (1925).

55. 库尔特·黑塞1894年生于基尔。1913年，他是第5掷弹兵团的军官学员；1914年任中尉；1917年任上尉。后来，他担任西线第5掷弹兵团机枪连连长。他曾负伤五次。魏玛国防军时期，他从1923年到1925年服役于第9骑兵团；1925年晋升上校；1925年到1928年间，在第2步兵团任团职和参谋；1929年从军队辞职；1925年获得博士学位；从1929年起，在骑兵和军事学校讲授课程。他服役于后备部队，并在 1941 年被召回现役。1933 年，他加入了党卫军。

56. 库尔特·黑塞的部分著作包括：Der Feldherr Psychologos: Ein Suchen nach dem Fübrer der deutschen Zukunft (Berlin: E. Mittler und Sohn, 1922); Der Triumph des Militarismus (1923); Von der nahen Ära der "Jungen Armee" (Berlin: E. Mittler und Sohn, 1924)。他在《军事周刊》上发表的文章包括："Worte an Ernst Jünger," 19 (1924); "Uber dem Sturm," 18 (1924); "Die psychologische Schule," 10 (1922); "Uber subjektive Darstellung," 27 (1919)。

57. Hesse, "Worte an Ernst Jünger."

58. Hesse. Der Feldherr Psychologos, 180.

59. 同上，第 195 页。

60. Hesse, "Die psychologische Schule." 182–184.

61. 弗里德里希·冯·拉贝瑙 1884 年生于柏林；1903 年获得高中毕业证书；1904 年被任命为军官，并在 1914 年被招入总参谋部。1914 年到 1918 年，他担任了总参谋部多个职务，1923 年被派遣至部队局训练处；1923 年晋升为少校；1924 年到 1926 年就职于作战处；1934 年晋升少将。他在 1935 年获得布雷斯劳大学的博士学位。1937 年，他担任军队档案馆馆长；1939 年担任第 73 步兵师师长；1943 年作为炮兵将军退休。他在 1943 年结束神学研究，并在 1944 年 1 月成为路德教会的领袖。1944 年 7 月，他因为参加反对希特勒的阴谋被捕；1945 年 4 月 11 日，可能是在弗洛森堡集中营被纳粹杀害。冯·拉贝瑙的著作包括：Die alte Armee und die junge Generation (Berlin: E. Mittler und Sohn, 1925); "Der Wegbereitere," in Hundert Jahre preussisch-deutscher Generalstab, ed. General von Cochenhausen (Berlin: E. Mittler und Sohn, 1933); Operative Entschlüsse gegen eine Anzabl überlegener Gegner (Berlin: E. Mittler und Sohn, 1935); editor, Hans von Seeckt, Aus meinem Leben (1938); Seeckt: Aus seinem Leben (1940); Vom Sinn des Soldatentums. Die innere Kraft von Fübrung und Truppe (n.p., 1940). Information from Von Rabenau Papers, BA/MA, N 62.

62. Von Rabenau, Die alte Armee und die junge Generation.

63. 同上，第 7 页。

64. 同上，第 9 页。

65. Von Rabenau, Operative Entschlüsse gegen eine Anzabl überlegener Gegner.

66. Wetzell, "Die alte Armee und die junge Generation."

67. General von Taysen, "Entspricht die heutige Kampfweise unsere Infanterie der Leistungsfähigkeit eines kurz ausgebildeten Massenheeres?" secret memo of March 19, 1924, BA/MA, 12-2/94, 221–

239), especially 12.

68.Von Seeckt, Thoughts of a Soldier, 125–126.

69.Major Benary, "Um Hesse," Militär Wachenblatt 5 (1925).

70. 萨克森战争部, Verordnungsblatt des GK XIX A. K., April 23, 1919。民主德国军事档案馆（以下简称 MA/DDR）, R. 11 41 12/1, 50。短期志愿者会组成志愿边境卫队，连和团会获得授权，为这些部队设置训练课程。

71.Defense Plan for Freiwilliger Grenzer BN 6, June 21, 1919, MA/DDR R 1141 12/1, 88–89; and Orders from Grenzer BN 6, June 18, 1919, ibid., 91.

72.Gordon, Reichswebr and the German Republic, 255–256.

73. 同上，第 257 页。

74. 约阿希姆·弗里茨·康斯坦丁·施图普纳格尔生于 1880 年。1898 年被任命为军官，1909 年就职于总参谋部。第一次世界大战期间，他担任师级和军级总参军官。1918 年到 1919 年，他服役于军队总司令部作战处。1920 年到 1926 年，他就职于国防部，部队局。1922 年晋升为中校，担任作战处处长；1928 年晋升为少将；1929 年晋升为中将。他在 1929 年担任第 3 师师长，1931 年担任后备部队司令员，并晋升为步兵将军。Information from BA/MA, N5.

75.Lt. Col. Joachim von Stülpnagel, "The War of the Future," March 18, 1924, BA/MA, N/5-20, T–1, 24.

76. 同上，第 27 页。

77. 同上，第 28—30 页。

78. 同上，第 34—36 页。

79.Gordon, Reichswehr and the German Republic, 255.

80. 见 von Manstein, Aus einem Soldatenleben, 120–122。该作品介绍了他（曼施坦因）作为部队局军官组织和训练这些部队的情况。他认为非正规的边境卫队在应对正规部队时不太有效，他们最多只能迟滞敌正规部队。

81. 部队局，Study on Volkskrieg, BA/MA, RH 2/2901, 94–95。

82. 部队局作战处，"Denkschrift über die Ziele und Wege der nächsten Jahre für unsere Kriegsvorbereitungen," August 14, 1925, NA, German Army Records, File T-78, Roll 441, Folder H1/663。

83.Gen. Erich von Ludendorff, The Coming War (London: Faber and Faber, 1931), 110–134.

84.Gen. Erich von Ludendorff, The Nation at War (London: Hutchinson 1936), 140–141.

85. 关于鲁登道夫的军事思想，见 Jehuda L. Wallach, Kriegstheorien.Ihre Entwicklung im 19. und 20. Jahrhundert (Frankfurt: Bernard und Graef Verlag, 1972), 184–193。

86.Kriegsgeschichtliche Forschungsamt, Reichsarchiv, "Denkschrift: Fremde Heere am Rhein, 1918–1930," ca. 1930, MA/DDR, W-10/52143, 1–2.

87.Kriegsgeschichtliche Forschungsamt, Reichsarchiv, Volkskrieg, ed. Archivrat Liesner, 1930, MA/DDR, W10/50203. This work is several hundred pages.

88. 同上，第 14—19 页。

89. 同上，第 25—26 页。

90. 同上，第 20—23 页。

91. 见 Wallach, Dogma of the Battle of Annibilation, Chapter 8。

92.Kitchen, "The Traditions of German Strategic Thought," 163–190.

93.Barry Rosen, The Sources of Military Doctrine (Ithaca, N.Y: Cornell University Press, 1984), 215.

第四章　训练魏玛国防军

1.Maj. a. D. Karl Deuringer, "Die Niederwerfung der Räteherrschaft in Bayern,1919," monograph of the Kriegsgeschichtlichen Forschungsamt, 1930s, MA/DDR, W-10/52136, 151.

2.Adolf Reinicke, Das Reichsheer, 1921–1934 (Osnabrück: Biblio Verlag,1969), 11. 关于 1920 年的战斗，另可见 Walter Görlitz, Model: Strategie der Defensive (Wiesbaden: Limes Verlag, 1975), 29–30。莫德的营失去了 2 名军官，有 12 人被杀，另有 100 人受伤。

3.Major von Stockhausen, Erfabrungen über Bekämpfung innerer Unruhen,1919, MA/DDR, R 11.41.20/5.

4. 萨克森的战争部一直将这些记录保留到 1920 年，后来成为魏玛国防军组成部分的萨克森军队的记录，被保存在波茨坦的德意志民主共和国军事档案馆内。关于开设机枪课程的内容，可见 Records of Freiw. Grenzer BN 2, Letter of June 4, 1919, MA/DDR R 11 41 21/4。

5. 前文已经提过，领导型军队的概念最初是由冯·塞克特在给军队的信中概述的。见 Wohlfeil, "Heer und Republik," 207–209。

6. 魏玛国防军时期德国各团的历史通常记录的是 1920—1921 年间，为营造舒适的驻军环境而进行的人力密集型工作。可见 "Geschichte des I/J-R. 65," ca. 1936/37, Crerar Collection, Royal Military

College of Canada, Kingston, Ontario, 这份文件概述了第 16 步兵团的营房翻新工程, 并指出了营造舒适环境的重要性(见第 5—6 页)。此文件还含有布置精良的士兵俱乐部房间的照片。关于魏玛国防军的营房和生活条件, 另可见 United States Military Intelligence, Vol. 23-26, Weekly Summaries, ed. Richard D. Challener (New York: Garland Publishing, 1978; 以下简称 Challener, ed., Weekly Summaries), 7-8。

7.Challener, ed., Weekly Summaries, Report of June 10, 1927, 8-9.

8.Hermann Teske, "Analyse eines Reichswehr-Regiments," Wehrwissenschaftliche Rundschau, 12, 5 (1962): 256.

9. 同上。

10. 同上。

11.W. Behrens and Dietrich Kuehn, Geschichte des Reiter-Regiments I, Vol. 1:1919-1939 (Cologne/Weidenbach: Kameradschaft ehem. RR1, 1962), 12.

12.Wohlfeil, "Heer und Republik," 184.

13.Gordon, Reichswehr and the German Republic, 69.

14. 同上, 第 169 页。

15. 可以将魏玛国防军和 20 年代另一支职业军队, 即美国军队进行对比。在这个时期, 美国陆军的应征者比较差, 指挥官们常常抱怨新兵素质低下。见 Robert Griffith, "Quality, Not Quantity: The Volunteer Army during the Depression," Military Affairs, 43 (1979): 171-177。

16.1927 年, 军队有 136 个部队驻地、11 个主要训练区和分布在德国各地的众多军械库和仓库等。相关信息来自国防部, 见 Rangliste des Deutschen Reichsheeres, 1927。

17.Gordon, Reichswehr and the German Republic, 175.

18.Hans Meier-Welcker, "Der Weg zum Offizier im Reichsheer der Weimarer Republik," Militärgeschichtliche Mitteilungen 19 (1976): 150-152.

19. 同上, 第 150 页。

20. 英国陆军总参谋部, Handbook of the German Army, 1928, 208。

21.Gerd Stolz and Eberhard Grieser, Geschichte des Kavallerie-Regiments 5 "Feldmarshall v. Mackensen" (Munich: Schild Verlag, 1975), 20.

22. 同上, 第 43 页。

23. 同上, 第 19 页。关于魏玛国防军在这个时期的骑兵训练, 见 Dietrich von Choltitz, Soldat unter Soldaten (Zurich: Europa Verlag, 1951), 26-30。肖尔蒂茨描述了狩猎和骑术运动对于骑兵的重

要性。步兵、摩托部队和炮兵要比骑兵进步得多。第 3 骑兵团的初级军官哈索·冯·曼陀菲尔认为在战术和装备方面，骑兵直到 1926 年都没有完成真正的现代化，见 Donald Brownlow, Panzer Baron: The Military Exploits of General Hasso von Manteuffel (North Quincy, Mass.: Christopher Publishing House, 1975), 44–45。济格弗里德·威斯特法尔（后来成为将军）回忆说，他在 20 年代初担任初级骑兵军官时，曾经参加许多次军刀演练。可见 Westphal, Erinnerungen (Mainz: Hasse und Koehler Verlag, 1975), 28。

24.Richard Challener, ed., "Winter Training in the German Army," Weekly Summaries, Report of June 10, 1927.

25.同上，第 2 页。

26.同上，第 3 页。

27.同上。

28.同上，第 5—6 页。

29.Von Gaertner, Die Reichswehr in der Weimarer Republik, 83.

30.见 Meier-Welcker, seeckt.麦尔－维尔克仔细记录了冯·塞克特的动作，具体可见他对冯·塞克特 1922 年访问的记录，第 326—327、第 330—335、第 343 页。

31.例如，第 16 团的营会定期接受集团军群和师指挥官的访问，他们是专门来观察训练情况的。见 "Geschichte des I/J–R. 65," 9–15。

32.冯·塞克特 1921 年 1 月 1 日的信，引自 Demeter, Das Deutsche Offizierkorps, 300。

33. "Geschichte des 1/J–R. 65," 9–11.

34.同上，第 13 页。

35.同上，第 14 页。

36.同上，第 15 页。

37.Hans von Seeckt, Bemerkungen des Chefs der Heeresleitung, 1920, January 7, 1921, BA/ MA, RH 2/2963, 1.

38.同上，第 2—3 页。

39.同上。

40.Hans von Seeckt, Bemerkungen des Chefs der Heeresleitung, 1922, December 20, 1922, BA/ MA, RH 2/2987, 4–7.

41.同上，第 11 页。

42. 同上，第 13 页。

43. Hans von Seeckt, Bemerkungen des Chefs der Heeresleitung, 1921, December 28, 1921, BA/MA, RH 2/69, 5.

44. Hans von Seeckt, Bemerkungen des Chefs der Heeresleitung, 1923, BA/MA, RH 2/107, 4.

45. 同上，第 5 页。

46. Hans von Seeckt, Bemerkungen des Chefs der Heeresleitung, 1925, BA/MA, RH 2/70, 2.

47. Hans von Seeckt, Bemerkungen des Chefs der Heeresleitung, 1924, November 17, 1924, BA/MA, RH 2/70.

48. Von Seeckt, Bemerkungen des Chefs der Heeresleitung, 1920, 3.

49. Gordon, Reichswehr and the German Republic, 208–209.

50. Behrens and Kuehn, Geschichte des Reiter–Regiments 1, 17.

51. Görlitz, Model: Strategie der Defensive, 37.

52. 来自英国陆军总参谋部的数据，见 Handbook of the German Army, 1928, 59–60。

53. 同上，见第 59 页。

54. Gordon, Reichswehr and the German Republic, 203–204.

55. 萨克森军事部 1919 年 6 月 30 日的指示信，MA/DDR, R 11 41 22/7。

56. 英国陆军总参谋部，Handbook of the German Army, 1928, 292。

57. 关于德国军官的社会组成和教育的两项出色研究是：Demeter's Das Deutsche Offizierkorps and Hans Hubert Hofmann, ed., Das Deutsche Offizierkorps, 1866–1960 (Boppard am Rhein: Harald Bolt Verlag, 1980)。

58. Absolom, Die Wehrmacht im Dritten Reich, 1:18.

59. 关于治安警察部队的创建，见 Craig, Politics of the Prussian Army, 404–405。关于 1919 年时将前士官升为军官职衔的相应情况，见 Demeter, Das Deutsche Offizierkorps, 49–51。

60. 1927 年时，魏玛国防军的军官团包括 3 名上将、14 名中将、25 名少将、105 名上校、190 名中校、380 名少校、1122 名上尉、653 名中尉和 1305 名少尉，共计 3797 名军官；另有 210 名拥有军官职衔的军事官员，军官总数约为 4000 人。这些数据见英国陆军总参谋部，Handbook of the German Army, 1928, 56 and 60–61。此外，魏玛国防军中还有 293 名军医和 200 名兽医，但他们不算在 4000 名军官之中 (Handbook, 57)。

61. Hofmann, Das deutsche Offizierkorps, 233.

62.Craig, Politics of the Prussian Army, 393–394.

63.Carsten, Reicbswehr and Politics, 217.

64. 汉斯·冯·塞克特 1924 年 11 月 8 日给各兵种学校的信，BA/MA, RH 12-2/22。冯·塞克特认为军官团"供应超过需求"，见 Demeter, Das Deutsche Offizierkorps, 103。

65. 第一总监处，Entwurf: Lehrordnung für die Waffenschulen, 1920, BA/MARH 12-2/54, 99。

66.Demeter, Das Deutsche Offizierkorps, 57.

67. 见 Reinicke, Das Reichsheer, 140–141。

68.Wohlfeil, "Heer und Republik," 338.

69. 关于通信部队的介绍，见 Reinicke, Das Reichsheer, 198。

70.Wohlfeil, "Heer und Republik," 336.

71. 同上，第 337 页。

72.Rainer Wohlfeil and Hans Dollinger, Die Deutsche Reichswehr (Frankfurt am Main: Bernard und Graefe Verlag, 1972), 127.

73.Von Gaertner, Die Reichswehr in der Weimarer Republik, 107.

74. 同上，第 106—107 页。另可见 Reinicke, Das Reichsheer, 308–309。

75.Meier-Welcker, "Der Weg zum Offizier," 147-180. 关于魏玛国防军军官训练计划的另一处详细说明，见 David N. Spires, Image and Reality: The Making of the German Officer, 1921–1933 (Westport, Conn.: Greenwood Press, 1984)。

76.Meier-Welcker, "Der Weg zum Offizier," 148.

77. 同上，第 149 页。

78. 同上，第 157 页。

79. 同上，第 159 页。

80. 同上。

81. 同上，第 160 页。

82. 同上，第 161 页。

83. 同上，第 165 页。

84. 同上，第 166—167 页。

85. 第一总监处，Entwurf: Lehrordnung fürdie Waffenschulen, 4。

86. 同上，第 10 页。

87. 同上，第 9 页。

88. 同上，第 33 页。

89. 同上。

90. Meier-Welcker, "Der Weg zum Offizier," 166.

91. 同上，第 165—166 页。

92. 关于魏玛国防军团级训练的优秀概述，见 Behrens and Kuehn, Geschichte des Reiter-Regiments 1, 17-18。

93. Hans Georg Model, Der deutsche Generalstabsoffizier. Seine Auswabl und Ausbildung in Reichswehr , Wehrmacht und Bundeswehr (Frankfurt am Main：Bernard und Graefe Verlag, 1968), 25-26.

94. 同上。

95. Von Gaertner, Die Reichswehr in der Weimarer Republik, 101.

96. 见 Model, Der deutsche Generalstabsoffizier, 28。另可见 Westphal, Erinnerungen, 36。

97. 关于军区考试的例子，可见 Crerar Collection of the Royal Military College of Canada, Kingston, Ontario: Die Wehrkreis-Prüfung 1932, 11. Jabrgang (Berlin: Verlag Offene Worte, 1932); 另可见第 84—89 页的语言考试。

98. Model, Der deutsche Generalstabsoffizier, 31. 莫德尔也提供了从 1921 年到 1932 年，关于测试问题的例子，见第 29—31 页。

99. Gordon, Reichswehr and the German Republic, 300.

100. Model, Der deutsche Generalstabsoffizier, 26.

101. 路德维希·冯·德·莱恩 1885 年生于柏林，1904 年获得军官任命。他是两次世界大战之间魏玛国防军最有影响的步兵战术家之一。冯·德·莱恩是总参谋部成员，在第一次世界大战期间经历过大量战斗，且作为参谋拥有丰富的服役经历。1922 年到 1925 年，他就职于部队局训练处并积极编写战术手册。1928—1930 年间，他在步兵学校教授战术；后于 1936 年晋升少将；1939 年到 1940 年指挥第 12 步兵师；1940 年晋升为步兵上将。以上信息摘自路德维希·冯·德·莱恩， "Nachlass Ludwig von der Leyen," BA/MA, N 154。

102. Capt. Ludwig von der Leyen, Taktische Aufgaben und Lösungen im Rabmen des verstärkten Infanterie Regiments, 2d ed. (Berlin: Verlag Offene Worte, 1923).

103. Capt. Ludwig von der Leyen, Von Zusammenwirken der Waffen (Berlin：Verlag Offene Worte, 1925).

104.Von der Leyen, Taktische Aufgaben und Lösungen.

105. 同上，第 1 页。

106. 同上。

107.1932 年军区考试的问题包括进攻、侦察和防御等战术内容。

108. 见 Erwin Rommel, Attacks!,（Infanterie Greift An!），trans. J. R. Driscoll (Vienna, Va.: Athena Press, 1979; reprint of 1936 edition)，另可见 Martin Blumensen, "Rommel," in Hitler's Generals, ed. Corelli Barnett (New York: Grove Weidenfeld, 1989), 296–297。

109. 比如请参阅库尔特·黑塞中尉：库尔特·黑塞中尉 1924—1925 年游历南美和美国的报告，BA/MA, RH 2/182, 144–145, 177–182,183–184 ff.。

110. 见 von Manstein, Aus einem Soldatenleben, 92–93，这介绍了曼施坦因对西班牙的访问；以及 Westphal, Erinnerungen, 35。

111.Gordon, Reichswehr and the German Republic, 302.

112. 引自 Erfurth, Die Geschichte des deutschen Generalstabes, 144。

113. 有关魏玛国防军参谋训练的最佳概述是莫德尔的 Der deutsche Generalstabsoffizier。

114.Carsten, Reichswehr and Politics, 209.

115.Westphal, Erinnerungen, 36.

116. 部队局训练处，"Ausbildung der als Führergehilfen in Aussicht genommen Offiziere," July 31, 1922, BA/MA, RH 12–21/94。

117. 同上，第 13 页。

118. 同上。

119. 同上，第 2 页。

120.Gordon, Reichswehr and the German Republic, 301. 另可见 Westphal, Erinnerungen, 36。

121. 部队局训练处，"Ausbildung der als Führergehilfen in Aussicht genommenen Offiziere," 2。

122. 同上。

123. 同上，第 1 页。

124. 同上，第 3 页。

125. 同上，第 1 页。

126. 同上，第 5 页。

127. 同上，第 14—15 页。

128. 同上，第 3 页。

129.Model, Der deutsche Generalstabsoffizier, 43–44.

130.Nigel Hamilton, Monty: The Making of a General, 1887–1942 (London: Hamish Hamilton, 1981), 151.

131.Gen. Omar Bradley and Clay Blair, A General's Life (New York: Simon and Schuster, 1983), 60.

132. 资料来源同上，第 60—61 页。

133.Van Creveld, Training of Officers, 32.

134. 同上。

135.Von Seeckt, Thoughts of a Soldier, 125.

136. 同上。

137.Reinicke, Das Reichsheer, 312.

138. 同上。

139. 同上。

140. 英国陆军总参谋部 , Handbook of the German Army, 1928, 59–60。

141. 同上，第 60 页。

142.Challener, ed., "Report of November 27–December 10, 1926," Weekly Summaries, 3–4.

143.Van Creveld, Fighting Power, 52–53.

144.Rosinski, German Army, 293–294.

145.Van Creveld, Training of Officers, 64.

146. 见 1925 年 2 月库尔特·黑塞上尉对美国军事力量的报告，BA/MA, RH 2/1820, 177–182。黑塞报告说，美国陆军对战争经济学进行了出色的研究。

147.Ernst W. Hansen, Reichswehr und Industrie, Rüstungswirtscbaftliche Zusammenarbeit und wirtschaftliche Mobilmachungsvorbereitungen 1923–1932, Militärgeschichtliche Studien 24 (Boppard am Rhein: Harald Boldt Verlag, 1978), 64–69 and 71–72.

148.Spires, Image and Reality, 54.

149.Michael Geyer, "German Strategy in the Age of Machine Warfare, 1914–1945," in Makers of Modern Strategy, ed. P. Paret (Princeton, N.J.: Princeton University Press, 1986), 572.

150.Van Creveld, Training of Officers, 29.

151. 同上，第 32 页。另可见 Spires, Image and Reality, 52。

152. 见 "Operatives Kriegsspiel 1926/27," November 1926, BA/MA, RH 2/2822, 1-56。

第五章 发展现代武器

1. 参见 Table 3 in Whaley, Covert German Rearmament, 137。

2. 关于协约国军事管制委员会的组织，参见 Michael Salewski, Entwaffnung und Militärkontrolle in Deutschland 1919—1927, Schriften des Forschungsinstitutes der Deutschen Gesellschaft für Auswartige Politik 24 (Munich: R. Oldenbourg Verlag, 1966), 48-49。萨勒夫斯基（Salewski）的著作是关于该委员会及其在德国解除军备中所发挥作用的最佳概论。

3. Whaley, Covert German Rearmament, 30-31.

4. 汉斯·加茨克兹（Hans Gatzkez）给出了证据证明施特雷泽曼卷入了秘密重整军备。参见他的 Stresemann and the Rearmament of Germany (Baltimore: Johns Hopkins University Press, 1954)。在 1923 年 2 月，艾伯特总统与冯·塞克特和普鲁士内政部长泽维林签署了一份秘密协定，保证为组建秘密准军事部队提供支持 [参见 Lionel Kochan, Russia and the Weimar Republic（Cambridge: Bowes and Bowes, 1954），69]。

5. Whaley, Covert German Rearmament, 10-11. See also William Manchester, The Arms of Krupp (Boston: Little, Brown, 1968), 388-396.

6. Ian Hogg and John Weeks, Military Small Arms of the Twentieth Century (Northfield, Ill.: Digest, 1973), 5.41.

7. John Erickson, The Soviet High Command: A Military-Political History, 1918-1941 (Boulder, Colo.: Westview Press, 1984), is the most detailed account of Reichswehr-Red Army cooperation. See also Helm Speidel, "Reichswehr und RoteArmee," Vierteljahrsbeftfur Zeitgeschicbte, 1, 1 (January 1953).

8. 关于《凡尔赛和约》对德国坦克研发方案的不利之处，参见 Walter J. Spielberger, Die Motorisierung der deutschen Reichswehr, 1920-1935, Stuttgart: Motorbuch Verlag, 1979), 299 and 315-316。

9. Janice McKenney, "More Bang for the Buck in the Interwar Army: The 105-Howitzer," Military Affairs 42, (1978): 80-86.

10. 参见 George Hofmann, "The Demise of the U.S. Tank Corps and Medium Tank Development Program," Military Affairs 37 (1973): 20-25。

11.Von Seekt, Thoughts of a Soldier, 65–66.

12. 同上，第 66 页。

13. "轻型拖拉机"将围绕 37 毫米 Tak L/45 火炮进行设计制造。参见 Spielberger, Motorisierung der deutschen Reichswehr, 317。

14. 关于武器署的组织和工作的一个极佳概述可参考前武器署军官埃里希·施耐德的作品：Erich Schneider, "Waffenentwicklung; Erfahrungen im deutschen Heereswaffenamt," Wehrwissenschaftliche Rundschau 3 (1953)：24–35。

15.Hans von Seekt to Waffenamt and Inspektionen, January 21, 1924, BA/ MA, RH 12-2-21.

16. 同上。

17.Joachim von Stülpnagel, T-1, Operations to Waffenamt, March 29, 1924, File on the Heavy Machine-Gun Tests, BA/ MA, RH 12-2/ 150. 冯·施图普纳格尔认为，或许 20 毫米贝克火炮比其他武器更容易生产。

18. 数字来自 Reichswehrministerium, Rangliste des deutschen Reichsheeres, 1924, 1925, 1927。

19.Gordon, Reichswehr and the German Republic, 186.

20. 参见 Heereswaffenamt File H15/85 1928 NA, German Army Records, File T-78, Roll 178。路德维希将军（武器署长官）确定了 1928 年的研发优先次序。工兵总监处的最高级别优先权是研发摩托化桥梁部队所用装备。要塞（相应装备）的优先级别很低。在摩托化兵总监处（IN-6）中，优先项目是研发摩托化反坦克炮和拥有越野能力的卡车。发展装甲车和坦克的工作也获得了优先权。

21. 参见 "Reichbericht von Oberst von Boetticher," 1920s, BA/MA, RH 2/1820, Appendix 1, "Reisebericht Hauptmann Speich" (1924), ibid.; "Reisebericht von Gen Lt. a. D. Schirmer" (1926), ibid.; "Reiseberichte Maj. Radelmaier, Hauptmann Austmann," 1929, BA/MA, RH 2/2198; "Reiseberichte von Maj. Radelmeier," 1929, BA/MA, RH 2/1822; and "Reisebericht Oberstleutnante Becker und Zimmerle," 1928, BA/MA, RH 2/1823。

22. 见 T-3, "Die franzdsischen Herbstmandver, 1922," August 11, 1923, BA/MA, RH 2/1547; T-3, "Die franzdsischen Herbstmandver, 1923," July 10, 1924, ibid.; "Bemerkungen zu den englischen Mandvern, 1924," December 1, 1924, BA/MA, RH 2/1603。

23. 海格勒文章的样本参见 Militär Wochenblatt include "Der neue englische Vickers-Tank," 44 (1925); "Der Char 2 C," 22 (1924); "Der Stand der Tankfrage im tschechoslowakischen Heere," 36 (1925); "Neue Tanks," 45 (1926); and "Neue Tanktypen," 17 (1925)。

24. 海格勒关于装甲的早期著作被列为国防军教材的有：Taschenbuch der Tanks (Munich：J. F. Lehmanns Verlag, 1926) and Die schweren Französischen Tanks；Die italienischen Tanks (Berlin: Verlag von R. Eisenschmidt, 1925)。他还编定了坦克训练图表——Tank-Unterrichtstafeln: Der englische Tank Mark "D"；Der englische "Medium Mark D" Kampfwagen；Der schwere italienische Tank "Tip 2000 Fiat"，Der leichte italieniscbe Tank Fiat "Tipo 3000-1926"；and Der französische Tank "Char Leger-1925"。

25. Ian Hogg, German Artillery of World War II (New York：Hippocrene, 1975), 30.

26. 关于轻型武器，参见 Hogg and Weeks, Military Small Arms of the Twentieth Century。关于德军轻型和中型武器，参见 James Hicks, German Weapons-Uniform-Insignia: 1841-1918 (La Canada, Calif.: Hicks and Son, 1958), 47-50, 64-71。

27. Lewis, Forgotten Legions, 21-22.

28. 同上，第 20 页。

29. 同上，第 22—23 页。

30. Waffenamt, Study of Thirty-Four Gas Attacks against the U.S. Army in France in 1918, 1920s, NA, German Army Records, File T-78, File 181. 德军的战争记录与 E.W. 斯盆塞（E.W. Spencer）的美军记录比较，"The History of Gas Attacks upon the American Expeditionary Forces during the World War"。武器署对这一研究的编辑甚至涉及了德国毒气进攻的细节，并且引用了几次毒气进攻作为"教材范例"；在这些范例中，混合毒气的正确施放、时间计算、齐射和气象学在一些攻势中造成了数百名美军的伤亡。

31. Hans von Seeckt, Lecture on Gas Warfare, BA/MA, RH 2/2207, File HL 27 1923 1A.

32. Maj. Helmut Wilberg to Heeresleitung Staff, Letter Explaining Von Seeck's Directive of April 2, 1924, BA/MA, 2/2207；Joachim von Stülpnagel to Wilberg, March 24, 1924, with copy to Maj. Albrecht Kesselring, March 24, 1924, ibid.

33. 参见 Rolf Dieter Müller, "World Power Status through the Use of Poison Gas？ German Preparations for Chemical Warfare, 1919-1945," in The German Military in the Age of Total War, ed. Wilhelm Deist (Leamington Spa, Eng.: Berk, 1985), 173。

34. 同上，第 174 页。

35. 同上，第 177—178 页。化学公司、施托尔岑贝格和容克航空之间就试验和生产空中毒气炸弹达成的协议，参见 BA/MA, RH 2/2207, a mid-1920s document。

36.Van Creveld, Command in War, 154–155.

37. 参见 Rommel, Attacks! 209–233。

38.Rudolf Lusar, Die deutschen Waffen und Geheimwaffen des 2 Weltkrieges und ihre Entwicklung (Munich：J. F. Lehmanns Verlag, 1962), 198.

39.Ernst Volckheim, Der Kampfwagen in der heutigen Kriegführung (Berlin：E. Mittler und Sohn, 1924), 85–86.

40.T–3, "Bemerkungen zu den englischen Manövern 1924," December 1, 1924, BA/MA, RH 2/1603, 3–4, 10.

41.Reinicke, Das Reicbsbeer, 196.

42.Kenneth Macksey；Technology in War (London：Arms and Armour Press, 1986), 108.

43.Heeresdienstvorschrift 487, part 2, 270.

44.Franz Kosar, Infanteriegescbutze und ruckstossfreie Leichtgeschiitze, 19,5–1978 (Stuttgart：Motorbuch Verlag, 1979), 31–39 and 162.

45. 关于步兵火炮，参见书目同上。

46.Hogg, German Artillery of World War II, 18–21. See also Kosar, Infanteriegeschütze, 162.

47.Hogg, German Artillery of World War II, 26. 关于火炮的具体说明，参见第 26—30 页。

48. 同上，第 45 页。

49. 同上，第 45—47 页。

50. 同上，第 57—63 页。

51. 同上，第 144—145 页。另见 Lusar, Die deutschen Waffen und Geheimwaffen, p.176。

52.Die deutschen Waffen und Gebeimwaffen, 162.

53.Report from Waffenamt signed（Chief Ludwig）und Geheimwaffen, 162. 1928, NA Records, German Army Records, File T–78；Roll 178, File H15/85,1928.

54.Ogorkiewicz, Armored Forces, 273. 最后，福尔默在 20 年代和 30 年代为捷克斯洛伐克设计坦克，他是国防军在 1939 年使用的捷克坦克的第一设计师（参见 Whaley, Covert German Rearmament, 31）。

55.Werber Oswald, Kraftfahrzeuge und Panzer der Reichswehr, Wehrmacht und Bundeswehr (Stuttgart：Motorbuch Verlag, 1970), 30–33.

56.Walter J. Spielberger, Die Motorisierung der deutschen Reichswehr, 1920–1935,194.

57.戴姆勒、埃尔哈特和奔驰的 DZVR 21 装甲车（Schupo-Sonderwagen 21）的技术数据和图表，参见 Schmitt, Strassenpanzerwagen: Die Sonderwagen der Schutzpolizei (Berlin: R. Eisenschmidt Verlag, 1925)；另可见 Walter J. Spielberger, Die Motorisierung der deutschen Reichswehr, 194–210。

58.Walter J. Spielberger, Die Motorisierung der deutschen Reichswehr, 209–210.

59.Beschreibung Grosse Traktor, Letter of February 24, 1927, BA/MA, RH 8/V 2669. 另可见 Walter J. Spielberger, Die Motorisierung der deutschen Reichswehr, 281–283。

60.Beschreibungsbuch Grosstraktor, BA/MA, RH 8/v833.

61.Ernst Volckheim, "Kampfwagenbewaffnung," Militär Wöchenblatt 5 (1924).

62.White, British Tanks and Fighting Vehicles, 45.

63. 关于英军的中型坦克，参见书目同上。关于莱茵钢铁和克虏伯的"大型拖拉机"，见 Beschreibungsbuch Grosstraktor, BA/MA, RH 8/v833。

64. 关于细节性的技术分析，可见 Walter J. Spielberger, Die Motorisierung der deutschen Reichswehr, 283–284。

65. 关于戴勒姆－奔驰的推进系统，参见书目同上，第 292 页。

66.Technische Mitteilungen, Vol.2, Die Kampfwagen fremder Heere (Berlin: Verlag R Eisenschmidt, 1926), 76–80.

67. 参见 Ernst Vblckheim, Der Kampfwagen in der heutigen Kriegführung，83。施瓦尔特对外军两栖坦克试验的评论，参见 Die Technik im Zukunftskriege，194。

68.Walter J. Spielberger and Uwe Feist, Sonderpanzer (Fullbrook, Calif.: Aero, 1968), 22.

69.Spielberger, Die Motorisierung der deutschen Reichswehr, 317–318.

70. 同上，第 317—319 页。

71.Richard M. Ogorkiewicz, Design and Development of Fighting Vehicles (Garden City, N.Y. Doubleday, 1968), 112. 克莱特拉克是"克利夫兰牵引机"的缩写，这是首个装备了受控的离合驱动系统的型号。这些技术是 1916 年在美国发明，1918 年注册专利，参见 Spielberger, Die Motorisierung der deutschen Reichswehr, 319。

72.Ogorkiewicz, Design and Development of Fighting Vehicles，112.

73.Spielberger, Die Motorisierung der deutschen Reichswehr, diagram, 319.

74.White, British Tanks and Figbting Vehicles, 47.

75.Kenneth Macksey, The Tank Pioneers (New York: Jane's, 1981), 肯尼斯·麦克赛（Kenneth

Macksey）过分夸大了德国坦克技术主要是抄袭外军坦克设计和理念的观点。他宣称 LK Ⅱ 型是抄袭英军的"惠比特犬"中型坦克（Wippet），以及轻型拖拉机类似维克斯 Ⅲ 中型坦克，大型拖拉机则吸收了英军独立坦克的设计理念（参考书目同上，第 118 页）。这些言论看上去有一定道理，但德制坦克的设计在技术上与外国型号其实存在很大的不同。

76. 有关轮式/履带式坦克，参见 Ernst Volckheim, "Raupen Oder Räderraupen-Antrieb bai Kampfwagen," Der Kampfwagen 3 (December 1924), and Der Kampfwagen in der heutigen Kriegführung, 82–83。

77. Spielberger, Die Motorisierung der deutschen Reichswehr, 275–281.

78. 关于鲁茨对轮式–履带式坦克的贡献，参见他的笔记 "Entwicklung der Panzertruppe, 1925–1929," BA/MA, N 107/3, 9–11。

79. 同上，第 11 页。

80. Spielberger, Die Motorisierung der deutschen Reichswehr, 281.

81. Technische Mitteilungen, Vol.2, Die Kampfwagen fremder Heere, 35–37.

82. F.M. von Senger and Etterlin, Die deutseben Panzer. 1926–1945 (Munich：J.F. Lehmanns Verlag, 1959), 176.

83. Lt. Col. Oswald Lutz, Notes on Development of the Panzertruppe, 1925–1929, BA/MA, N 107/3, 10.

84. 1929 年国防军预算拨出了 36000000 马克，用以研发 4 种装甲车原型车，并且补充采购 32 辆其他型号装甲车。参见 Spielberger, Die Motorisierung der deutschen Reichswehr, 228。

85. 同上，第 227 页。

86. 同上，第 228 页。另可参见 Oswald, Kraftfahrzeuge und Panzer ,24。

87. Spielberger, Die Motorisierung der deutschen Reichswehr, 228.

88. 同上，第 237 页。

89. Oswald, Kraftfahrzeuge und Panzer , 24.

90. 同上，第 182 页。参见 Spielberger, Die Motorisierung der deutschen Reichswehr, 157。

91. Spielberger, Die Motorisierung der deutschen Reichswehr, 141–151.

92. 鲁茨 1876 年 11 月 6 日生于厄林根（Ohringen），1944 年 2 月 26 日死于慕尼黑。他曾在慕尼黑的文法学校接受教育，1896 年在巴伐利亚军队担任少尉；1917 年晋升少校，1928 年晋升上校，1931 年晋升少将。参见 BA/MA, N 107 and N 107/1。

93.Lutz, Notes on Development of the Panzertruppe, 18.

94.Meier-Welcker, Seeckt, 485.

95.Heinz Guderian, "Kraftfahrkampftruppen," Militär-wissenschaftliche Rundschau 1 (1936)：55.

96.Oswald, Kraftfahrzeuge und Panzer, 13.

97. 同上，第 20 页。

98.Militär Wochenblatt 27 (1926).

99. 关于摩托化项目的一些极佳著作，参见 John Milsom, German Military Transport of World War II (New York：Hippocrene, 1975), Chapters 1 and 2；and Spielberger, Die Motorisierung der deutschen Reichswehr；See also Adolf von Schell, "Grundlagen der Motorisierung und ihre Entwicklung im Zweiten Wfeltkrieg," Wehrwissenscbaftlicbe Rundschau, 13, 3 (1963)：210229。

100.Chef der Heeresleitung, "Bemerkungen," December 20, 1922, BA/MA, RH 2/2987, 19.

101.Waffenamt Procurement Priority List II, January 6, 1927, BA/MA, RH 2/ 2200.

102.Spielberger, Die Motorisierung der deutschen Reichswehr, 177–181.

103. 同上，第 142—145 页和第 178 页。

104.Daniel Beaver, "Politics and Policy：The War Department Motorization-Standardization Program for Wheeled Transport Vehicles, 1920–1940," Military Affairs, 47 (1983)：101–108.

105.Spielberger, DieMotorisierung der deutschen Reichswehr, 45–48.

106. 同上，第 32—41 页。

107.Milsom, German Military Transport, 10.

第六章 发展德国装甲兵学说

1. 福尔克海姆为一战德军坦克部队写了一部卓越的简史："Die deutsche Panzerwaffe" in Die Deutsche Wehrmacht, ed. Georg Wetzell (Berlin: E. Mettler und Sohn, 1939), 293–338。

2.Fritz Heigl, Taschenbuch der Tanks, Vol.3: Der Panzerkampf, 9–116. 此著作分析了 1917 年至 1918 年间所有协约国军队的坦克行动。

3.Volckheim, "Die deutsche Panzerwaffe," 298–299.

4. 关于一战德军各次坦克作战的详细回顾，参见 Heigl, Taschenbuch der Tanks 3: 121–150。

5.Volckheim, "Die deutsche Panzcrwaffe," 308–309.

6.Fritz Heigl, Taschenbuch der Tanks, Nol.3: 147.

7.同上，第134—137页。

8.同上，第150—153页。另可见 Volckheim, "Die deutsche Panzerwaffe," 306。

9.Volckheim, "Die deutsche Panzerwaffe," 310–311.

10.Heigl, Taschenbuch der Tanks 3: 158–159.

11.同上，第200—201页。

12.同上，第190—191页。

13.同上，第207页。

14.Volckheim, "Die deutsche Panzerwaffe," 313.

15.Maj. Josef Bischoff, Die Letzte Front: Geschichte der Eisernen Division im Baltikum, 1919 (Berlin: Schützen Verlag, 1935), 102–103.

16.同上，第108—109页；关于"钢铁师"的组织，参见第263—264页。

17.Heeresdienstvorschrift 487, Part 2, 42–69. 被任命为总参谋部中负责坦克研究的军官的人员，分别为斯慕尔（Thummel）少校、魏格纳（Wegener）上尉和冯·埃克施塔特（von Eickstadt）上尉，这三位军官大概撰写了《指挥与作战》中关于坦克的部分，参见 Hans von Seeckt, Letter of December 1, 1919, BA/MA, RH2/ 2275,35。

18.Heeresdienstvorschrift 487, Part 2.

19.同上，第524条。

20.同上，第525条。

21.同上，第533—534条。

22.同上，第551条。

23.同上，第535条。

24.同上，第548条。

25.同上，第536条。

26.同上，第565条。

27.福尔克海姆1898年生于普鲁士，1915年志愿参军，1916年被任命为中尉，1917年担任机枪连的连长。以上信息来自福尔克海姆在联邦档案馆／军事档案馆（BA/MA）的官方军事履历，福尔克海姆的个人档案。20年代后期魏玛国防军中另一名拥有战时坦克部队勋章的人是陶费恩少校。参见 Reichswehrministerium, Rangliste des Deutschen Reichsheeres, 1927,132。

28.福尔克海姆曾在一战期间担任装甲团团长；后于1941年担任装甲学校校长，军衔为上校

（BA/MA，福尔克海姆的个人档案）。

29.Ernst Volckheim, Die deutschen Kampfwagen im Welkriege (Berlin: E. Mittler und Sohn, 1923). 稍后的一个版本刊登于《德国战车进攻！》（Deutsche Kampfwagen Greifen an！）

30.康斯坦丁·冯·阿特罗克1861年生于布雷斯劳。1881年被任命为军官，1901年进入总参谋部，1914年晋升少将。他在1914年至1915年指挥第6步兵旅，1917年晋升中将，1918年指挥第28后备师，1919年退休。冯·阿特罗克军事生涯的经历相当丰富，第一次世界大战前，他指挥过一个营和一个团，在总参谋部出任过多个职务。参见 BA/MA，冯·阿特罗克的个人档案。

31.Konstantin von Altrock, Review of Ernst Volckheim's Die deutschen Kampfwagen im Welkriege, Militär Wochenhlatt 28 (1923).

32.Ernst Volckheim, Der Kampfwagen und Abwehr dagegen (Berlin: E. Mettler und Sohn, 1925). 这本小册子被收藏在德国不来梅的第6步兵团第1营的军事图书馆。

33.Volckheim, Der Kampfwagen in der heutigen Kriegführung, 89–90.

34.Volckheim, Der Kampfwagen und Abwehr dagegen, 9.

35.Volckheim, Der Kampfwagen in der heutigen Kriegführung, 45, 57–58, 61–72.

36. 福尔克海姆在《德国战车进攻！》一书第八章描述了他的第一次坦克战斗。

37. 关于福尔克海姆所提问题的一个范本，可见 Militär Wochenblatt see Ueber Kampfwagenabwehr im Bewegungskrieg' 3 (1924) and "Kampfwagenverwendung im Bewegungskrieg," 10 (1924), 28 (1925), and 38 (1925)。

38.Volckheim, Der Kampfwagen in der heutigen Kriegführung, 55–71. 也可参见 Volckheim, Der Kampfwagen und Abwehr dagegen。

39.Ernst Volckheim, "Verwendung französischer Kampfwagen im Gefecht," Der Kampfwagen (February–May 1925).

40.Volckheim, Der Kampfwagen in der heutigen Kriegführung, 86–88.

41. 同上，第85—86页。

42. 同上，第82—83页。

43. 同上，第83页。

44.Ernst Volckheim, "Raupen Oder Räderantrieb bei Kampfwagen," Militär Wocbenblatt 5 (1924).

45. 根据相关记载，1926年版《军事周刊》（Militär Wocbenblatt）中的一些文章包括 Lieutenant Ohnesorge, "Kraftantrieb und leichte Artillerie der Zukunft," 23; horse transport Lieutenant

Gallwitz, "Infanteriegeschutz und Kampfwagenabwehr," 14; infantry First Lieutenant von Horn, "Kampfwagen und Strassenpanzer bei der russischen Manöver," 23; cavalry First Lieutenant Mügge, "Verständigung des Kampfwagenkommandant mit Fahrer und Schützen," 4; and Lieutenant Ge sterding, "Kampfwagenabwehr," 31。

46. 威廉·布兰德在《军事周刊》上发表的文章包括： "Der leichte Kampfwagen," 12 (1924); "Gasschutz in Kampfwagen," 17 (1924); "Der Lärm inKampfwagen," 31 (1925)。

47. Quoted in Geyer, "German Strategy in the Age of Machine Warfare," 559.

48. T-2 to All Major Commands, June 9, 1927, BA/MA, RH 2/2200.

49. Wehramt to Truppenamt Sections, Memo, "Discussion of Tank Technology," October 25, 1927, BA/MA, RH 2/2200.

50. Geyer, "German Strategy in the Age of Machine Warfare," 559.

51. Kriegs-und militärorganisatorisebe Gedanken und Nachrichten aus dem Ausland, 创办于 1925 年的一份双周刊，按照官方说明是由 T-2 公开出版，但实际（出版）单位是 T-3。德军并不愿意让情报部门过于惹人注目。

52. 里德尔·哈特的几篇文章，例如在《伦敦每日电讯报》上刊登的文章在此时都得到了翻译，还有其他许多关于装甲的文章。参见 Kriegs-und militarorganisatoriscbe Gedanken 16 (August 1926); 14 (July 1926) ;8 (April 1926). 小册子，例如 Kampfwagen und Heeresmotorisierung 1924/1925 (Berlin: Verlag R. Eisenschmidt 1926) 也包含了关于外军装甲和摩托化的文章汇编。

53. Army Commander to Military District Commanders and Truppenamt Sections, Letter on Tank Training in the Army, August 1924, BA/MA, RH12-2/51. 福尔克海姆的名字在这些信的顶端，这些信就是他本人起草的。

54. T-3, Merkblatt über französische Truppenführung und Taktik, MA/DDR, R 01 70/10, 14 on armor. 它取代了 1926 年 11 月 1 月的 Merkblatt。

55. T-3, "Die französischen Herbstmanöver, 1922," August 11, 1923, BA/ MA, RH 2/1547.

56. 参考书目同上；另可参考 T-3, "Die französischen Herbstmanöver,1922," July 10, 1924, BA/ MA, RH 2/1547,12-13。

57. T-3, "Die franzdsischen Herbstmandver," 1923,19.

58. 同上，第 23—24 页。

59. Colony Werner von Blomberg, T-3, Bemerkungen zu den englischen manöver, 1924,

December 1, 1924. BA/MA, RH 2/1603; and von Blomberg to Chef der Heeresleitung, May 29, 1926, BA/MA, RH 2/2195. 冯·布罗姆贝格认为，民用卡车应该根据军方要求生产，这样在战时才方便征用。英军卡车给德军留下的深刻印象并不亚于英军坦克。

60.Colonel von Boetticher, Report on Artillery Motorization in the U.S, BA/ MA, RH 2/1.

61.Captain Speich, Travel Report of December 30, 1924, ibid, and General (Ret.) Schirmer, Travel Report of October 21, 1926, ibid.

62.Schirmer, Travel Report of October 21, 1926, 288.

63.Major Radelmeier and Captain Austmann, Travel Report on American Visit, January 31, 1929, BA/MA, RH 2/1822.

64.BA/MA, RH 12–2/51, August 1924, 13–17.

65. 同上。

66. 同上。

67. 同上。

68.High Command, Letter of October 6, 1924, BA/MA, RH 12–1/21, 73, 74.

69.Hans von Seeckt, Bemerkungen des Chefs der Heeresleitung, 1920, BA/MA' DSO/S63, 14; BA/MA, RH 2/2987, 1922, 10; BA/MA, RH 2/101, 1923, 6; BA/MA, RH/70, 1924, 22; BA/MA, RH 2/70, 1925, 21.

70.Hans von Seeck, Bemerkungen des Chefs der Heeresleitun, 1923, BA/MA, RH 2/101, 1925, para.15.

71. 同上。

72.Oswald Lutz, Nachlass, BA/MA N 107/3.

73. 同上。

74.Walter Nehring, Die Geschichte der deutschen Panzerwaffe 1916 bis 1945(Berlin: Propyläen Verlag, 1974),110–111.

75. 同上，第 55 页。

76.Chamberlain and Ellis, Tanks of World War I, 66.

77.Ernst Volckheim, Deutsche Kampfwagen Greifen an! 1–3.

78.Albert Seaton, The German Army, 1933–1945 (London: Weidenfeld and Nicolson, 1982), 61.

79.Heiz Guderian, Errinerungen eines Soldaten (Heidelberg: K. Vowinckel Verlag, 1950).

80. 具体可参见 Karl Wald, Guderian (Frankfurt am Main: Verlag Ullstein, 1976), and Kenneth Macksey, Guderian, Panzer General(London: MacDonald and James, 1975)。

81. 传记细节来自 Heinz Guderian, Panzer Leader, ed. Basil H. Liddell Hart (New York: Ballantine, 1957)。

82. 强调古德里安是"闪电战的始作俑者"在其本人的传记作者那里又得到了进一步深化，参见 Kenneth Macksey, Guderian, Panzer General; Barry Posen in The Source of Military Doctrine (Ithaca, N.Y.: Cornell University Press, 1984), 208–209; Len Deighton in Blitzkrieg (London: Triad/Grafton, 1981), 168–171; Charles Messenger in The Art of Blitzkrieg (London: Jan Allan, 1976),79 and 81; Michael Howard in The Causes of Wars, 2d ed. (Cambridge, Mass.: Harvard University Press, 1983), 201; and Field Marshal Lord Carver in The Apostles of Mobility (London: Weidenfeld and Nicolson, 1979), 55–59。

83.Macksey , Guderian, 43.

84.Heinz Guderian's articles in Der Kampfwagen: "Die Lebensader Verduns," (1925); "Strassenpanzerkraftwagen undihre Abwehr," 1 (1924); "Aufklärung and Sicherung bei Kraftwagenmarschen," 2 (1924); and "Kavallerie und Strassenpanzerkraftwagen," 5 (1925). See also Guderian, "Truppen auf Kraftwagen und Fliegerabwehr," Militär Wochenblatt 12 (1924).

85.Guderian, "Kavallerie und Strassenpanzerkraftwagen."

86.Guderian, "Truppen auf Kraftwagen und Fliegerabwehr."

87.Heinz Guderian,Achtung! Panzer! (Stuttgart: Union Deutsche Verlagsgesellschaft, 1937); Ludwig Ritter von Eimannsberger, Der Kampfwagenkrieg (Munich: J. F.Lehmanns Verlag, 1934).

88.Guderian, Panzer Leader, 9.

89. 同上，第14—15页。

90.Dupuy, Genius for War, 256.

91.Guderian, Panzer Leader, 11.

92. 关于塞克特的报告，参见 Bemerkungen des Chefs der Heeresleitung, 1920, BA/MA, RH 2/2963; 1921, BA/MA, RH 2/69; 1922, BA/MA, RH 2/2987; 1923, BA/MA, RH 2/101; and 1924 and 1925, BA/MA, RH 2/70。

93.Guderian, Panzer Leader, 22.

94.Dale Wilson, Treat'em Rough! Tbe Birth of American Armor, 1917-1920 (Novato, Calif.:

Presidio Press, 1990), 215–216.

95.Guderian, Panzer Leader, 27.

96. 同上，第 10 页。

97. 同上，第 10 页。

98. 参见 Liddell Hart, Memoirs, 1:200。关于里德尔·哈特如何修改历史记录来进一步主张自己发明了闪电战，详细叙述参见 John J. Mearsheimer, Liddell Hart and the Weight of History (Ithaca, N.Y.: Cornell University Press, 1988), 164–217。

99. 具体可参见 Posen, Sources of Military Doctrine, 208–209; Brian Bond, Liddell Hart, 215–216; Larry Addington, The Blitzkrieg Era and the German General Staff, 1865–1941 (New Brunswick, N.J.: Rutgers University Press,1971), 32–33; Messenger, Art of Blitzkrieg, 52 and 81; Robert O' Neill, "Doctrine and Training in:German Army; 1919–1939," in The Theory and Practice of War, ed. Michael Howard (London: Cassell, 1965), 164; and Howard, Causes of Wars, 201。

100. 隆美尔唯一一次提到里德尔·哈特是在他（前者）1942 年 6 月读到一篇文章之后，参见 Rommel, The Rommel Papers, trans. Paul Findlay and ed. Basil H. Liddell Hart (New York: Harcourt, Brace, 1953), 203。

101. 里德尔·哈特的一些文章被翻译或节译到了 20 年代的《军事周刊》上，包括 "Der Nächste Grosse Krieg," 30 (1924), 选自 the Royal Engineers' Journal; "Vom künftigen Kriege," 9 (1925); 一篇关于里德尔·哈特所著 Paris or the Future War 的书评；一篇关于陆军摩托化的文章引用了 Paris or the Future War, 3 (1926); "Kampfwagen und Kavallerie" 引用了里德尔·哈特关于英军演习的报告。《军事周刊》翻译的其他外军文章有 "Die Entwicklung der Kampfwagen," from the U.S. Army' s Infantry Journal; "Kraftwagen Programm in Russland," 24(1926), from Russian sources; and "Kampfwagen in Morocco," 28 (1926) from the French press。

102.T-3在20年代编写的一份长达205页的报告，引用了富勒相关言论、作品作为主要参考资料。参见 T-3, Die Tanks in Weltkrieg, 1920s, BA/MA, RH8/vl745。

103. 参见 T-2, Kriegs-und militärorganisatorische Gedanken und Nachrichten aus dem Auslande2, 9,10, 11(May-june 1926)。

104.Gen. J.F. C. Fuller, Erinnerungen eines freimütigen Soldaten (Berlin: Rowohlt, 1932).

第七章 发展魏玛国防军的空军理论

1.Flugmeisterei, Letter of November 13, 1919, BA/MA, RH 2/2275, 21-26.

2.Senamt, Letter of December 24, 1919, BA/MA, RH 2/2275, 85.

3.Flugmeisterei, Abteilung II, Letter of December 4, 1919, BA/MA, RH 2/2275, 38-40.

4.Waffenamt, Letter of December 24, 1919, BA/MA, RH 2/2275, 85-87.

5.Anlage II zu Idflieg B, November 13, 1919, BA/MA, RH 2/2275, 26.

6.Waffenamt, Letter of December 24, 1919, BA/MA, RH 2/2275, 85-87.

7. 同上。

8. 同上。

9.BA/MA, RH 2/2275, contains about twenty such reports.

10.Flugmeisterei, Report of June 1920, BA/MA, RH 2/2275, 150-153.

11. 这些报告中的一份典型报告，可参见 Report of Major Streccius, July 30, 1920, BA/MA, RH 2/2275, 171-174。

12.Translation of Capt. Amedeo Mecozzi, Italian Air Force, "Long-Range Bomber Operations during the War," BA/MA, RH 2/2275, 446-471.

13.TA-L（Air Organization Office, T-2）Letter of February 4, 1927, BA/MA, RH 12-1/53.

14.Report by R. Spies, mid-1920s, BA/MA, RH 2/2187.

15.Reichsarchiv Abt. B, Ref. Luftstreitkrafte, Study of April 2, 1926, MA, RH 2/2195, 30 pages. 这是关于 1918 年空战的研究，集中于轰炸机的战术运用。

16.Report by Captain Hoth to T-2 (Air), May 3, 1924, ibid, 253.

17. 同上，第 254—255 页。

18. 同上，第 259 页。

19.Waffenamt, Letter of December 24, 1919, BA/MA, RH 2/2275, 86.

20.D. J. C. Irving, The Rise and Fall of the Luftwaffe: The Life of Luffwaffe Marshal Erhard Milch (London: Weidenfeld and Nicolson, 1973), 14 and 344.

21.Fighter Organization Committee, "Ergebniss der Diskussion-Vorträge über Luftkampführung," October 13, 1920, BA/MA, RH 2/2275, 162-163.

22. 同上。

23.Bryan Philpott, History of the German Air Force (New Ybrk. Gallery, 1986), 58.

24.Groehler, Geschicbte des Luftkrieges, 138.

25.Hans von Seeckt, Speech in Hamburg, "Der Friedensvertrag und die Wehrmacht," February 20, 1920, NA, Von Seeckt Papers, File M-132, Roll 25, Item 110.

26. 参见 Hanfried Schliephake, The Birth of the Luftwaffe (Chicago：Henry Regnery, 1972), 12。

27. 同上，米尔希的空军生涯可参见 Irving, The Rise and Fall of the Luftwaffe, 11-12。

28.Rabenau, Seeckt: Aus seinem Leben, 529.

29.Suchenwirth, Development of the German Air Force, 5.

30. 同上。

31. 同上，第 6 页。

32. 同上。

33.Reichswehrministerium, Rangliste des Deutschen Reichsheeres, 1927.

34. 同上，1927 年时，库尔特·斯图登特上尉（后来成为中将）、施泰因科普夫－哈蒂西少校、皮尔纳上尉、福克曼上尉（后来成为空军上将）、塞尔德纳上尉、弗里茨·洛伦茨上尉（后来成为空军上将）都是被派往武器署的飞行员。

35.Suchen wirth, Development of the German Air Force, 7.

36.TA-L, Letter of November 23,1926, BA/MA, RH 12-15. 相关命令让 29 名空军军官参加空军强化课程，为期 6 ～ 9 个月。对此，团级指挥官必须毫不迟疑地服从军队长官的这一命令。

37.Karl-Heinz Völker, Die Entwicklung der militärischen Luftfahrt in Deutschland, 1920-1933, (Stuttgart：Deutsch Verlags-Anstalt, 1962), 142.

38. 同上。

39.1927 年时的数据是骑兵中有 134 名在编飞行员中的 33 名，占 24.62% 的比例。参见 Reichswehrministerium, Rangliste des Deutschen Reichsheeres ,1927。

40. 这是一个明显的证据，表明魏玛国防军的一些部队，特别是战地医疗连被当作遂行特殊使命的军官的公开掩护编制。福尔克海姆——德军的坦克专家——在 20 年代大部分时间内表面上服役的单位是第 2 战地医疗连。但他的个人档案（尚未公开）表明他属于国防军总部，负责训练和武器测试，丝毫没有提到战地医疗连这一单位。

41.Von Seeckt, Thoughts of a Soldier, 61.

42. 同上，第 62 页。

43. 同上，第 84 页。

44.Mathew Cooper, The German Air Force, 1922—1945: An Anatomy of Failure (London: Jane's, 1981),379.

45. 关于塞克特对防空发表的意见，参见 Von Seeckt, Bemerkungen des Chefs der Heeresleitung 1923, NA, Von Seeckt papers, File M-132, Roll 25, Item 133, 6—7。

46. 同上，第 4—15 页。

47.Von Rabenau, Seeckt: Aus seinem Leben, 530.

48. 同上。

49.Irving, Rise and Fall of the Luftwaffe, 12—16.

50. 关于米尔希与威尔贝格的战时关系，参考书目同上。两人的一部分通信被保存在 BA/MA, RH 2/2187.

51.Mason, Rise of the Luftwaffe, 12—16.

52. 参见 Karl-Heinz Völker, Die Entwicklung der militärischen Luftfahrt in Deutschland, 特别是第 145—157 页。弗尔克（Völker）的著作是目前关于魏玛国防军秘密空军的最佳作品。作者列举了许多在民航业中地位举足轻重的其他前空军飞行员，包括凯勒（Keller）少校、前海军中尉冯·格罗瑙（von Gronau，在交通运输部工作，参见书目同上，第 145 页），还有前海军飞行员戈特哈德·萨克森堡（Gotthard Sachsenberg，在战后经营多家航空公司，参见书目同上，第 152—153 页）。

53.Absolom, Die Wehrmacht in Dritten Reich, 1:68-74. 作者列举了与魏玛国防军合作的所有民用航空部门，包括进行研究的各家公司，如拜科夫测量仪器公司（Messgeräte-Baykow GmbH），这家公司在导航设备的研发中做出了重大贡献。

54. 一系列非常能干的军官继威尔贝格之后，出任空军组织办主任，包括威廉·威默（Wihelm Wimmer）中校、胡果·施佩勒（Hugo Sperrle）少校和赫尔穆特·菲勒米（Hellmuth Felmy）少校。参见 Suchenwirth, Development of the German Air Force, 17。

55. 同上，第 17 页。

56. 参见 Rolf Roeingh, Wegbereiter der Luftfahrt (Berlin: Deutscher Archiv-verlag, 1938), xxii。

57.Maj. Gen. Hermann Franke, Handbuch der neuzeitlichen Wehrwissenschaften, Vol. 2: Die Luftwaffe (Berlin: Verlag von Walter de Gruyter, 1939) 443.

58. 同上，第 239 页。

59. 同上，第 443 页。

60.Völker, Die Entwicklung der militärischen Luftfahrt in Deutschland, 127.

61.Cooper, German Air Force, 5–9.

62.Order of December 24, 1919, BA/MA, RH 2/2275, 32–33. 这份命令上有威尔贝格的签名，命令要求数名军官就自己的战时经验撰写评估报告。

63.Helmut Wilberg, Anlage II, zur ID flieg B. NR., November 13, 1919, BA/MA, RH 2/2275, 25.ir Force, 5–9.

64.Helmut Wilberg, Denkschrift of February 8, 1922, BA/MA, RH 2/2275, 384–385.

65. 同上。

66.Peter Supf, Das Buch der deutschen Fluggeschichte, vol. 2 (Berlin：Verlagsanstalt Hermann Klemm, 1935), 294.

67.Max Schwarte, ed. Der grosse Krieg, 1914–1918, vol. 4 (Berlin：E. Mitder und Sohn, 1922), 603.

68.Irving, Rise and Fall of the Luftwaffe, 8–9.

69.Supf, Das Buck der deutschen Fluggeschichte, 295.

70.Mason, Rise of the Luftwaffe, 108.

71.Files on "Ziviles Flugwesen," March 1921–August 1923, BA/MA, RH 2198: "Werkzeuge, Maschinen usw. zur Verfügungs des Reichswehrministeriums," 1920s, BA/MA, RH 2/2191.

72.Lt. Col. Helmut Wilberg, Report on the German Air Industry, Its Prospects for Rapid Growth and Production, and Its Requirements for Production Subsidies and Research Facilities, 1926, BA/MA, RH 2/2187, 25–47.

73.Erhard Milch, Direktion Lufthansa, to Helmut Wilberg, April 4, 1927, MA RH2/2187.

74.Albatros Company, Report on Technical Developments in Increasing Aircraft speed, March 5, 1927, BA/MA, RH 2/2187.

75.R. Spies, Report Using Polish, French, American and Italian Data, mid–1920s, BA/MA, RH 2/2187.

76.Reichsarchiv, Historical Study of Air Operations in 1918, April 2, 1926, BA/MA, RH 2/2195, 30 pages.

77.Hans Von Fichte, "Erfahrungsberichte–Nachtjäger," May 22, 1928, BA/MA, RH 2273.

78. "Studie eines Offiziers über die Fliegerwaffe und ihre Verwendung," 这是一本德军大约在 1925 年出版的小册子，相应资料（即册子）为本书作者私人收藏。

79. 同上，第 4 页。

80. 同上，第5页。

81. 同上，第8—10页。

82. 同上，第10—11页。

83. 同上，第11页。

84. 同上。

85. 同上。

86. 同上，第14—15页。

87. Heeresdienstvorschrift 487, Part 1, 38–44 and 58–63.

88. 同上，第41页。

89. 同上，第42页。

90. 同上，第43页。

91. Heeresdienstvorschrift 487, Part 2, 12.

92. 同上。

93. 同上，第35—42页。

94. 德军翻译并出版了法军的条令，见 Französische Truppenfuhrung, Vorschrift für die taktische Verwendung, der grossen Verbände (Berlin: Verlag Offene Worte, 1937)。

95. 有一部优秀的概述，参见 Divine's Broken Wing。关于战略轰炸战役背后的大战略，参见 Kuropka, "Die britische Luftkriegskonzeption gegen Deutschland im Ersten Wsltkrieg," 7–24。

96. Divine, Broken Wing, 142–143. 一架哈利法克斯－佩奇式（Handley Page）轰炸机造价1400英镑。本书作者估计在德国1918年6月至11月由于轰炸而遭受的损失中，独立空军造成的"贡献"不到600000英镑。

97. 同上，第163—164页。

98. 同上，第165页。

99. 很难获得精确数字。Olaf Groehler, in Geschichte des Luftkrieges 1910 bis 1980, 96 给出的估计数据是德国空军阵亡6300人，英国空军阵亡6166人，法国空军阵亡5500人。俄国、比利时、意大利、美国军队的伤亡数字不明，且法军的数字似乎过小。合理的估计是处于极大劣势的德军至少给其对手造成了1比3的损失。

100. Divine, Broken Wing, 162.

101. 同上。

102.David Maclsaac, "Voices from the Central Blue: The Air Power Theorists," in Makers of Modern Strategy, ed. P. Paret (Princeton, NJ.: Princeton University Press, 1986), 624-647.

103.Thomas Greer, The Development of Air Doctrine in tbe Army Air Arm, 1917-1944, USAF Historical Study 89 (Maxwell Air Force Base, Ala.: Air University Press, 1955),38.

104. 同上，第 40 页。

105. 同上，第 40—41 页。

106. 同上，第 41 页。

107.Greer, Development of Air Doctrine, 5.

108. 同上，第 9 页。

109. 同上，第 12 页。

110. 米切尔和他的理论在美国广受推崇的一个例子，可参见 Edward Warner, "Douhet, Mitchell, Serversky, Theories of Air Warfare," in Makers of Modern Strategy, ed. Edward Earle (Princeton, NJ.: Princeton University Press, 1943）, 485-503。

111.Giulio Douhet, The Command of the Air, (New York: Arno Press. 1972 reprint of 1927 rev. edition), 34-35.

112. 同上，第 44 页。

113. 同上，第 55 页。

114.Luftnacbrichten 1, August 1919, BA/MA, RH 2/2277.

115. 同上，第 471—480 页和第 503 页。

116.Weapons Office, Letter of May 12, 1920. 另可参见 Weapons Office, Letter of October 22, 1919。T-3 还被要求订阅另外 17 份外军刊物，关于档案中的德军刊物参见书目同上，第 230—240 页。

117.General （William）Mitchell Translation of Lecture on Aerial Technology. July 1, 1920, BA/MA, RH 2/2277,471-480.

118. 关于米切尔的船只轰炸实验，有一篇文章刊登于 Militär Wochenblatt 19 (1921) Militär Wochenblatt 32 and 47(1925)，它给予了米切尔为《星期六晚邮报》（Saturday Evening Post）所撰写文章的译文重要版面。

119.Capt. Hans Ritter, Der Luftkrieg (Berlin: F. Koehler Verlag, 1926),189-190.

120. 赫尔穆特·菲勒米少校致沃尔弗拉姆·冯·里希特霍芬男爵少尉的信，1929 年。前者要求后者写一份关于杜黑思想的报告，杜黑在此被形容为 "各刊物密切关注的著名人士"，MA/DDR, R 06

10/4, 305。

121.TA-L, Referat VI, "Militärische Faktoren für die Bewertung der modernen Luftmächte" April 9, 1926, BA/MA, RH 2/2279.

122.Maj. Helmut Wilberg, Reisebericht, 1925-1926, BA/MA, RH 2/182 0,199.

123.Major von dem Hagen, Reisebericht, November 1928, BA/MA, RH 2/1822.

124. 参见 MA/DDR, R 06 10/4。

125. 同上，第 138—141 页。

126.Captain Speidel, Reports of 1929, ibid., 145-158.

127. 马克斯·施瓦尔特的著作包括 Die militärischen Lehren des grossen Krieges (Berlin: Verlag Offene Worte, 1920); Die Technik im Weltkriege (Berlin: Verlag Offene Worte, 1920); Die Technik im Zukunftskriege (Berlin:Verlag Offene Worte, 1923); and Kriegslehren im Beispiel aus dem Weltkrieg (Berlin: Verlag Offene Worte, 1925)。

128.Gen. a.D. Schwarte, Vertrag, 1928, BA/MA, RH 12-1/53, 51 -58.

129.T-2 (Luft), Letter of September 26, 1928, BA/MA, RH 12-1/53, 49.

130.Völker, Die Entwicklung der militäriscben Luftfahrt, 137-138.

131.Cooper, German Air Force, 383.

132. 关于 1924 年至 1933 年利佩茨克这一建筑的概述，参见 Masons' Rise of the Luftwaffe, 140-156。

133.Michael Taylor, Warplanes of the World: 1918-1939 (New York: Charles Scribner's Sons), 171.

134.Schliephake, The Birth of the Luftwaffe, 18.

135.Völker, Die Entwicklung der militäriscben Luftfahrt, 141-142.

136.Schliephake, The Birth of the Luftwaffe, 17-19.

137.Völker, Die Entwicklung der militäriscben Luftfahrt,140.

138.Betr.Ausbildungslehrgang L 1927, November 30, 1926, BA/MA, RH 2/2299.

139. 同上，第 43 页。

140.Schliephake, The Birth of the Luftwaffe,18.

141.TA-L, Report of August 30, 1926, MA, RH 12-1/15, 111.

142.Karl-Heinz Völker, Die deutsch Luftwaffe, 1933-1939 (Stuttgart: Deutsch Verlags-Anstalt,

1967),16.

143.Cooper, German Air Force,385.

144.T-1. Letter of November 1926, BA/MA, RH 12-1/15, 112.

145. 同上，第 112—113 页。

146.Manfred Zeidler, "Luftkriegsdenken und Offiziersausbildung an der Moskauer Zukovskij Akademie im Jahre 1926," Militärgeschichtliche Mitteilung, 27(1980):127-174.

147. 同上，费比希的兵棋推演和报告见第 140—157 页。

148. 同上，第 154 页。

149. 同上，第 153—154 页。

150.Suchenwirth, Development of the German Air Force, 172-173.

151. 同上，第 28 页。

152. 同上，第 27—28 页。

153.Reinicke, Das Reichsheer, 375.

154.Challener, ed., Weekly Summaries, Report of November 27-December 10, 1926, 6.

155.Challener, ed., Weekly Summaries, Report of November 1-November 14, 1924, 10432-10433.

156. 同上。

157.Karl Ries, The Luftwaffe: A Photographic Record, 1919-1945 (London: B T. Batsford, 1987), 9.

158. 关于德国民用飞机的名录，参见 Erich Meyer, ed., Deutsche Kraftfahrzeug-Typenschau: Luftfahr-und Luftfahrzeugmotoren 1926 (Dresden: Verlag Deutsche Motor, 1926)。

159. 关于早期的国防军和亨克尔之间的关系，参见 Mason, Rise of the ULufttraffe, 101-102 and 135-138。恩斯特·亨克尔在自传中提到了他与国防军的早期合同: Stürmisches Leben (Stuttgart: Mundus Verlag, 1953),119-135。早期亨克尔飞机的性能数据参见 Taylor, Warplanes of the World: 1918-1939, 165-166。

160.Suchenwirth, Development of the German Air Force, 18.

161.Schliephake, Birth of the Luftwaffe, 19-21.

162.Cooper, German Air Force, 2; and Schliephake, Birth of the Luftwaffe, 28.

163.P Deichmann, German Air Force Operations in Support of the Army, USAF Historical Study

163 (Maxwell Air Force Base, Ala.: Air University Press, 1962), 9.

164. 同上，第 9—10 页。

165.Suchenwirth, Development of the German Air Force, 170.

166.Mason, Rise of the Luftwaffe, 160-161；and Suchenwirth, Development of the German Air Force, 239.

167.Suchenwirth, Development of the German Air Force, 239.

168.Mason, Rise of the Luftwaffe, 180.

169. 参见 Suchenwirth, Development of the German Air Force, 172-173。

第八章 魏玛国防军羽翼已成

1. 格勒纳将军在 1919 年 6 月为政府提供了一份战略概述。他认为德国的军事处境十分绝望，建议政府接受《凡尔赛和约》。参见 "Denkschrift des Ersten Generalquartiermeisters, Gen. Lt. Groener über die Lage am 17. Juni 1919," MA/DDR, W10/52141。

2. 关于 1919 年至 1922 年的德苏关系有好几种论述。参见 Craig, Politics of the Prussian Army, 408-415；Carsten, Reichswehr and Politics, 68-71 and 136-147；and Gaines Post, Jr., The Civil-Military, Fabric of Weimar Froeign Policy (Princeton, NJ.: Princeton University Press, 1973），110-114。

3.Post, Civil-Military Fabric of Weimar Foreign Policy, 110-129.

4.1919 年，情报机构的报告估计捷克军队有 243000 人。据说斯柯达兵工厂将为捷克军队生产 1200 门新火炮，部署在柯尼格拉茨 (Königgrätz) 的两个捷克师被认为对西里西亚构成了威胁。参见 Ministerium für Militärwesen, Saxony(Nachrichtenstelle Dresden), to Freiwilliger Genzer Regiments, Intelligence Report of May 26, 1919, MA/DDR, R 11 41 20/7, 38-41 and 41-43；See also Freiwilliger Grenzer Rgt. 3, Daily and Weekly Intelligence Reports, "Aufklärungstätigkeit an der Sächsischen-Böhmischen Grenze," April-September 1919, MA/DDR, R 11 41 30/4。

5.Robert Citino, The Evolution of Blitzkrieg Tactics: Germany Defends ltself against Poland, 1918-1933 (Westport, Conn.: Greenwood Press, 1987),7.

6. 同上，第 5 页。

7. 同上，第 13 页。

8.Wohlfeil and Dollinger, Die Deutsche Reichswehr, 204.

9. 德国外交部在一份 1922 年致德国总理的备忘录中曾指出，恢复德俄边界是德国外交政策的目标之一，换言之，（该目标）就是毁灭波兰。引自 John Wheeler-Bennett, The Nemesis of Power, 2d ed. (London：Macmillan, 1964), 133-137。

10. Von Seeckt, "Deutschlands Stellung zum russischen Problem," Memo of September 1922, quoted in Carsten, Reichswehr and Politics, 140.

11. Hans Roos, "Die militärpolitische Lage und Planung Polens gegenüber Deutschland vor 1939," Wehrwissenschaftlicbe Rundscbau 7, 4 (1957)：183.

12. Oskar Relle, Die deutsche Abwehr im Osten, 1921-1945 (Munich：Verlag Welsermuhl, 1969), 68-69.

13. 关于从苏联视角对 20 年代德苏军事合作进行最佳介绍的著作，应当是 Erickson, Soviet High Command, 特别是第 6 章和第 9 章。

14. Freiwilliger Grenzer Rgt. 3, Defense Plan for East Saxony, 1919, R 11 41 30/8, 1-3. See also Freiwilliger Grenzer Batt. 6, Defense Plan of June 21, 1919, MA/DDR, R 11 41 12/1, 88-91. 这一计划建议实施破坏、撤退和迟滞战术，来对付占有优势的捷克军队。

15. Gordon, Reichswehr and the German Republic, 254-256.

16. Hans von Seeckt to Chancellor Josef Wirth, June 10, 1922, reproduced in Wohlfeil and Dollinger, Die Deutsche Reichswehr, 95.

17. 即便是对协约国比较顺从的古斯塔夫·施特雷泽曼（曾任魏玛共和国总理和外交部长），也支持国防军的秘密重整军备计划，参见 Gatzke, Stresemann and the Rearmament of Germany, 39, 50-55, 61, 80-88, and 91-92。

18. Wilhelm Deist, The Wehrmacht and German Rearmament (London：Macmillan, 1981), 9-17.

19. 关于冯·塞克特针对波兰的战争计划，参见 Notes to Dr. Ziegler on von Seeckt's War Plans, April 30, 1942, NA, Von Seeckt Papers, File M-132, Roll 7。另可参见 Lieutenant General Lieber to Maj. Friedrich von Rabenau, September 26, 1938, BA/MA, N 62/12, 18。

20. Citino, Evolution of Blitzkrieg Tactics, 66-69.

21. 同上，第 68—70 页。

22. Lieber to von Rabenau, September 26, 1938, 18.

23. Citino, Evolution of Blitzkrieg Tactics, 147-150.

24. 同上，第 173—180 页。

25. 同上，第 158 页。

26. 同上，第 163 页。

27. 关于德军对法国的战争计划，参见 Charles Burdick, "Die deutsch militärischen Planungen gegenüber Frankreich, 1933–1938," Wehrwissenschaftlicbe Rundscbau 6,12 (1956)：678–681。另可参见 Notes to Dr. Ziegler on von Seeckt's War Plans, April 30, 1942。

28. 参见 German Army Enlargement Plan, 1924–25, NA, Von Seeckt Papers File M–132, Roll 430。

29. 同上。

30. 同上。

31. 关于后勤参谋部的历史，可参见 Georg Thomas, Geschichte der deutschen Webr–und Rüstungswirtschaft (1918–1943/45), vol. 14 in Schriften des Bundesarchivs, ed. Wolfgang Birkenfeld (Boppard am Rhein：Harald Boldt Verlag,1966), 53–57。

32. 同上，第 53—57 页。

33. Hansen, Reichswehr und Industrie, Rüstungswirtschaftlicher Zusammenarbeit und wirtschaftliche Mobilmachungsvorbereitungen, 1923–1932, 82–85.

34. 同上，第 82—86 页。

35. Carsten, Reichswehr and Politics, 221.

36. Post, Civil–Military Fabric of Weimar Foreign Policy, 194.

37. 同上，第 194—199 页。

38. Burkhart Müller-Hillebrand, Das Heer 1933–1945, Entwicklung des organisatorischen Aufbaues, vol. 1 (Darmstadt：E. Mittler und Sohn, 1954), 18–20. Challener, ed., Weekly Summaries, Report of March 8–March 21, 1924, 10108.

39. Challener, ed., Weekly Summaries, Report of March 8–March 21, 1924, 10108.

40. Chief of Staff of the District Command to the Staff of Freiwilliger Grenzer BN 3, July 10, 1919, MA/DDR, R 11 41 31/8. See also Reports from Freiwilliger Grenzer BN 3, July 14, 1919, and August 21, 1919, ibid.

41. Memo of Military District Command Saxony, "Bildung von Freiwilligen–Verbänden während und nach der Demobilmachung des Feldheeres," 1919, MA/ DDR, R 02 20 25.

42. Citino, Evolution of Blitzkrieg Tactics, 21.

43. 同上，第 24—25 页。

44. 同上，第 26 页。

45.Craig, in Politics of the Prussian Army, 该书估计黑色国家防御军中大约有 50000 ~ 80000 名士兵接受训练。Posen, in Sources of Military Doctrine, 185, 该书估计国防军有 150000 名预备役士兵。如果从这一数字中减去大约 70000 名治安警察，就得到了 80000 人这个数字。不过这一估计数恐怕偏多，它更多反映的是"纸面上的力量"。

46.Craig, Politics of the Prussian Army, 405.

47. "Geschichte des I/J-R. 65," Part 3.

48. 同上。

49. 同上。

50.Craig, Politics of the Prussian Army, 401 and passim.

51. 同上，第 401 页。

52.Görlitz, History of the German General Staffs, 225.

53.BA/MA, Personnel File of Kurt Hesse.

54.Bennett, German Rearmament and the West, 15.

55. 引自 Craig, Politics of the Prussian Army, 405。

56.Wheeler-Bennett, Nemesis of Power, 92-93.

57.Craig, Politics of the Prussian Army, 402.

58. 参见 Bennett, German Rearmament and the west, 17-18。另参见 Absolom, Die Wehrmacht im Dritten Reich, 1：35-39。

59.Bennett, German Rearmament and the west, 40.

60. 同上，第 40—41 页。

61.Hermann Teske, ed., General Ernst Köstring (Frankfurt am Main：Mittler. 1966), 39.

62.Von Manstein, Aus einem Soldatenleben, 121.

63. 同上，第 112 页。

64.Westphal, Errinerung, 34.

65.Challener, ed., Weekly Summaries, Report of November 1-November 14, 1924, 10432.

66.Truman Smith, "The Papers of Truman Smith," U.S.Army War College, Carlisle Barracks, Pennsylvania, 68.

67.Challener, ed., Weekly Summaries, Report of November 27-December 10, 1926, 2.

68.同上，另可参见 Lt. Col. S. Boelcke(ret.), "Die süddeutschen Reichsheermanöver, 1926," Schweizerische Monatsschrift für Offiziere aller Waffen, 38, 11(November 1926): 360-367。

69.Boelcke, "Die süddeutschen Reichsheermanöver, 1926," 362.

70. 同上，第 263 页。

71. 同上，第 264 页。

72.Challener, ed., Weekly Summaries, Report of November 27-December 10, 1926, 6.

73.Boelcke(ret.), "Die süddeutschen Reichsheermanöver, 1926," 364.

74.Challener, ed., Weekly Summaries, Report of November 27-December 10, 1926,10.

75. 同上，第 7 页。

76. 同上。

77. 同上，第 6 页。

78. 同上。

79. 同上。

80. 同上，第 10 页。

81.Third Cavalry Division to Infantry Inspectorate, Report of November 3, 1927, BA/MA, RH 12-2/100.

82. 同上，第 3 页。

83.General Walter Reinhardt to T-4 Truppenamt, Erfahrungsbericht, November 11, 1927, BA/MA, RH 12-2/100.

84. 同上，第 3 页。

85.Citino, Evolution of Blitzkrieg Tactics, 173-191. 此处对 1927 年至 1932 年的国防军演习进行了回顾。

86. 同上，第 184—185 页。

87. 同上，第 185 页。

88.Report of Communication Exercise, April 18, 1928, BA/MA, RH 12-2/95, 24 pages.

89.Operatives Kriegsspiel 1926/1927, November 1926, BA/MA, RH2/2282, 1-3.

90. 同上，第 10—11 页。

91. 同上。

92. 同上，第 2—3 页。

93.Challener, ed., Weekly Summaries, Report of November 1–November 14, 1924, 10432.

94.Challener, ed., Weekly Summaries, Report of November 27–December 10, 1926, 2.

95. 同上，第 5 页。

96.T–3 Truppenamt, "Die Französischen Herbsmanöver, 1922," September 11, 1923, BA/MA, RH2/1547, 9.

97. 同上。

98.T–3 Truppenamt, "Die Französischen Herbsmanöver, 1924," December 10, 1924, BA/MA, RH2/1547, 11.

99.Challener, ed., Weekly Summaries, Report of May 1–May 30, 1924, 10213–10214.

100.Smith, "The Papers of Truman Smith," 54.

101.Erickson, Soviet High Command, 256–258.

102. 同上，第 257—258 页。

103.Die Motorisierung der deutschen Reichswehr, 262–274, 作者提供了喀山基地的一些照片。

104. 同上。

105.John Milsom, Russian Tanks 1900–1970(Harrisburg, Penn.；Stackpole, 1971) , 30.

106.Spielbergei；Die Motorisierung der deutschen Reichswehr, 274.

107.Milsom, Russian Tanks, 31–33.

108.Walter Nehring, Die Geschichte der deutschen Panzerwaffe, Appendix I, 12.

109. 同上，其内容包含有完整的 1929 年至 1932 年历年学员和教官名册。

110. 同上，第 9—10 页。

111. 同上，第 10 页。

112.Erickson, Soviet High Command, 269.

113.Milsom, Russian Tanks, 30.

114. 同上。

115.Milsom, Russian Tanks, 34.

116. 同上。

117. 同上，第 33 页。

118. 同上，第 35 页。另可参见 Erickson, Soviet High Command, 257。

119.Milsom, Russian Tanks, 32–33.

120.Erickson, Soviet High Command, 258.

121. 同上，第 269 页。

122. 参见 Spielberger, Die Motorisierung der deutschen Reichswehr, Chapter 7。

123.Major Siebert, Atlas zu F.u. G.I.：Ein Anschauungs-Lehrbuch (Berlin：Verlag Offene Worte, 1929).

124. 同上，第 3—4 页。

125. 同上，第 16—17 页和第 20—21 页。

126. 同上，第 23 页。

127. 同上，第 48 页。

128. 同上，第 52 页。

129. 同上，第 56 页。

130. 同上，第 59 页。

131. 同上，第 63 页。

132. 参见 Spielberger, Die Motorisierung der deutschen Reichswehr, 11。1919 年，在柏林，一辆被缴获的英军马克 V 型坦克被德军用来镇压共产主义者的起义。1919 年政府军用来镇压共产主义者的 A7V 型坦克照片，可见第 14 页。

133. 同上，第 227—229 页、第 234 页、第 237 页。

134.Milsom, Russian Tanks, 34.

135.Walter Nehring, Die Geschichte der deutschen Panzerwaffe, Appendix I, 9–10.

136.Erickson, Soviet High Command, 271.

137.Milsom, Russian Tanks, 35.

138.Walter Nehring, Die Geschichte der deutschen Panzerwaffe, Appendix I, 12.

139. 引自 Nehring, ibid., Appendix I, 10。

140. 同上。

141. 同上，第 112 页。

142. 同上。

143. 同上，第 114 页。

144.Gen. Wilhelm Groener, Lecture to Deutschen Gesellschaft, " Gedanken über die Entwicklung des Kriegswesens," 1929–30, MA/DDR, NF 15/533.

145. 同上。

146. 同上。

147. 同上。

148.Lt. Gen. Ernst Kabisch to Gen. Wilhelm Groener, October 10 1932, MA/DDR NF 15/533.

149.Nehring, Die Geschichte der deutschen Panzerwaffe, 64—66.

150. 同上，第 76 页。

151.Citino, Evolution of Blitzkrieg Tactics, xii.

152.Bernhard Kranz, Geschichte der Hirschberger Jäger 1920 bis 1945 (Düseldorf: Diederichs, 1975), 13—14.

第九章 尾声

1.Heeresdienstvorscbrift 487, Part 2, 270.

2.Addington, Blitzkrieg Era and tbe German General Staff, 36.

3.Robert O'Neill, "Frisch, Beck, and the Führer," in Hitler's Generals, ed. Corelli Bernett (London: Weidenfeld and Nicolson, 1989), 27. 这里将第 300 号军队条令形容为 "德国军事出版物中最著名的作品……以清晰的思路和表达，使得贝克名声大噪"。Addington, The Blitzkrieg Era and the German General, 36 写道："《作战指挥》保留了 1914 年军事学说中的精华，又从第一次世界大战里汲取了教训，它的思路代表着对未来装甲力量的理解。"马丁·范·克瑞福德（Martin van Creveld）对第 300 号军队条令的思想和战术进行了分析，并在《战斗力》（Fighting Power）一书的第 4、第 5 和第 11 章专门分析了指挥思想和各种战术。

4.Heeresdienstvorschrift 300, Truppenführung, Part 1, para. 4.

5.Heeresdienstvorschrift 487, Part 1, para. 5.

6. 读者可比较两书的序言：Heeresdienstvorschrift 300, Part 1, 1-15；Heeresdienstvorschrift 487, Part 1, 1-15。

7.Heeresdienstvorschrift 300, Part 2, para. 746.

8. 同上，第 749 条。

9. 参见 Müller-Hillebrand, Das Heer 1933-1945, 17-22。

10.van Creveld, Fighting Power, 152.

11.Ferdinand Otto Miksche, Vom Kriegsbild (Stuttgart: Seewald Vbrlag, 1976), 138-139.

12. 参见 Ferdinand Otto Miksche, Vom Kriegsbild, 138-139; 以及 Müller-Hillebrand, Das Heer 1933-1945, 70-72。

13.Lewis, Forgotten Legions, 36.

14.van Creveld, Fighting Power, 138-139.

15. 同上，第 121—124 页。

16. 引自 Wallach, Dogma of Battle of Annihilation, 233。

17.Groehler, Geschichte des Luftkrieges, 211 and 226-227.

18.Shelford Bildwell and Dominick Graham, Fire Power: The British Army-Weapons and Theories of War, 1904-1945(London: George Allen and Unwin, 1982), 224-226, 228-229, and 232-233.

19. 同上，第 233 页。

20.Alistair Horne, To Lose a Battle: France, 1940 (New York: Penguin, 1969) , 217.

21.Miksche, Vom Kriegsbild, 149.

22.Horne, To Lose a Battle, 218.

23. 同上。

24. 同上。

25. 同上，第 219—220 页。

26. 有关这一时期英军历史的优秀概述是 Brain Bond, Military Policy between the Two World Wars(Oxford: Clarendon Press, 1980)。

27. 有关两次世界大战中间期的英军战术思想家的极佳概述，参见 Robert Larsen, British Army and the Theory of Armored Warfare, 1918-1940 (University of Delaware Press 1984) 。

28.Bernard Montgomery, The Memoirs of Field Marshal Montgomery(New York: Signet, 1958), 43.

29. 同上，第 49 页。

30. 同上，第 49 页。

31.Hamilton, Monty, 343.

32.Richard Griffiths, Petain: A Biography of Marshal Philippe Petain of Vichy (Garden City, N.Y.: Doubleday; 1972), 102.

33. 同上。

34. 同上，第 130—131 页。

35. Alvin Coox，"General Narcisse Chauvineau：False Apostle of Prewar French Military Doctrine，" Military Affairs 37 (1973)：16.

36. Aapad Kovacs，"French Military Legislation in the Third Republic，1871-1940，" Military Affairs, 13 (1949)：12.

37. 同上，第 12—13 页。

38. Griffiths, Petain, 132.

39. Horne, To Lose a Battle, 136-141.

40. Dupu, Genius for War, 253-255.

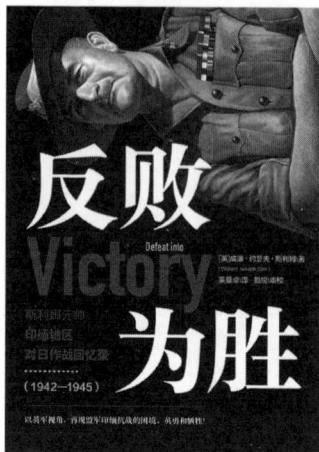

Defeat into Victory

反败为胜：斯利姆元帅印缅地区对日作战回忆录（1942—1945）

姆威廉・约瑟夫・斯利姆（William Joseph Slim）著

○ 探秘英军视角下的中国远征军
○ 印缅抗战经典著作，首推中译本，余戈、萨苏作序推荐
○ 斯利姆被赞誉为"不仅是一个专业的士兵，也是一个专业的作家"

　　1942 年 3 月，日军占领仰光，盟军节节败退。斯利姆抵达缅甸时，面对的便是如此灾难性的开局。他率领被打垮的英军，进行了一场鲜为人知的、如噩梦般的大撤退，一直从缅甸撤到印度。糟糕的环境、残酷的敌人、低落的士气，局势对盟军非常不利！

　　逆境之中，斯利姆头脑清醒，在几乎没有任何欧洲支援的情况下，恢复了军队的战斗力和士气，并联合中国远征军与美国军队发起绝地反击。从若开到英帕尔，从伊洛瓦底江到密铁拉，再到夺取仰光，一系列精彩的反攻战无不彰显了他超凡的指挥才能，以及英、中、美、缅、印五国人民联手抗日的不屈精神和顽强意志。

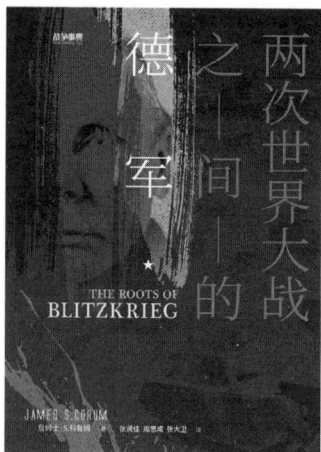

The Roots of Blitzkrieg

两次世界大战之间的德军

詹姆士・S. 科鲁姆（James S. Corum）著

○ 塞克特集团如何突破《凡尔赛和约》的封锁？
○ 魏玛共和国如何重建、改革、发展国防军？
○ 第三帝国军事崛起的坚实基础从何而来？

　　作者以魏玛国防军总司令汉斯・冯・塞克特领导的时代为重心，描述了一战后德国在战略战术、武器研发、编制、训练中为本国未来战争打下坚实基础的关键性变革。除此之外，一批富有远见的德军军官在此过程中发挥了重要作用，如装甲战术家恩斯特・沃尔克海姆和空中战术家赫尔穆特・威尔伯格。最后，得益于这些实干家和他们付出的努力，魏玛国防军重获新生，并由此发展出了在后来辉煌一时的"闪击战"理论。

The Fast Carriers

航母崛起：争夺海空霸权

克拉克・G. 雷诺兹（Clark G.Reynolds）著

○ 美国海军学院资助研究项目，海军参谋人员的重要参考书
○ 一个波澜壮阔的腹黑故事，一部舰列舰没落、航空兵崛起的太平洋战争史
○ 笑看"航母派"外驱东瀛强虏、暴揍联合舰队，内斗"战列舰派"、勇夺海军大印

　　这是一部美国航母部队的发展史、一部海军航空兵的抗争史、一部飞行海军视角下的太平洋战争史。本书以太平洋上的一场场海空大战、航母对决为线索，把美国快速航母部队的一点一滴串连起来，讲述了一段扣人心弦的故事：对外，他们狠揍日本海军，终于把舰队开到敌人家门口，打赢了这场押上国运的大仗；对内，他们把"战列舰派"按在地上摩擦，不仅驱使昔日的"海上霸主"给航母当小弟，而且在海军领导层实现了整体夺权。